KB131974

달러의 역설

DOLLAR'S PARADOX

왜 미국의 빚이 늘수록
달러의 힘은 세질까?

슈퍼 달러를 유지하는 세계 최대 적자국의 비밀

달러의 역설

정필모 지음

21세기북스

추천의 말

중규모 개방경제의 한국은 비교환성 통화국의 운명적 비애를 수시로 절감해온 나라다. 대외위기 요인이 국내 경제에 직접 파급되어도 이를 밖으로 다시 퍼낼 수 있는 수단이 제한돼 있다. 더욱이 미국은 경제 약화를 통화정책으로 대응해나가면서 기축통화국으로서의 의무보다 도생적 생존에 골몰하고 있다. 이 때문에 한국을 포함한 비기축통화국은 미국 달러화의 실질가치 하락 위험을 그대로 부담해야 하는 운명에 놓여 있다. 1997년 외환위기 이후 동아시아 국가 대부분이 달러의 영향을 받고 있는 현실 속에서 상황은 더욱 심각해지고 있다. IMF 등 국제 통화 질서 안정을 위한 국제 금융기관들의 기능은 미약하기 이를 데 없고 국제 공조 체제도 무너졌다. 미국 달러 체제는 미국의 위험을 전 세계 국가가 공동 부담하는 위험하고 불합리한 제도로 변질되고 있다. 이 책은 이러한 현상을 예리하게 분석하며 국제 통화 질서 내부를 혜안을 갖고 들여다보고 있다. 경제전문가는 물론 경제에 관심을 갖고 있는 일반 시민들에게 일독을 권한다.

정덕구 ┃ 니어(NEAR)재단 이사장, 전 산업자원부 장관

오늘날 복잡하게 돌아가는 세계 경제를 이해하기는 쉽지 않다. 경제 이론이 난해할 뿐만 아니라 용어도 전문적이기 때문이다. 하지만 KBS의 베테랑 경제 기자인 정필모 보도위원으로부터 몇 차례만 세계 경제의 흐름에 대한 설명을 들으면 그 같은 생각이 바뀐다. 그의 이야기는 매우 체계적이면서도 이해하기 쉽다. 이는 아마도 경제 저널리스트로서 오랫동안 취재 현장에서 일 해온 그의 경험과 지칠 줄 모르는 탐구의 결과일 것이다. 그것을 하나로 모아 엮은 책이 바로 『달러의 역설』이 아닐까 싶다. 그는 이 책에서 미국 달러화를 중심으로 돌아가는 오늘날 세계 경제의 불안과 위기에 대한 진단과 처방을 쉽고도 설득력 있게 제시하고 있다. 교양인의 필독서로 자신 있게 추천한다.

이효성 ┃ 성균관대학교 신문방송학과 명예교수, 전 방송통신위원회 위원장

최근 수년간 그랬듯이, 앞으로도 상당 기간 세계 경제의 큰 관심사는 주요 통화의 움직임일 것이다. 그 중심에 미국 달러화가 있다. 저자는 달러화가 기축통화로 자리 잡기까지의 과정과

세계 경제는 물론 국제 관계 전반에 미치는 영향을 저널리스트 특유의 예리함과 통찰력으로 파헤치고 있다. 온 국민이 1997년 외환위기로 인해 고통을 받았고, 대외 무역 의존도가 100%를 넘나드는 우리나라로서는 세계 경제의 움직임에 더욱 민감할 수밖에 없다. "역사는 과거와 현재의 끊임없는 대화"라고 한 영국 역사학자 에드워드 카[E. H. Carr]의 말처럼 우리도 지난날을 되돌아보고 지혜롭게 미래를 준비해야 한다. 이 책은 우리가 과거를 반추하고 미래를 대비하기 위해 '꼭 한번 읽어봐야 할 세계 경제 해설서'다.

윤용로 | 외환은행 나눔재단 이사장, 전 금융감독위원회 부위원장

현대사회를 '초연결사회[hyper-connected society]'라고 부르고 있다. 영역 간의 경계가 허물어지고 융복합되는 현상을 일컫는 말이다. 이처럼 경계가 열리면 융복합창조에 의해 메가시너지가 나오기도 하지만 충돌, 갈등, 혼돈, 모순이 나타나기도 한다. 작금의 세계 경제 상황도 바로 이렇다. 따라서 경제를 제대로 이해하기 위해서 전체를 보는 안목으로 복잡한 상호 작용을 파악할 수 있어야 한다. 저자는 학문적 지식과 현장 취재에서 얻어낸 날카로운 분석력으로 현대경제의 모순과 해결책을 명쾌하게 제시하고 있다. 이 책은 오늘날 세계 경제가 직면한 혼돈과 모순 속에서 해결책을 탐색하고 있는 기업인, 행정가, 전문직 종사자들에게 희망의 내비게이션이 될 것으로 확신한다.

윤은기 | 한국협업진흥협회 회장, 전 중앙공무원교육원 원장

오늘날 세계 경제가 안고 있는 문제를 이해하기 위해서는 국제 금융 질서를 알아야 한다. 그러나 국제 금융의 흐름을 체계적이고 쉽게 서술하는 일은 전문가에게도 쉽지 않은 작업이다. 그럼에도 불구하고 저자는 저널리스트 특유의 집념과 열정으로 국제 금융 체제를 이해할 수 있는 대작을 완성했다. 이 책은 달러 기축통화체제를 기반으로 하는 국제 금융 질서의 문제를 핵심 위주로 짜임새 있게 정리한 보기 드문 책이다. 저자의 예리하면서도 균형 잡힌 시각이 국제 금융 체제에 대한 독자들의 이해의 폭을 넓혀줄 것으로 확신한다.

최공필 | 경제학 박사, 한국금융연구원 선임자문위원

팬데믹, 플랫폼, 패권, 그리고 '달러의 역설'

『달러의 역설』 초판을 낸 지도 어느덧 만 6년이 지났다. 그동안 세계 경제의 환경은 급변했다. '코로나 바이러스 감염증-19 COVID-19'으로 인한 팬데믹 pandemic이 2년 넘게 계속되고 있다. 여기에 기후위기가 더 이상 방치할 수 없는 상태에 이르고 있다. 예상치 못한 비상 상황에 개발과 성장, 세계화에 대한 믿음이 흔들리고 있다. 어쩌면 성찰 없는 맹목적 신념이 이 같은 위기를 자초했는지도 모른다.

기술적 진보 역시 미래를 낙관만 할 수 없게 만들고 있다. 인터넷과 디지털 기반의 '플랫폼 경제 platform economy'는 효율성을 끌어올리는 한편, 독과점의 폐단을 낳고 있다. 빅 데이터, 네트워크, 인공지능, 블록체인 등은 산업 간의 경계를 허물고 새로운 성장 동력의 역할을 하고 있다. 동시에 적지 않은 윤리적, 사회경제적 문제를 일으키면서 인간의 존

엄성과 민주주의를 위협하고 있다. 이는 인터넷 혁명이 가져올 미래를 지나치게 긍정적으로 바라봤던 우리를 당혹스럽게 하고 있다.

미·중 간의 힘겨루기 또한 세계 경제를 위협하는 요인이 되고 있다. 무역 분쟁은 물론 자원과 소재, 부품 쟁탈전, 지적재산권 보호를 둘러싼 갈등이 노골화되고 있다. 이는 글로벌 공급망supply chain은 물론 가치사슬value chain의 재편을 예고하는 것이다.

여기서 주목해야 하는 것이 바로 세계 기축통화를 둘러싼 신경전이다. 이 책에서 언급했듯이 기축통화는 정치·경제·군사력의 산물이다. 경제 패권을 쥐고 세계질서를 통제하는 가장 효과적인 수단이 된다. 중국이 그토록 위안화를 기축통화로 만들기 위해 애쓰는 이유도 바로 여기에 있다.

중국은 최근 미국의 금융 공세에 맞서 이른바 '위안화 굴기崛起'에 속도를 내고 있다. 하지만 중국 위안화가 미국 달러화에 버금가는 기축통화가 되기에는 넘어야 할 산이 적지 않다. 그렇다고 세계 중심국가의 야망을 가진 중국이 이를 포기할 가능성은 없다. 이렇듯 세계의 패권국가로 부상하려는 중국과 이를 견제하려는 미국의 싸움은 쉽게 끝나지 않을 것이다.

초판이 나오고 6년이 흐르는 사이 세계 경제의 환경이 이처럼 급변했는데도 개정증보판을 내지 못한 것은 순전히 필자의 책임이다. 군이 변명하자면, 과도한 업무로 자료를 모으고 분석해 책을 쓰기에는 시간이 모자랐기 때문이다. 게다가 이후 맡아온 업무가 방송 등 미디어와 정보통신 등 과학기술, 원자력 안전 분야로 바뀌면서 어쩔 수 없이 국제 경제에 대한 관심이 멀어진 탓도 있다.

그럼에도 불구하고 2판을 내기로 한 것은 아직도 이 책을 찾는 독자들이 적지 않기 때문이다. 경상수지와 재정수지의 세계 최대 적자국 미국이 어떻게 세계 경제의 패권을 유지할 수 있는가, 쌍둥이 적자의 누적과 천문학적인 '양적완화quantitative easing'에도 불구하고 미국 달러화의 가치는 왜 폭락하지 않는가? 독자들은 여전히 의문을 갖지 않을 수 없다. 이는 달러 기축통화를 기반으로 하는 세계 경제 질서가 6년 전 초판 출간 당시와 근본적으로 달라지지 않았다는 것을 의미한다. 이렇듯 '달러의 역설dollar's paradox'은 계속되고 있다.

물론 기본 질서에 변화가 없었다 해도 상황이 바뀌었다면, 책의 내용을 그에 맞게 고치고 더하는 것이 당연하다. 출판사와 논의 과정에서도 그 점을 고민하지 않을 수 없었다. 그럼에도 불구하고 필자의 어려운 사정을 헤아려 개정·증보 없이 2판을 내는 것을 흔쾌히 수락해주신 21세기북스의 김영곤 대표님과 직원 여러분께 감사를 드린다. 마지막으로 독자 여러분이 넓은 마음으로 이해해주시길 바랄 뿐이다.

2022년 1월
정필모

'골디락스'에서 '화이트 스완'으로

적절한 성장과 안정된 물가, 대부분의 사람들은 경제가 늘 이런 상태로 유지되길 바란다. 너무 뜨겁지도 차갑지도 않은 이런 호황기를 '골디락스goldilocks 경제'라고 부른다. 영국의 전래동화 '골디락스와 곰 세 마리'의 주인공 소녀가 먹었다는 스프의 맛에서 따온 말이다.

그러나 세계 경제는 골디락스의 시기를 잊은 지 오래다. 오히려 불안과 위기가 빈번해졌다. 2008년 미국발 글로벌 금융위기 이전만 해도 특정 지역이나 국가에 제한적으로 일어나던 위기가 점점 전 지구적 차원의 불안으로 확산되고 있다. 이제 과거의 경험에 의존해 위기를 예측할 수 없는 '블랙 스완black swan [1]'의 시대를 지나 위기가 일상화된 '화이트 스완white swan [2]'의 시대에 들어선 것일까?

분명한 것은 세계 경제 환경이 이전과는 확연하게 달라졌다는 점이다. 오늘날의 불안과 위기는 자본주의 경제의 경기순환주기 탓만은 아니다. 실물경제를 연결해주는 금융이 문제다. 근원은 국제 금융 체제의 결함에 있다. 2008년 미국발 금융위기 이후의 상황이 그것을 입증해 주고 있다. 미국을 비롯한 주요 선진 경제권이 천문학적인 돈을 풀었어도 세계 경제의 회복은 지지부진하다. 미국 경제만 조금 나아졌을 뿐이다.

미국은 위기의 진원지다. 세계 최대 적자국이자 채무국이다. 그렇다면 위기로 인해 가장 피해를 봐야 할 곳은 바로 미국이다. 벌어들인 돈보다 많이 썼으니 응당 대가를 치러야 한다는 얘기다. 그러나 정작 미국보다는 다른 나라들이 더 많은 피해와 고통을 떠안고 있다. 이건 상식에 맞지도 않고 순리도 아니다. '역설paradox'이다. 그럼에도 불구하고 세계 경제의 엄연한 현실이다.

이 같은 역설이 가능한 미국 경제의 힘은 세계의 기축통화 '달러'에서 나온다. 달러가 기축통화 지위를 유지할 수 있는 것은 미국의 정치·경제·군사력 덕분이다. 그리고 이러한 미국의 힘을 제도적으로 떠받치는 건 금융세계화와 자본자유화를 근간으로 하는 오늘날의 국제 금융 질서, 바로 IMF체제다.

필자가 『달러의 역설』이라는 제목으로 책을 써야겠다고 마음먹은 건 최근의 일이 아니다. 2004년 미국 듀크대에서 미디어 펠로우로 있을 때다. 당시 '금융위기와 국제금융질서의 개혁'이라는 워크숍에 참석한 적이 있다. 거기서 가장 뜨겁게 논란이 됐던 것이 미국의 경상수지와 재정수지 적자 문제였다. 대부분의 참석자들은 언젠가는 이 양대 적자 문제가 미국은 물론 세계 경제를 위기에 빠뜨릴지 모른다고 우려했다. 필자도 같은 생각이었다.

그로부터 4년 후 미국발 금융위기가 터졌다. 그리고 필자가 취재·보도 현장에서 바쁘다는 핑계로 집필을 차일피일 미루는 사이 비슷한 주제의 책들이 잇따라 출간됐다. 그중에는 경제학자가 전문적으로 서술한 것도 있고, 금융인이나 저널리스트가 자신의 경험을 바탕으로 쓴 것도 있다. 그러다 보니 지나치게 이론적이거나, 혹은 너무 단편적인 이야기 중심적인 것이 대부분이다. 특히 후자의 경우엔 때때로 음모론적 시각에서 문제를 바라본 책도 있다.

이 책은 이 같은 한계를 넘어 좀 더 체계적이면서도 대중적으로 접근하려 했다. 전문가가 아닌 독자도 오늘날 반복적으로 지속되고 있는 금융 불안과 위기의 원인, 그리고 그 맥락을 이해하는 데 도움이 됐으면 하는 바람에서다. 그러나 오늘날 세계 경제가 안고 있는 문제를 '달러의 역설'이라는 관점에서 일관성 있게 설명하는 작업은 생각보다 쉽지 않았다. 굳이 변명하자면 필자는 국제 경제를 전문적으로 연구하는 학자가 아니다. 기자생활의 대부분을 거시경제정책과 금융 분야를 취재·보도하는 데 보낸 경제 저널리스트다. 이론적 체계나 대안 제시에서 여러 가지 부족함을 느끼는 것도 그 때문이다.

그럼에도 불구하고 흔쾌히 추천의 글을 써주신 정덕구 전 산업자원부 장관님, 이효성 성균관대학교 교수님, 윤용로 전 외환은행장님, 윤은기 한국협업진흥협회 회장님, 최공필 한국금융연구원 상임자문위원님께 감사를 드린다. 그리고 지난 27년간 아낌없이 나의 부족한 점을 채워준 아내와 묵묵히 자신의 목표를 향해 전진하고 있는 아들, 원고를 꼼꼼히 읽고 조언을 해준 조카 홍성기에게 고마움을 전한다. 마지막으로 기꺼이 출판의 수고를 떠맡아주신 21세기북스 김영곤 대표님을 비롯한 임직원 여러분께 감사를 드린다.

2015년 3월
정필모

contents

CHAPTER 1 달러, 다시 태풍의 눈이 되다

CHAPTER 2 역사로부터 배우다

contents

CHAPTER 9 안전한 국제 금융 질서의 모색

프롤로그

대마는 죽지 않는다

흔히 달러의 시대가 가고 있다고 말한다. 미국이 경상수지[1]와 재정수지[2] 적자로 세계에서 가장 많은 빚을 지고 있으니 그런 말이 나올 만도 하다. 그런 상황에서도 미국은 글로벌 금융위기 이후 양적완화quantitative easing[3]를 통해 달러를 지속적으로 풀어왔다. 이론적으로 한 나라가 화폐를 많이 찍어내면 낼수록, 물가가 오르고 그 돈의 가치는 떨어지는 것이 상식이다. 이른바 통화 증발의 부정적 효과 때문이다. 1970년대 이후 중남미 국가들의 외채위기, 1997년 동아시아 국가들의 외환위기, 최근의 유로존Eurozone[4] 일부 국가들의 재정위기 등은 모두 경상수지든, 재정수지든 적자와 그로 인한 부채가 위기의 원인이었다. 그리고 이런 위기는 해당국 통화 가치의 폭락 사태를 가져왔다.

그렇다면 세계 최대 적자국이자 채무국인 미국도 경제위기와 함께 달러 가치가 폭락하는 것이 당연한 일이다. 실제로 2008년 미국발 글로벌 금융위기는 달러를 중심으로 한 세계 경제 질서의 지속 가능성에 근본적인 회의를 품게 만들었다. 리먼 브라더스Lehman Brothers[5]가 파산한 이후, 다른 나라의 금융시장이 흔들려도 미국의 월가만은 안전할 것이라던 믿음이 송두리째 흔들렸기 때문이다. 그 이면에는 기축통화key currency[6]인 달러화, 보다 더 근본적으로는 미국 경제에 대한 불신이 자리 잡고 있다.

그러나 미국 달러화는 그런 상식과는 동떨어진 모습을 보이고 있다. 글로벌 금융위기 이후 달러의 가치는 일시적으로 흔들린 적은 있었지만, 추세적으로 보면 여전히 그 위상을 굳건히 지키고 있다. 이런 현상만 놓고 보면, 달러의 시대가 저물고 있다는 말은 현실을 제대로 반영한다고 볼 수 없다.

왜 이런 현상이 벌어지고 있는 걸까? 가장 단순하게 설명하면, 달러화가 세계 제1의 기축통화이기 때문이다. 하지만 기축통화라고 해서 그 지위가 영원히 보장되리라는 법은 없다. 19세기 중반부터 세계 기축통화 역할을 했던 영국의 파운드화가 제2차 세계대전 이후 미국 달러화에 그 자리를 내준 것이 좋은 예이다. 그럼에도 불구하고 달러화가 적어도 30년 이내에 세계 제1의 기축통화의 자리를 다른 나라의 화폐에 내줄 가능성은 거의 없다. 이는 미국이 갖고 있는 경제적 위상뿐만 아니라 정치·군사적 힘과도 밀접히 관련돼 있다.

제2차 세계대전은 미국이 새로운 국제 질서의 패권적 지위를 차지하는 계기가 됐다. 전쟁에서 승리한 미국은 정치·군사적으로 세계 최강의 자리를 차지한 것은 물론, 경제적으로 전후 복구 작업을 주도함으로써 세계 경제의 주역으로 떠올랐다. 미국은 이미 전쟁이 막바지에 치닫던 1944년 7월 미국 뉴햄프셔주의 브레튼 우즈에서 종전 이후의 국제 경제 질서에 대한 합의를 이끌어냈다. 이 합의에 따라 출범한 '브레튼 우즈 체제Bretton Woods System7'가 바로 전후 달러를 기축통화로 하는 새로운 세계 경제 질서의 토대가 됐다.

브레튼 우즈 체제는 금 본위제8와 고정환율제, 제한적 자본거래를 근간으로 하고 있었다. 그러나 전후 유럽 부흥 지원을 위한 마셜 플랜Marshall Plan9, 동서냉전과 한국전쟁, 베트남전쟁으로 인한 미국의 재정 지출 증가는 금 본위제를 유지할 수 없게 만들었다. 그 결과 미국의 닉슨 대통령은 1971년 마침내 '금 태환(달러를 금으로 바꿔주는 것)' 중지를 선언하기에 이르렀다. 이는 사실상 브레튼 우즈 체제의 붕괴를 의미했다. 금 태환 중지 이후 달러화 가치가 불안해지자 선진국들은 고정환율제를 포기하고 변동환율제를 채택할 수밖에 없었다. 이로 인해 외환시장 규모가 확대되고 자본자유화와 금융자유화가 촉진됐다.

그 결과 브레튼 우즈 체제 붕괴 이후의 세계 경제 질서는 항시적 불안정성에 노출됐다. 변동환율제로의 전환과 자본자유화, 금융자유화에도 불구하고 미국의 적자는 계속됐다. 세계 경제는 미국과의 무역에서 흑자를 내온 일본과 독일이 미국의 경상수지 적자를 자본 투자로 메워 줌으로써 1980년대 중반까지 불안정한 균형을 유지할 수 있었다. 그러나 기축통화국인 미국의 적자가 언제까지나 지속될 수 있는 것은 아니었다. 미국의 적자로 인한 달러화 가치의 불안은 '플라자 합의Plaza Accord'

와 '루브르 합의Louvre Accord'로 해소 방안을 찾는가 싶었으나 마침내 1987년 10월 이른바 '블랙 먼데이Black Monday 10' 사태로 1차 위기를 맞게 됐다.

공멸의 위기를 느낀 미국과 독일, 일본 등의 협력에 의해 파국을 모면하기는 했지만, 그렇다고 근본적인 문제가 해결된 것은 아니었다. 다행히 1990년대 접어들어 중국이라는 거대 생산기지가 등장하면서 세계 경제 질서는 불안정한 균형을 어느 정도 지속할 수 있는 계기가 마련되는 것처럼 보였다. 중국이 막대한 무역 흑자를 바탕으로 일본과 독일 대신 미국의 적자를 메워주던 역할을 떠맡았기 때문이다.

하지만 블랙 먼데이 사태에서도 입증되었듯이 미국의 적자 누적은 근본적인 문제가 해결되지 않는 한 언젠가는 또다시 파국을 불러올 잠재적인 불안 요인이다. 즉, 중국 등 흑자국이 미국 채권에 투자함으로써 미국의 경상수지 적자를 메워준다 하더라도 달러화 남발로 인한 버블은 필연적으로 위기를 맞이할 수밖에 없다. 2007년 서브프라임 모기지론subprime mortgage loan 11 부실에 이어 2008년 리먼 브라더스 파산으로 빚어진 미국발 세계 경제 위기는 바로 이와 같은 미국의 적자 누적이 가져온 버블 붕괴의 필연적 결과였다.

경제학의 전통적 이론에 의하면, 버블 붕괴로 인한 부실을 해결하기 위해서는 강력한 통화 긴축이 불가피하다. 그러나 미국의 처방은 전혀 달랐다. 오히려 양적완화를 통해 돈을 거의 무제한으로 풀었다. 물론 디플레이션에 대한 우려가 만연한 상황에서 어쩔 수 없는 선택일 수도 있다. 하지만 1997년 동아시아 외환위기 때 미국이 IMF를 앞세워 한국 등에 강요했던 초긴축정책과는 사뭇 다른 조치이다. 이는 기축통화국인 미국이 가지고 있는 특권과 무관하지 않다. 미국은 화폐 주조 비용을 제외한 나머지 명목가치로 다른 나라의 물건을 구매할 수 있다. 이른바 '세뇨리지 효과seigniorage gain[12]'를 톡톡히 누리고 있는 것이다. 이는 달러가 기축통화이기 때문에 가능한 일이다.

　일반적으로 경상수지나 재정수지 적자가 누적되면, 그 나라의 화폐 가치가 떨어지고 결국 국가 부도의 위기에 직면하게 된다. 1997년 외환위기 때 한국과 태국, 인도네시아가 그랬다. 최근에는 유로존 위기에서 그리스가 파국에 직면한 것이 대표적인 사례다. 그러나 미국은 세계 최대의 경상수지, 재정수지 적자국으로 금융위기를 불러왔으면서도 정작 자신들은 파국을 면했다. 게다가 위기 이후에도 엄청난 달러를 찍어냈지만, 달러 가치는 얼마 지나지 않아 오히려 상승하는 추세를 나타냈다. 이것이 바로 '달러의 역설dollar's paradox'이다. 이유는 단순하다. 세계 경제가 불안할수록, 대부분의 사람들은 그래도 믿을 수 있는 건 달러라고 생각하기 때문이다.

　그러나 보다 근본적인 이유는 이른바 '대마불사too big to fail'의 믿음에서 찾을 수 있다. 대마불사는 국제 경제 질서를 지탱해주는 냉엄한 현실이다. 달러 가치가 폭락하고 미국 경제가 파국에 직면하면, 결국 대미 수출 의존도가 크고 달러화를 많이 보유한 중국, 일본, 한국, 대만과 같은 나라의 경제가 먼저 위기에 빠진다. 그러니 이들 나라가 달러화의 폭락을 방치할 수 없는 것은 당연하다. 그럴수록 미국은 과잉 투자와 소비로 인한 적자 축소 노력을 소홀히 하게 된다. 이것이 바로 기축통화국 미국의 '과도한 특권exorbitant privilege'이고 '도덕적 해이moral hazard'를 불러오는 원인이다.

브레튼 우즈 체제 붕괴 이후 세계 경제가 안고 있는 문제는 상당부분 달러 기축통화체제에서 비롯된다. 그렇다고 그것을 대체할 만한 뚜렷한 대안이 있는 것도 아니다. 문제를 해결하기 위해서는 기축통화의 적절한 분산이 바람직하다. 하지만 일본의 '잃어버린 20년'의 실패 경험에서 보듯이 이제 엔화는 분명한 한계가 드러났다. 유로화도 유로존 위기에서 나타난 것처럼 역내 환율 조정 메커니즘이 없는 단일통화의 결함 때문에 유로존 자체 문제를 해결하기에도 벅차다. 최근 부상한 위안화는 중국 경제의 잠재적 부실과 취약한 금융 시스템으로 인해 기축통화 역할을 하기에는 아직 시기상조이다.

그렇다면 국제 금융시장의 불안을 최소화하면서 위기의 확산을 막을 가장 현실적인 대안은 없을까? 역사적 경험을 살펴보면, 분명히 답은 있다. 브레튼 우즈 체제 출범 당시로 돌아가 왜 자본자유화, 금융자유화를 제한할 수밖에 없었는지를 다시 생각하고 거기서 해답을 찾아야 한다.

이 책은 바로 이상과 같은 내용을 근간으로 브레튼 우즈 체제부터 유로존 위기까지 국제 금융 질서가 어떻게 변화해 왔는지, 그 과정에서 위기가 어떻게 발생했는지, 그리고 위기의 확산을 막을 국제 금융 질서의 개혁 방안은 없는지를 '달러의 역설'이라는 관점에서 살펴보고자 한다.

Dollar's Paradox

CHAPTER 1

달러,
다시 태풍의 눈이 되다

Dollar's
Paradox

'금리전쟁'의 시작

　2차 대전 이후 최대의 경제 실험인 미국의 양적완화가 2014년 10월 31일 막을 내렸다. 미국의 중앙은행인 연방준비제도(이하 연준)FRS [1]가 연방공개시장위원회(이하 FOMC)Federal Open Market Committee [2] 정례회의를 통해 예고했던 대로다. 이로써 2008년 금융위기 직후 6년 동안 시행된 미국의 채권 매입을 통한 돈 풀기 프로그램은 역사 속으로 사라졌다.

　연준이 6년 동안 세 차례의 양적완화를 통해 시장에 공급한 돈은 약 4조 달러에 이른다. 미국 GDP의 20%에 상당하는 액수다. 천문학적인 돈을 쏟아 부은 만큼 어느 정도 효과가 있었던 것은 사실이다. 2008년 금융위기 여파로 뒷걸음 하던 미국 경제가 최근 다른 경제권에 비해 상대적으로 뚜렷한 회복 속도를 보이고 있는 것이 이를 입증하고 있다.

미국의 경제 성장률은 2014년 1분기에 한파와 폭설의 영향으로 일시적으로 마이너스로 떨어졌으나 연율 기준으로 2분기에 4.6%, 3분기에는 5%로 높아졌다. 연준은 이런 추세라면 2014년 미국 경제가 2%대의 성장률을 기록한 뒤 2015년에는 3%대로 높아질 것으로 전망했다. 이를 반영하듯 고용 사정도 좋아졌다. 미국 노동부에 따르면, 2009년 10월 10%로 치솟았던 실업률은 2014년 9월 5.9%까지 떨어졌다. 미국 경제의 최대 난제인 경상수지와 재정수지 적자도 개선되고 있다. 미국 상무부의 발표를 보면, 경상수지 적자는 2013년 4분기에 873억 달러로 14년 만에 최저치를 기록했다가 2014년 1분기에 1,112억 달러로 다시 증가세를 보였다. 하지만 이는 평균 1,500억 달러를 웃돌던 금융위기 이전 4년간의 분기 적자폭보다는 크게 줄어든 것이다. 미국 재무부에 따르면, 2014 회계연도가 시작된 2013년 10월부터 2014년 5월까지 8개월간 재정적자 규모는 4,360억 달러로 전 회계연도 같은 기간에 비해 30% 줄어든 것으로 나타났다. 경상수지가 개선된 것은 낮은 금리와 달러화의 약세가 수출 상품의 가격 경쟁력을 높여 수출을 늘리는 데 도움이 되었기 때문이다. 재정수지 개선은 경기 회복에 따른 세수 증대 효과가 반영된 것으로 분석된다.

연준은 양적완화 종료를 선언하면서 발표한 성명에서 "가계 지출이 완만하게 증가하고 있고 기업의 고정 지출도 늘고 있다", "경제 여건과 고용 상황이 확연하게 개선되고 있다"는 자신감을 보였다. 미국의 경기 회복세가 좀 더 뚜렷해진 것은 사실이다. 이에 따라 금리 인상 시기에 대한 연준의 입장도 변화의 조짐이 보이고 있다. 연준은

2014년 12월 FOMC 회의 직후 발표한 성명에서 금리 인상 시점에 대해 "인내심을 갖고 기다린다be patient"는 표현을 사용했다. 대신 초저금리 기조를 "상당 기간 for a considerable time 유지한다"는 표현은 사라졌다. 이는 연준이 사실상 금리 인상 시기를 검토하기 시작했음을 의미하는 것으로 받아들여지고 있다.

세계의 이목은 이제 미국의 금리 인상 시기에 쏠리기 시작했다. 세계 경제는 이미 미국의 통화확대정책 이후 금리 인상 시점에서 벌어진 충격을 몇 차례 경험했다. 특히 1987년 10월 '블랙 먼데이'의 충격은 미국의 금리 인상에 대한 걱정이 한낱 기우가 아니라는 것을 일깨워주고 있다. 이제 금리 인상 시기를 놓고 벌어지는 미국과 세계 금융시장, 여타 경제권 간의 총성 없는 통화 전쟁, 즉 '금리전쟁'이 한 걸음 앞으로 다가와 있다.

대충격의 예고편 '버냉키 쇼크'

2013년 6월 20일 세계 주요 증시의 주가가 큰 폭으로 떨어지고 금리와 환율이 치솟았다. 벤 버냉키Ben S. Bernanke 미국 연방준비제도이사회Federal Reserve Board of Governors 의장의 말 한마디가 원인이었다. 그는 전날 기자 회견을 통해 "미국 경제가 연준의 전망대로 개선된다면 2013년 말부터 양적완화 속도를 완화하는 것이 적절하다"며 "경제 개선세가 지속될 경우 2014년 중반 양적완화를 중단할 것"이라고 발표했다.

경제는 거짓말을 하지 않는다. 즉 경제 현상에서 원인 없는 결과는 없다는 뜻이다. 이른바 '버블 경제'의 부작용을 예로 들어보자. 돈을 풀어 경기를 부추기면 경기가 좋아질 수는 있다. 그러나 잠재성장률[3]을 넘어서는 과잉 투자와 소비는 거품을 낳게 마련이다. 그 때문에 언젠가는 돈줄을 조일 수밖에 없다. 그렇게 되면 거품은 꺼지고, 그 과정에서 누군가는 거품 붕괴의 고통을 떠안지 않으면 안 된다.

'버냉키 쇼크'도 마찬가지이다. 미국이 양적완화 종료에 따라 돈 풀기를 중단하고 금리 인상을 통해 풀린 돈의 회수에 나설 경우 달러 유동성이 줄어들게 된다. 그렇게 되면 금융시장에서 신용이 경색되고, 저마다 투자된 돈을 먼저 빼내려고 할 것이다. 그러니 양적완화를 축소할 계획을 밝힌 버냉키의 말 한마디에 주가가 떨어지고 금리와 달러 환율이 올라갈 수밖에 없었던 것이다.

이러한 충격을 의식한 듯 미국은 이후 양적완화를 아주 완만한 속도로 축소하기 시작했다.[4] 연준은 월 850억 달러 규모로 이뤄지던 채권 매입 규모를 2014년 1월 750억 달러로 줄였다. 양적완화 규모는 이후 5차례 더 축소돼 2014년 8월에는 월 250억 달러로 줄어들었다. 그리고 2014년 10월 31일 마침내 양적완화는 막을 내렸다.

그러나 양적완화가 끝났다고 해서 풀어놓은 돈이 회수된 것은 아니다. 미국의 금리 인상이 시작되면 세계는 유동성 확대의 시기에서 유동성 축소의 시기로 접어들 것이다. 이제 돈줄을 조일 때 불가피하게 나타나는 고통을 누가 짊어질 것인가? 양적완화와는 또 다른 의미의 고통 분담을 둘러싼 싸움은 시작됐다.

잉태된 위험 '자산 버블'

　2008년 글로벌 금융위기 이후 미국은 금리를 사실상 제로금리 수준까지 끌어내렸다. 그래도 기대했던 대로 경기가 살아나지 않자 양적완화 카드를 꺼내들었다. 이를 주도한 것은 연방준비제도이사회 의장였던 벤 버냉키였다. 그는 1930년대 대공황의 원인을 연구해 박사학위를 받은 인물로 대공황의 주요 원인 가운데 하나가 섣부른 긴축정책이었다는 사실을 잘 알고 있었다. 그가 '양적완화'라는 통화확대 정책의 역발상을 생각해낸 것도 그 때문이었다.

　사실 양적완화라는 개념을 처음 제시한 사람은 영국 사우샘프턴대의 리하르트 베르너Richard Werner 교수였다. 일본에서 연구원과 교수 생활을 한 적이 있는 그는 1994년 일본의 디플레이션 극복 방안의 하나로 양적완화 정책을 설계했다. 그러나 양적완화는 주류 학자와 정책당국으로부터 비전통적 정책이라는 이유로 별다른 주목을 끌지 못했다. 이후 2001년 일본은행이 처음으로 실행에 옮겼지만, 규모가 작았을 뿐더러 효과도 거의 거두지 못했다.

표 1 | 주요 경제권의 양적완화정책

	구분	시행 기간	규모	주요 내용
미국	QE1	2008.12. ~ 2009.10.	1.75조 달러	MBS, 국채, 공사채 등 매입
	QE2	2010.11. ~ 2011.06.	0.6조 달러	매월 750억 달러씩 장기 국채 매입
	Operation Twist[5]	2011.09. ~ 2012.12.	0.4조 달러	만기 3년 이하 국채 매도, 6년 이상 국채 매입
	QE3	2012.09. ~	무제한	매월 400억 달러 MBS 매입
	QE3 확대	2013.01. ~	무제한	매월 450억 달러 추가 장기 국채 매입
유로존	SMP[6]	2010.05. ~ 2012.02.	2,090억 유로	PIIGS[7] 국채 매입
	1차 LTRO[8]	2011.12.	4,890억 유로	유로지역 은행 523개 대상 3년간 1% 저금리 대출
	2차 LTRO	2012.02.	5,295억 유로	유로지역 은행 800개 대상 3년간 1% 저금리 대출
	OMT[9]	2012.09. ~	무제한	무제한적 국채 매입 발표
영국	QE	2009.03. ~	3,750억 파운드	국채 등 채권 매입
일본	자산 매입	2009.12. ~	76조 엔	매월 1조 8천억 엔 자산 매입
	단기 대출	2010.11. ~	25조 엔	고정금리 대출 프로그램
	양적·질적완화[10]	2013.04. ~	무제한	무제한적 자산 매입, 본원 통화 2배 확대 공급 등

자료: 우리금융경영연구소

그 후 7년이 지나서야 양적완화정책은 금융위기 극복과 경기 부양 수단으로 주목을 받기 시작했다. 미국을 시작으로 영국, 일본, 유로 존 등 주요 선진국들이 경쟁적으로 양적완화정책을 채택했다. 미국은

2008년 말 맨 먼저 1차 양적완화를 단행했다. 이어 영국과 유로존이 뒤를 이었다. 일본도 아베 정권의 출범과 함께 양적완화 대열에 합류했다.표1

이에 앞서 주요 선진국들은 금융위기 직후부터 초저금리 기조를 유지해오고 있었다. 2013년부터는 신흥국들조차 금리를 잇달아 인하하면서 전 세계로 저금리 기조가 확산됐다. 그 결과 글로벌 유동성은 빠른 속도로 증가했다. 특히 초저금리 정책에 양적완화 정책까지 시행한 미국과 유로존, 영국, 일본 등 4개 경제권의 중앙은행 자산 기준 유동성 규모는 2007년 1월 3조5,000억 달러에서 2013년 4월 9조1,000억 달러로 급증했다(김진, 2013).

그러나 경기 부양을 위해 공급된 유동성은 실물경제보다 주식과 채권, 부동산 등 자산시장에 더 많이 유입됐다. 4개 주요 경제권의 본원통화량[11]은 2007년 1월부터 2013년 3월까지 2.6배 늘어난 데 비해 이로부터 창출된 광의통화량M2[12]은 같은 기간 동안 1.4배 증가하는 데 그쳤다. 이에 따라 광의통화량을 본원통화량으로 나누어 은행의 신용 창출 정도를 알아보는 통화승수는 2007년 1월 12에서 2013년 3월 6.7로 하락했다(김진, 2013). 이는 주요 선진국들이 경기 부양을 위해 푼 돈이 기대했던 만큼 실물경제 쪽으로 흘러들어가지 않았음을 보여주는 것이다.

반면, 자산시장으로는 과도한 자금이 유입되는 현상이 나타났다. 주식시장의 경우 실물경기나 기업 실적의 뚜렷한 개선 효과가 나타나지 않았음에도 불구하고 매입 수요가 급증했다. 그 결과 미국의 다우존스지수는 글로벌 위기 이전을 회복하고 사상 최고치를 경신했다. 일본의 니케이지수도 아베노믹스가 본격화된 이후 금융위기 이전 수준을 회복했다. 상대적으로 안전하다고 여겨지는 채권시장도 자금이 몰리면서 주요 국가의 국채금리가 사상 최저치로 떨어졌다.

미국에서는 주택경기의 회복 움직임도 뚜렷해졌다. 미국 연방주택금융청의 주택가격지수는 2013년 2월 196.35로 2009년 4월 수준으로 회복됐다. 이와 같은 자산가격의 회복은 태국, 인도네시아, 홍콩 등 아시아 주요국의 부동산과 주식시장으로 확대되고 있다. 이에 따라 IMF와 세계은행 등 국제 경제 기구들은 이러한 현상이 자산 버블을 형성할 수 있다고 경고하고 있다. 정확히 예측할 수는 없지만, 어쩌면 더 큰 위기가 잉태되고 있는지도 모른다.

양적완화 효과의 명암

경제 현상은 양면성을 지니고 있다. 한쪽이 이익을 보면, 다른 한쪽은 손해를 보게 마련이다. 물론 여기에도 이론적으로 반박할 여지는 있다. 그러나 시간이 지남에 따라 누이 좋고 매부 좋은 식의 이른바 '윈윈게임win-win game'은 없다는 사실이 드러나게 돼 있다. 지역의 차이에 따라서도 결과는 상반되게 나타날 수 있다. 이렇듯 경제 현상은 시간과 공간에 따라 차이가 있으며 서로 간의 이해가 충돌하는 것을 피할 수 없다. 정책의 선택은 이런 이해의 충돌로부터 자신을 보호하는 행위이다. 더욱이 기축통화국으로서 특권적 지위를 가진 미국의 정책은 더 말할 나위가 없다. 미국은 자국의 이익을 위해 경제정책을 선택한다. 그럴 경우 미국은 혜택을 누리지만, 미국의 주요 교역국들은 그 정책으로 인해 피해를 입거나 부담을 지게 된다.

앞서 살펴본 대로 미국이 자국 경제를 살리기 위해 시행하고 있는 초저금리와 양적완화정책은 미국에 긍정적 효과를 가져다주고 있다. 첫째, 실제 지표상에서 보듯이 경기 부양의 효과가 나타나고 있다. 물론 미국 내에서도 누구나 똑같이 그 효과를 누리는 것은 아니다. 어떤 사람에겐 이익이 되는 반면, 다른 사람에겐 도리어 손해가 될 수도 있다. 이는 각자 처한 경제적 위치, 계층에 따라 효과가 다르게 나타날 수 있다는 뜻이다. 또 중단기적으로 경기 회복 등 긍정적 효과가 나타나더라도 장기적으로는 부정적 효과가 나타날 수 있으며 간혹 또 다른 위기의 원인이 될 수도 있다.

둘째, 미국의 부채를 줄이는 효과를 기대할 수 있다. 달러가 많이 풀리면 그 가치는 중장기적으로 하락하게 된다. 이를 통해 미국의 정부 부채는 물론 기업과 가계의 부채 부담도 실질적으로 가벼워지는 효과를 거두게 된다. 하지만 최근 달러 가치는 이런 기대와는 달리 오름세를 나타내고 있다. 이는 일본과 유로존, 영국 등 여타 경제권이 비슷한 방식으로 돈을 풀기 때문에 나타나는 일시적인 현상이다. 즉, 주요 경제권이 동시에 저금리와 양적완화정책을 펴다 보니 가장 강력한 기축통화인 달러화가 약세를 나타내기보다는 상대적으로 강세를 띠고 있다고 볼 수 있다. 여기에는 위기가 닥쳤을 때 그래도 믿을 만한 화폐는 미국 달러라는 국제 금융시장의 인식도 작용하고 있다. 그러나 통화가 남발되면 그 가치는 장기적으로 떨어지는 게 이치에 맞다. 물론 그 이전에 남발된 통화를 다시 거둬들이면 그 가치가 오르지만, 거기에 한계가 있는 이상 장기적으로 남발된 통화의 가치는 떨어지게 마련이다. 그렇게 되면 그 통화로 표시된 부채는 그만큼 부담이 줄어든다. 이처럼 미국의 양적완화는 세계 최대 적자국이자 채무국인 미국의 부채 부담을 장기적으로 경감시키는 데 매우 효과적인 수단이 된다.

그렇다면 미국 정부와 통화 당국이 기대하는 초저금리와 양적완화의 효과가 과연 일관되고 지속 가능하게 나타날 것인가? 이에 대해 확실히 그렇다고 대답할 수 있는 전문가는 많지 않을 것이다. 우선 글로벌 금융위기 이후 지난 6년 동안 실물경기 회복은 예상보다 강하게 나타나지 않고 있다. 다른 나라에 비해 비교적 정상화 속도가 빠르다고 평가받고 있지만, 낮은 금리 수준과 풀린 돈의 양을 고려하면 성장률이 높다고 볼 수는 없다. 그럼에도 불구하고 주식을 비롯한 자산 가격은 크게 올랐다. 초저금리와 양적완화가 위기의 원인이었던 또 다른 버블을 만들어 내고 있는 셈이다. 이런 현상은 미국은 물론 다른 나라에서도 나타나고 있다.

부채 화폐화^{debt monetization}의 함정

정부가 채권을 발행해 자금을 조달하면 그것은 고스란히 국가의 빚이 된다. 정기적으로 이자를 갚아야 하는 것은 물론 만기에 원금도 상환해야 한다. 채권은 이처럼 이자는 물론 언젠가 원금도 갚아야 하는 차용증서다. 반면에 화폐는 차용증서가 아니다. 원리금을 갚아야 할 의무가 없기 때문이다. 물론 역사적으로 보면, 금 본위제와 같이 화폐를 발행하는 만큼 금을 보유해 그 화폐의 가치를 보증하는 경우도 있었다. 이 제도 아래에서는 이론적으로 화폐 보유자가 요구하면, 화폐를 금으로 바꿔주도록 돼 있었다. 그러나 미국의 닉슨 대통령이 1971년 금 태환 중지를 선언한 이후, 그와 같은 일은 일어나지 않게 됐다. 대신 화폐는 경우에 따라 종이쪽지가 될 수도 있게 됐다. 이는 화폐가 더 이상 실질가치가 고정된 자산이 아니라는 것을 의미한다.

양적완화는 중앙은행이 화폐를 발행해 채권을 사들이는 방식으로 돈을 푸는 것이다. 사들이는 채권은 주로 정부가 발행한 국채다. 정부가 중앙은행의 발권력에 의지해 재정 지출 여력을 늘리는 것이나 마찬가지이다. 결국 양적완화는 정부 부채의 화폐화를 의미한다. 이는 본원통화를 늘리는 것이어서 인플레이션을 유발할 수 있다. 그렇게 되면 정부 부채는 결국 민간경제주체의 부담으로 전가되는 셈이다. 이처럼 통화정책의 주체인 중앙은행을 정부의 재정 운영에 동원하는 것은 물가를 불안하게 함으로써 중앙은행의 독립성을 심각하게 위협할 수 있다.

　미국 연준이든, 일본은행이든, 유럽중앙은행이든, 양적완화식의 돈 풀기 정책은 결과적으로 정부 부채를 통화화하는 것이다. 이는 초저금리 상태에서 재정마저 적자가 누적돼 정부가 더 이상 지출할 여력이 없자, 대신 중앙은행이 경기 부양에 나섰다는 것을 의미한다. 물론 그들 스스로는 정부 부채의 통화화가 아니라고 강변할지도 모른다. 그러나 부인한다고 그런 식으로 찍어낸 돈이 어디로 사라지지는 않는다. 과도한 정부 부채가 화폐 증발로 이어지고, 그것이 인플레이션을 유발한 역사적 경험은 적지 않다. 오래된 이야기지만, 고대 로마 제국이 그랬다. 이후 중국 명나라, 프랑스 혁명기, 미국 건국 초창기, 독일 바이마르 공화국 때도 비슷한 경험을 했다.

　그러나 2008년 금융위기 직후 미국과 영국, 유로존은 자산시장의 거품이 빠지면서 디플레이션 압력에 직면해 있었다. 일본은 이미 진행돼온 디플레이션 상태가 더욱 심각한 지경에 이를지도 모른다는 우려가 커졌다. 이것이 미래의 인플레이션을 걱정하면서도 이들 경제권이 양적완화를 단행하는 데 주저하지 않은 이유이다. 눈여겨봐야 할 것은 양적완화를 주도한 벤 버냉키 전 연준 의장의 이력이다. 앞서 말했듯이 그는 1930년대 대공황의 원인을 연구해 박사학위를 받은 인물이다. 이 때문에 그는 섣부른 긴축정책이 자산시장의 거품 붕괴로 이어지면서 대공황을 몰고 왔다는 사실을 어느 경제학자보다 잘 알고 있다. 그는 "일본도 중앙은행이 돈을 찍어 헬기로 뿌렸더라면 장기 불황을 막을 수 있었을 것이다"라고 지적했다. 그가 왜 사실상 무제한적 양적완화 카드를 빼들었는지를 잘 알 수 있게 해주는 말이다.

그렇다고 양적완화가 최선의 정책이라고 언제까지 단정할 수는 없다. 양적완화로 자산시장의 추가적인 거품 붕괴를 막아 대공황과 같은 파국을 막을 수도 있다. 문제는 그 이후다. 양적완화로 풀린 돈이 실물보다는 오히려 자산시장, 즉 주식과 채권, 부동산에 몰리면서 다시 거품을 일으키고 있다. 결국 실물경제가 크게 나아지지 않는다면, 추가적인 거품 붕괴를 늦출 뿐 금융위기의 원인을 근본적으로 해결하지 못한다. 이는 또 다른 위기를 만들어내는 것이나 마찬가지다. 거품은 언젠가 터지게 마련이고, 그렇게 되면 경제는 또 다시 금융 부실과 함께 위기를 피할 수 없게 된다.

이른바 G5 국가 가운데 독일은 유일하게 양적완화에 미온적인 태도를 보인다. 이는 독일의 경제 사정과 관련돼 있다. 독일은 상대적으로 다른 선진 경제권에 비해 성장이나 고용 면에서 여유가 있다. 하지만 자세히 그 안을 들여다보면 꼭 그렇지도 않다. 독일 역시 주요 교역 상대국인 유로존의 다른 나라나 미국, 일본 등의 경제가 제대로 살아나지 않으면서 경기가 점차 나빠지고 있다. 그런데도 독일은 왜 양적완화에 거부반응을 보이고 있는가? 그것은 독일의 역사적 경험과 무관치 않다. 독일은 1920년대 바이마르 공화국 시절 1차 대전 패전의 책임을 지고 전쟁 배상금을 물어야 했다. 이 때문에 채무가 쌓이고 급기야 국가 부도 사태에 직면할 우려가 커졌다. 그러자 돈을 찍어내는 방식으로 위기를 벗어나려다가 하이퍼인플레이션hyperinflation에 빠지게 된다. 1922년 5월, 1마르크였던 신문 한 부의 가격은 1년 5개월 후 무려 100만 마르크까지 치솟았다. 당시 환율도 1달러에 4조 마르크로 폭등했으니 통화 남발이 어떤 파국을 초래했는지 짐작하고도 남는다.

미국이라고 이런 사실을 모를 리 없다. 그러니 양적완화를 서서히 줄이면서 조만간 금리를 올릴 것임을 예고하고 있는 것이다. 금리 인상의 시기는 미국의 경기 회복 속도에 달려 있다. 그러나 그 시기야 언제가 됐든 미래에 닥칠지 모르는 인플레이션을 막기 위해서는 양적완화로 풀린 돈을 거둬들여야 한다는 것은 분명한 사실이다. 한쪽에서는 자산시장의 거품을 우려하는 데 반해, 다른 한쪽에서는 실물경기의 더딘 회복을 걱정하는 이율배반의 현실이 양적완화를 둘러싼 딜레마의 일단을 잘 보여준다.

이웃 나라 가난하게 만들기

양적완화는 세수 감소와 재정적자 누적으로 재정확대정책이 여의치 않는 상황에서 금리를 내릴 수 있는 수준까지 내린 선진국들이 선택할 수 있는 거의 유일한 경기 부양 수단이다. 앞서 살펴본 대로 미국은 2008년 글로벌 금융위기로부터 벗어나 경제를 살리기 위한 방안의 하나로 초저금리 및 양적완화정책을 펴기 시작했다. 이후 일본

그림 1 | 주요국 통화 가치 흐름

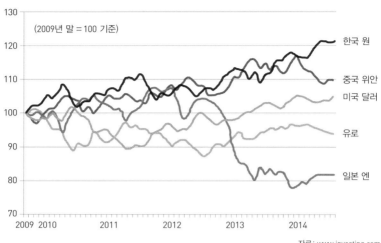

자료: www.investing.com

과 영국, 유로존 등 거의 대부분의 주요 선진국들도 경쟁적으로 비슷한 정책을 시행했다. 그 결과 선진국들의 통화는 약세를 나타낸 반면, 그렇게 풀린 돈이 신흥국들로 유입되면서 신흥국들의 통화는 강세를 이어갔다. 특히 일본의 강력한 양적완화정책은 엔화가치를 크게 떨어뜨린 반면, 교역상대국인 한국과 중국의 통화 가치는 엔화에 대해 대폭 절상되는 결과를 가져왔다.그림 1 이에 따라 선진국과 신흥국 간에 환율 갈등이 고조됐다. 중국과 브라질은 미국과 일본 등의 양적완화가 신흥국으로 달러화와 엔화 자금이 유입되는 것을 촉발시킴으로써 신흥국들의 통화 강세와 자산가격 버블 등의 부작용을 초래한다고 비판하고 있다.

일반적으로 A국이 초저금리 및 양적완화정책을 시행하면, 그 나라의 통화는 약세를 나타내게 마련이다. 이는 교역상대인 B국의 통화가 반대로 강세를 띠게 되는 것을 의미한다. 초저금리 및 양적완화정책으로 풀린 A국의 통화가 보다 높은 수익을 쫓아 B국으로 유입되기 때문이다. 이럴 경우 풀린 돈으로 인해 통화 가치가 떨어진 A국은 환율 상승으로 수출 상품의 가격 경쟁력이 높아져 수출이 촉진된다. 반면에 외국 돈의 유입으로 통화 가치가 오른 B국은 환율 하락으로 수출상품의 가격 경쟁력이 떨어져 수출이 위축된다. B국이 이것을 막으려면 A국에 맞서 같이 금리를 내리고 돈을 풀어야 한다. 이렇게 되면 양국은 일종의 통화전쟁currency war[13]을 벌이는 셈이 된다.

통화전쟁이라는 관점에서 양적완화는 자국 통화의 약세를 통해 환율을 의도적으로 끌어올리는 것이다. 그 목적은 크게 두 가지이다. 하나는 수출을 촉진시켜 경기를 부양하려는 목적이다. 다른 하나는 부채 부담을 다른 나라에 전가시키려는 것이다. 그 목적이 어디에 있든지 간에 양적완화로 인한 통화 가치 평가절하는 다른 나라를 고통스럽게 만든다. 우선 환율 상승으로 한 나라의 수출품 가격 경쟁력이 높아지면, 경쟁국의 수출품 가격 경쟁력은 상대적으로 떨어지게 된다. 또 한 나라의 통화 가치가 떨어지면, 그 나라의 통화로 표시된 채권 등 자산을 보유한 국가는 그 자산 가치가 그만큼 하락하는 환차손을 감수해야 한다. 결과적으로 양적완화는 이웃 나라를 가난하게 만드는 '근린궁핍화정책 beggar my neighbor policy'으로 귀결될 수밖에 없다.

선진국들의 근린궁핍화정책은 1930년대 대공황기에도 있었다. 당시에도 주요 선진국들은 경기를 부양하기 위해 금 본위제를 폐지하고 경쟁적으로 평가절하를 통해 자국 통화의 가치를 떨어뜨렸다. 미국은 1933년 달러화의 가치를 56% 떨어뜨렸고, 영국도 1931년부터 1937년까지 파운드화를 30% 이상 평가절하했다. 일본은 1932년에만 엔화를 70% 가량 평가절하했고, 프랑스는 1936년 프랑화의 가치를 30% 떨어뜨렸다. 이와 같은 경쟁적 평가절하는 보호무역주의와 맞물리면서 세계 교역량을 급감시킴으로써 글로벌 경기 불황을 장기화시키는 요인으로 작용했다(이명활, 2012).

2008년 글로벌 금융위기 이후 주요 선진국들의 양적완화정책은 자국 통화의 약세를 통해 경기 부양을 도모하고 있다는 점에서는 대공황기의 평가절하와 유사하다. 그러나 통화 가치의 절하가 간접적으로 이루어지고 있다는 점이 다르다. 또한 글로벌 경제가 동시에 디플레이션에 빠졌던 대공황기와는 달리 2008년 글로벌 금융위기 이후에는 선진국들만 디플레이션 위협에 시달리고 있다. 일부 신흥국들은 오히려 선진국들의 팽창적 통화정책으로 유입된 유동성이 자산시장의 거품을 일으킴으로써 인플레이션을 걱정해야 하는 처지에 놓여 있다.

'빈익빈 부익부'는 신흥국에서도 마찬가지

근린궁핍화는 대외 관계에서만 일어나는 것은 아니다. 양적완화

정책을 편 선진국과 그 영향을 강하게 받은 신흥국 내부에서도 빈익빈 부익부 현상을 초래했다. 선진국 중앙은행의 자산 매입을 통한 통화 증발은 자국 내 소득불균형을 심화시켰다. 즉, 중앙은행이 채권 매입을 위해 푼 돈은 채권뿐만 아니라 주식과 부동산 등 주로 부유층이 많이 소유한 자산가격을 끌어올렸다. 반면, 초저금리 하에서 시행된 양적완화로 이자소득에 의존해 생활하는 노령층 은퇴자들은 실질소득이 줄어들었다.

물론 양적완화는 경기침체라는 더 나쁜 결과를 막기 위해 어쩔 수 없이 시행할 수밖에 없는 정책이라는 주요 선진국 정부와 중앙은행의 주장에도 일리가 있다. 2012년 영국은행^{BOE}의 폴 터커^{Paul Tucker} 부총재는 "양적완화정책을 시행하지 않았다면, 실물경제가 장기적인 불황 국면에서 벗어나지 못했을 것"이라고 말했다. 미국 세인트루이스 연방준비은행의 제임스 블라드^{James Bullard} 총재는 2014년 "주가는 중장기적으로 높은 변동성을 갖는 만큼 주가 상승 자체가 양적완화 정책으로 소득불균형이 심화된다는 충분한 증거는 될 수 없다"고 반박했다.

그럼에도 불구하고 소득불균형을 심화시켰다는 비판은 선진국 중앙은행의 내부나 보수적 정치권에서도 제기됐다. 영국은행은 2012년 내부 보고서를 통해 양적완화정책의 시행으로 자산가격이 상승하고 금융자산 보유의 편중현상이 심화됐다고 분석했다. 같은 해 미국 하원은 양적완화 정책을 '예금생활자 궁핍화정책^{savers-get-hurt policy}'이라고 비판했다. 오죽했으면 당시 보수적인 미국의 공화당 대선 후보였던 미트 롬니^{Mitt Romney}조차 양적완화 정책이 금리를 떨어뜨리고 주가를 끌

그림 2 | 미국의 계층별 가계 평균소득 변화

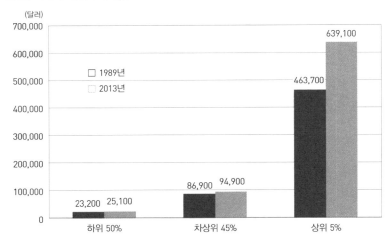

(달러)

- 1989년
- 2013년

하위 50%: 23,200 / 25,100
차상위 45%: 86,900 / 94,900
상위 5%: 463,700 / 639,100

자료: Board of Governors of the Federal Reserve System, Survey of Consumer Finances

어울려 소득불균형을 심화시키는 요인으로 작용하고 있다고 지적했겠는가(한국금융연구원, 2014).

실제로 그런 결과를 가장 적나라하게 보여주는 곳이 바로 2008년 위기의 진원지였던 미국이다. 미국 연방준비제도이사회가 6,000가구를 대상으로 1989~2013년 사이 가계수지를 조사한 결과 상위 5% 가구의 실질 소득은 38% 늘어났다. 그에 비해 차상위 45% 가구의 실질소득은 9%, 하위 50% 가구의 실질소득은 8% 증가에 그쳤다.그림 2

이에 따라 부의 불평등은 더욱 심해졌다. 상위 5% 가구가 차지하는 부의 비중은 1989년 54%에서 2013년 63%로 높아졌다. 반면, 차상위 45% 가구가 차지하는 부의 비중은 43%에서 36%로 낮아지고, 하위 50% 가구가 차지하는 부의 비중도 3%에서 1%로 줄었다.그림 3

그림 3 | 미국 가계소득 계층별 부의 비중

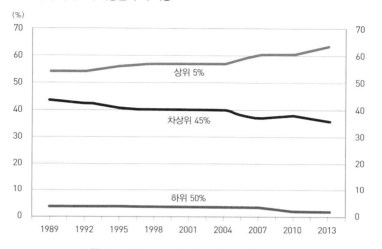

자료: Board of Governors of the Federal Reserve System, Survey of Consumer Finances

이와 관련해 재닛 옐런$^{Janet L. Yellen}$ 연준 의장은 2014년 10월 17일 보스턴 연방은행이 주최한 '경제적 기회와 불평등에 관한 컨퍼런스'에서 대공황 이후 40년 이상 축소돼온 미국의 소득과 부의 불평등이 지난 수십 년 동안 19세기 이래 가장 길게 지속적으로 확대돼왔다고 지적했다. 그의 말처럼 미국의 소득과 부의 불평등은 100년 만에 가장 높은 수준에 근접했다.

2008년 금융위기로 주식과 채권, 부동산 등 자산가격이 폭락한 것을 감안하면, 상류층의 부는 대폭 줄었어야 한다. 반면 저소득층에 대해 정부의 보조금 지원이 늘어난 만큼, 빈부 격차가 좁혀져야 마땅하다. 실제로 2008년 금융위기 직후 그런 현상이 나타났다. 그러나 그것도 일시적이었다. 연준의 양적완화가 본격화되면서 자산가격이 오르자 상류층의 소득과 부가 다시 큰 폭으로 늘어나기 시작했다. 반면, 중하위층의 소득은 실물경기 회복의 지연으로 상류층에 비해 증가율이 크게 낮았다. 그 결과 소득과 부의 격차가 100년 이래 가장 높은 수준에 가까울 정도로 벌어진 것이다. 선진국들의 양적완화는 비슷한 경로는 물론 또 다른 경로를 통해 신흥국 내부의 소득불균형도 심화시킨다. 선진국들의 양적완화로 인해 신흥국들로 유입된 유동성은 부동산과 주식, 채권 가격을 끌어올리게 된다. 이는 자본 이득을 높여줌으로써 자산가들에게는 이익이 되는 반면, 대다수의 나머지 계층들에게는 오히려 주거비 부담 등 고통을 가져다주게 된다.

정부나 중앙은행이 선진국들의 통화전쟁에 맞서기 위해 환율 방어에 나서면, 대다수 국민들의 고통은 더 커질 수 있다. 즉 환율이 떨어지는 것을 막기 위해 금리를 내리고 돈을 풀면, 수출업체들의 이익은 늘어나지만, 대다수 내수업종과 소비자들은 수입 제품, 특히 원자재 값의 상승으로 오히려 물가 부담이 커진다. 특히 그동안 벌어놓은 돈을 은행에 예금해 놓고 이자를 받아 생활하는 은퇴생활자들은 소득까지 줄어든다. 물론 빚이 많은 사람은 금리 하락으로 이자 부담이 줄어드는 이점도 있다. 하지만 그 점을 감안하더라도 선진국들의 양적완화에 대응한 신흥국들의 통화확대정책은 국내 계층 간 빈익빈 부익부 현상을 심화시키는 경향이 있다. 이는 양적완화로 인한 근린궁핍화가 국가 간에는 물론 국내 계층 간에도 일어난다는 것을 의미한다.

이익의 사유화, 손실의 사회화

2008년 글로벌 금융위기 이후 세계 각국은 부실화된 금융회사와 기업을 구제하기 위해 공적자금을 투입했다. 미국은 2008년부터 2009년까지 400여 개 금융회사에 7,500억 달러를 GM과 포드, 클라이슬러 등 자동차 3사에 150억 달러의 공적자금을 각각 지원했다. 서브프라임 모기지론 업계의 파산을 계기로 드러난 금융산업과 자동차산업의 부실이 경제 전체의 위기로 번지는 것을 막기 위한 불가피한 조치였다. 같은 기간 유럽 국가들도 2,500억 달러 안팎의 공적자금을 투입했다. 국민의 지갑을 털어서라도 경제가 망가지는 것은 막아야 한다는 공적자금 투입의 명분은 그럴 듯하다. 어떤 정부도 자국 경제가 붕괴되는 것을 방치하려 하지 않을 것이기 때문이다. 그러나 부실의 원인과 책임을 따져 들어가면 이야기는 달라진다. 부실이 누적되는 과정에서 이미 과실을 따먹은 사람이 있다는 것을 생각하면 공적자금 투입은 명분을 잃어버린다.

자본주의 사회에서 투자자는 이익이 나든, 손실이 나든 자기 책임 하에서 투자해야 한다. 이익이 날 때는 투자자가 챙기고, 손실이 나면 국가나 사회의 불특정 다수에게 떠넘겨서는 안 된다. 이익은 사유화하고 손실은 사회화하는 것은 시장규율에도 어긋난다. 금융회사가 저지른 경영 잘못으로 생긴 부실은 그들이 스스로 책임을 져야 마땅하다. 공적자금으로 부실을 메우는 것은 불합리하다. 금융회사들은 부채까지 증권화해서 벌어들인 이익을 자기들끼리 나눠가졌다. 그러다가 손실이 누적돼 파산지경에 이르니까 불특정 다수에게 부담을 지우는 행태는 누가 봐도 합당하지 않다. 공적자금 투입에 대해 시민들이 느끼는 감정도 이와 다르지 않다. 2008년 위기 이후 한 때 뉴욕 월가를 중심으로 일어났던 미국인들의 시위는 이와 같은 분노의 함성을 대변하는 것이었다.

그러나 이익의 사유화, 손실의 사회화는 아직까지도 진행형이다. 그 대표적인 것이 양적완화다. 양적완화는 부채의 화폐화를 통해 궁극적으로 빚 부담을 불특정 다수에게 떠넘기는 정책이다. 그뿐만이 아니다. 양적완화로 풀린 돈이 자산시장에서 다시 거품을 만들어내면서 부동산, 주식, 채권 가격의 상승으로 얻은 이익은 예외 없이 금융회사와 그 주주들의 손으로 들어가고 있다. 2008년 금융위기 직후 공적자금을 수혈 받은 금융회사들이 3년이 채 지나지 않아 다시 돈 잔치를 벌인 것은 이익의 사유화, 손실의 사회화를 넘어 도덕적 해이의 극치를 보여준다.

역사는 반복된다. 특히 금융 투기와 위기의 역사에서는 예외 없이 이익의 사유화, 손실의 사회화가 되풀이돼왔다. 찰스 킨들버거Charles P. Kindleberger에 따르면, 인류는 지난 400년간의 역사에서 금융위기를 반복해 왔다. 그는 금융위기의 대부분이 자본의 투기에서 비롯됐음을 밝혀냈다(Kindleberger & Aliber, 2006). 그 때마다 위기를 극복하기 위해 중앙은행이나 정부가 취한 조치는 부채의 화폐화나 공적자금 투입을 통해 불특정 다수에게 손실을 떠넘기는 것이었다. 결국 소수 돈 많은 투기꾼들이 망쳐놓은 시장을 뒷정리하는 데는 늘 국민의 희생이 뒤따라야 했다. 그런 예는 멀리서 찾을 것도 없다. 1997년 외환위기 당시한국 국민들은 부실 재벌기업과 은행을 살리기 위해 자신의 세금은물론 금붙이마저 내놓아야만 했다. 이후 이들의 삶은 얼마나 나아졌나. 위기를 극복하고 IMF 구제금융으로부터 벗어났다는 선언에도 불구하고 양극화는 심화돼왔다. 국민의 호주머니 돈을 털어 살아남은재벌과 금융자본은 오히려 위기 전보다 더 독과점적 혜택을 누리고있지만, 대다수 일반 시민들의 삶은 퍽퍽해졌다는 사실을 부인할 수는 없다.

딜레마에 빠진 세계 경제

양적완화와 초저금리정책은 장기적으로 지속될 수 없다. 미국은 물론이고 그에 맞서 돈 풀기에 나선 유로존, 영국, 일본, 중국 등도 이사실을 알고 있다. 가까운 장래에 양적완화를 끝내고 금리를 올려야한다. 이른바 출구전략을 실행해야 한다. 이렇게 되면 세계 경제는 유동성 팽창의 시대에서 유동성 축소의 시대로 옮겨갈 수밖에 없다. 그시작은 미국이 하게 될 것이다. 미국은 이미 양적완화를 끝내고 금리인상 시기를 저울질하고 있다. 아직도 경기 회복이 지지부진한 다른 선진 경제권에 비해 경기 회복의 조짐이 뚜렷하게 나타나고 있기 때문이다.

그러나 미국의 양적완화가 끝나기 전부터 세계 경제는 곳곳에서 파열음이 들리고 있다. 원인은 크게 두 가지이다. 하나는 양적완화 종료에 이어 금리가 인상될 경우 유동성 축소로 금융시장이 요동칠 것이라는 우려이다. 다른 하나의 원인은 사상 최대의 양적완화와 초저금리정책에도 불구하고 경제가 의도한 만큼 살아나지 않고 있다는 데 있다. 보다 심각한 것은 후자다. 언젠가 양적완화를 끝내고 금리를 올리는 일은 불가피하다. 문제는 그 시점이 경기 회복에 따라 결정된다는 데 있다. 그런데도 미국을 제외한 주요 경제권의 경기 회복은 아직도 가시화되지 않고 있다. 오히려 경기가 더 나빠지는 조짐마저 나타나고 있다.그림 4

그럴수록 국제 금융시장의 이목은 미국 연준 공개시장위원회(이하 FOMC)의 움직임에 쏠리게 된다. FOMC의 의사록이 공개될 때마다 주가와 금리, 환율이 요동을 친다. 2014년 2월 19일 공개된 공개시장위원회의 의사록에서 일부 매파 의원들은 기준금리를 지금까지 거론해온 시기보다 '상대적으로 빨리relatively soon' 인상하는 것이 적절하다는 견해를 밝혔다. 이날 뉴욕 증시를 비롯한 세계 주요 증시의 주가는 일제히 하락세를 면치 못했다. 반면, 2014년 10월 8일 공개된 의사록에서는 '상당 기간considerable time' 초저금리를 유지한다는 문구에 변화가 없다는 사실이 확인되면서 불안했던 세계 주요 증시의 주가가 일제히 급등세를 보였다.

그림 4 | 향후 1년 내 경기 침체 확률

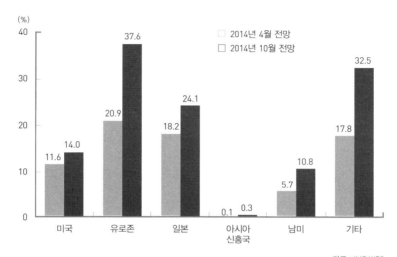

자료 : IMF WEO

　경기 회복이 지지부진한 상태에서 미국이 금리를 올리기 시작하면 세계 경제는 어려움을 겪을 수밖에 없다. 역사적 경험은 이미 그것을 입증했다. 미국은 1990년 이후 최근까지만 해도 세 번 금리를 올렸다. 그 가운데 세계 경제는 두 번의 위기를 경험했다. 미국이 금리를 올린 1994~1995년 직후인 1997년 한국과 태국, 인도네시아 등 동아시아 국가들은 외환위기를 겪어야 했다. 2005~2007년 미국이 금리를 인상한 직후에는 미국 자신이 불러온 금융위기가 세계를 덮쳤다.

　미국의 금리 인상이 다시 위기를 불러올 것이 확실하다면, 미국도 주저할 것이다. 앞서 언급한 대로 2014년 10월 8일 공개된 연방공개시장위원회 의사록에서 그런 의도의 일단이 드러났다. 하지만 미국이 금리 인상을 마냥 늦출 수는 없다. 사상 최대의 통화확대정책에도 불구하고 미국을 제외한 나라에서는 효과가 신통치 않다. 더 이상의 돈 풀기는 오히려 양극화를 심화시키고 금융과 실물 부문을 유리시키는 결과를 가져온다는 것이 입증됐다. 주요 선진국들은 금리를 내릴 만큼 내린 상태에서 거의 무제한으로 돈을 풀었다. 이제 더 이상 별다른 처방은 없다는 것이 딜레마에 빠진 세계 경제의 현주소다.

디플레이션 경고음

초저금리에 양적완화라는 최후 수단을 동원했음에도 세계 경제는 기대했던 대로 살아나지 않고 있다. 오히려 경제 성장률과 물가 상승률이 동시에 낮아지고 있다. 통화 긴축에 들어간 것도 아닌데, 물가 상승률이 낮아지는 디스인플레이션disinflation[14]현상이 나타나고 있는 것이다. 이런 추세로 가다가는 물가가 하락하고 경기가 침체되는 디플레이션deflation이 현실화되는 것이 아닌가 하는 공포가 엄습하고 있다.

IMF는 해마다 서너 차례씩 세계 경제 전망을 발표한다. 2014년 10월 7일 내놓은 세계 경제 성장률 전망치는 2014년 3.3%, 2015년 3.8%이다. 6개월 전 발표 때보다 각각 0.3% 포인트, 0.1% 포인트 낮아진 수치다. 3년 전과 비교하면 1.4% 포인트와 1.0% 포인트씩 내려갔다. 그동안 IMF의 세계 경제 성장률 전망치가 계속 낮아져 왔다는 것

그림 5 | 세계 경제 성장률 전망치 변화 추이

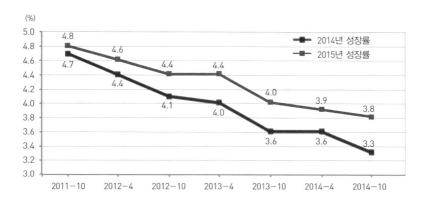

자료: IMF

을 알 수 있다.^{그림 5} 이는 당초 기대를 벗어난 것이다. 2011년만 해도 IMF는 3년 후쯤이면 세계 경제가 본격적인 회복 국면에 접어들 것으로 내다봤다. 미국 경제는 양적완화의 효과를 볼 것으로 전망됐다. 일본은 대지진의 충격과 장기 침체에서 벗어날 것으로 예상됐다. 유로존도 남유럽의 재정위기를 충분히 극복할 것으로 기대됐다. 그러나 최근의 세계 경제 움직임은 기대했던 것보다 회복이 쉽지 않다는 것을 보여주고 있다.

세계 경제가 2008년 금융위기 이후 제대로 회복되지 않고 있다는 사실은 위기 전후의 성장률 격차에서도 입증되고 있다. IMF의 통계를 보면, 글로벌 금융위기 이전 2003~2007년의 전 세계 연평균 성장률은 3.7%였다. 그러나 위기 이후 2009~2014년의 연평균 성장률은 2.9%에 그쳤다.^{그림 6} 독일을 제외한 주요국들의 성장률이 낮아진 것

그림 6 | 2008년 금융위기 전후 세계 및 주요국의 연평균 성장률

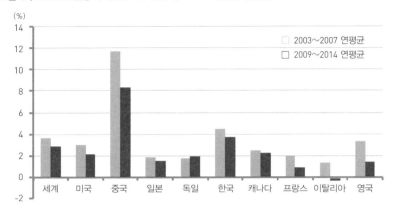

자료: IMF

이다. 미국과 영국, 유로존, 일본 등 주요국들이 양적완화라는 전대미문의 통화정책을 썼거나, 현재도 쓰고 있는데도 성장률이 올라가기는 커녕 떨어졌다는 것은 심각한 문제다(오정근, 2014).

저성장의 지속은 세계 경제가 장기적으로 정체에 빠졌다는 우려를 낳고 있다. 미국 오바마 행정부에서 재무장관과 국가경제자문회의 의장을 지낸 로렌스 서머스Lawrence Summers 하버드대 교수는 2013년 11월 IMF 컨퍼런스에서 세계 경제가 '장기 정체secular stagnation'에 빠졌다고 말했다. 그는 "세계 경제의 부진은 2008년 글로벌 금융위기의 충격에 따른 일시적인 현상이 아니라 만성적 수요 부족과 투자 감소, 고용 축소 등에 따른 것"이라며 "세계 경제가 설사 회복이 된다 하더라도 이전의 성장수준으로 돌아가는 것은 기대하기 힘들다"고 지적했다. 스탠리 피셔Stanley Fischer 미국 연준 부의장도 2014년 8월 스웨덴 스톡홀름의 경제 컨퍼런스에서 "최근의 경기 부진이 글로벌 경제의 구조적이고 장기적인 저성장의 변화를 반영하는 것일 수도 있다"고 말했다. 이 같은 장기 정체론에는 폴 크루그먼Paul Krugman 프린스턴대 교수와 배리 아이켄그린Barry Eichengreen 버클리대 교수도 동조하고 있다. 이들은 2008년 위기 이후 세계 경제의 장기 정체가 단순히 잠재성장률의 하락이나 경기순환상의 경기 부진 때문이 아니라 여러 요인들이 복합적으로 작용하는 구조적 문제 때문인 것으로 보고 있다(오정근, 2014).

물가 상승률이 낮아지는 것도 가볍게 보아 넘길 일이 아니다. 미국의 연간 소비자물가 상승률은 지난 2년 반 동안 연준의 목표치인 2%를 밑돌고 있다. IMF에 따르면, 유로존의 2014년 소비자물가 상승률은 목표치 2%에 한참 못 미치는 0.5%대에 그칠 것으로 예상된다. 1년 전 전망치에 비해 3분의 1수준으로 낮아진 수치다. 유로존 18개국 가운데 8개국은 아예 물가가 떨어지기 시작됐다. 그동안 물가 상승률이 높았던 중국마저 2014년 9월 소비자물가 상승률이 전년 같은 기간보다 1.6% 오르는 데 그쳤다. 일본에 이어 주요 경제권에서 저물가의 조짐이 나타나고 있는 것이다.

돈을 풀어도 성장률이 높아지지 않고 오히려 물가 상승률이 낮아진다는 것은 경제가 활기를 찾기는커녕 오히려 뒷걸음질치고 있다는 뜻이다. 이런 현상은 돈의 흐름에서도 나타나고 있다. 최근 미국의 화폐유통 속도는 2008년 위기 전의 4분의 3수준 이하로 떨어졌다. 일본은 더 심각한 수준이다. 최근 화폐유통 속도가 사상 최저 수준까지 하락했다. 금리를 낮추는 것도 모자라 양적완화로 돈을 풀고 있지만, 상당 규모의 돈이 실물경제를 살리는 데 쓰이기보다는 금융권에 잠겨 있는 셈이다. 이는 전형적인 디플레이션의 전조다. 디플레이션이 일어나는 원인은 두 가지다. 하나는 과잉 생산설비나 생산성 향상 등에 의해 총공급이 늘어날 경우 발생할 수 있다. 다른 하나는 자산가격 거품 붕괴와 소득 감소로 가계 소비와 기업 투자가 위축돼 총수요가 줄어들 경우 일어날 수 있다. 경제에 미치는 부작용은 총수요 감소형 디플레이션이 총공급 증가형 디플레이션보다 심각하다. 물론 두 가지 원인이 복합적으로 작용해 일어나는 디플레이션도 있다.

디플레이션의 문제는 물가의 추가 하락에 대한 기대로 소비와 투자가 연기돼 수요 감소와 물가 하락, 경기 침체가 되풀이되는 악순환이 형성된다는 데 있다.그림 7 더 심각한 문제는 디플레이션 악순환에서 빠져나올 수 있는 정책 수단이 적다는 점이다. 디플레이션으로 명목금리가 매우 낮은 수준에 도달하면 통화정책은 아무 효과도 발휘할 수 없게 된다. 이른바 유동성 함정liquidity trap[15]에 빠지는 것이다.

디플레이션은 빠져나올 수 있는 정책 수단이 매우 제한적이라는 면에서 인플레이션보다 더 위험하다. 그럼에도 불구하고 2차 세계대전 이후에는 디플레이션에 대한 연구가 많지 않았다. 경제학자들의 관심은 주로 전후의 인플레이션 현상에 집중됐다. 특히 1970~1980년대 오일쇼크를 거치면서 디플레이션은 거의 잊혀진 현상이 돼 버렸다. 그러다가 1980년대 후반부터 일본의 장기 불황이 지속되자 디플레이션에 대한 경각심이 다시 일기 시작했다. 그렇다고 디플레이션에 대한 학자들의 연구가 크게 증가하지는 않았다. 그 결과 경제학 이론

그림 7 | 디플레이션의 악순환

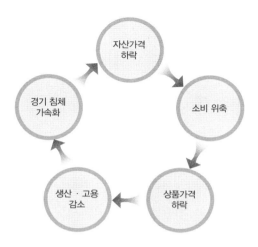

서에서는 아직까지도 디플레이션에 관한 설명이 인플레이션에 비해 매우 적은 부분을 차지하고 있다.

경제학자들과 주요 선진국 정부가 디플레이션에 대해 다시 관심을 갖기 시작한 것은 2008년 글로벌 금융위기 이후이다. 공교롭게도 당시 위기의 진원지였던 미국의 연방준비제도이사회 의장은 대공황을 연구한 벤 버냉키였다. 그가 디플레이션을 막기 위해 거의 무제한적인 양적완화에 나섰던 것도 그 위험성을 잘 알고 있었기 때문이었다. 대공황 당시 1930~1933년까지 3년간 미국 경제는 소비자물가가 25% 하락하고 실질 GDP가 29% 감소하는 등 극심한 디플레이션에 시달려야 했다. 물론 최근의 상황을 대공황 당시와 직접 비교하는 것은 무리가 있다. 그러나 초저금리와 양적완화정책에도 불구하고 경기 회복이 지체되고 물가 상승률이 낮아지는 현상이 확산되고 있는 조짐은 가볍게 넘길 일이 아니다.

위기의 악순환

　글로벌 금융위기가 발생한 지도 6년이 지났다. 그러나 위기가 끝났다고 생각하는 사람은 거의 없다. 위기의 구조적 원인이었던 글로벌 불균형 문제도 해결되지 않았다. 글로벌 불균형이란 21세기 들어 한층 심화된 미국과 나머지 세계 간의 심각한 경상수지 불균형을 지칭한다. 미국의 과도한 국가채무 누적과 수출 주도 성장을 추진하는 아시아 국가들의 막대한 외환보유고 축적이라는 비대칭적 상황을 포함하는 개념이다(유승경, 2009). 글로벌 불균형은 달러화가 미국의 경상수지 적자를 통해 수출 주도 성장을 하고 있는 아시아 국가들로 흘러들어가면서 시작된다. 아시아 국가들은 달러 유입으로 늘어난 보유외환을 주로 미국 재무부 채권에 투자한다. 결과적으로 미국의 적자를 아시아 국가들이 무역을 통해 벌어들인 달러로 메워주는 셈이다. 글로벌 불균형은 이 같은 순환구조를 통해 유지되고 있다.그림 8
　문제는 이런 불균형 구조가 무한정 지속될 수 없다는 데 있다. 2008년 미국발 금융위기에서 보듯이 글로벌 불균형은 기축통화국인 미국의 과잉 투자와 소비를 조장한다. 미국은 그로 인한 적자를 보전하기

그림 8 | 세계 경제 불균형 순환구조

위해 통화 공급을 늘림으로써 자산가격에 버블을 일으킨다. 이렇게 생긴 버블은 미국 자신뿐만 아니라 교역상대국으로도 퍼져나간다. 버블은 더 이상 지속되기 어려운 어느 순간 촉발 요인이 생기면 꺼지는 속성을 갖고 있다. 결국 기축통화국 미국의 과잉 투자와 소비가 만들어낸 불균형은 버블이 꺼지는 순간 위기를 불러올 수밖에 없다.

그럼에도 불구하고 글로벌 불균형은 쉽게 해소될 가능성이 없어 보인다. 2008년 위기 이후 미국의 양대 적자가 일부 줄었다고는 하나 적자는 여전히 계속되고 있다. 미국과의 무역거래에서 얻은 흑자로 미국의 적자를 보전해주고 있는 중국, 한국, 대만 등 신흥국들의 흑자 행진도 이어지고 있다. 이처럼 글로벌 금융위기의 구조적 원인은 아직도 사라지지 않고 있다.

일부 경제권에서는 오히려 금융위기의 주기가 짧아지면서 반복되는 경향을 보이고 있다. 2008년 이후 2011년까지 포르투갈, 이탈리아, 아일랜드, 그리스, 스페인 등 유로존 5개 나라^{PIIGS}가 연쇄적인 경제위기를 겪었다. 최근에는 아르헨티나가 디폴트(채무불이행)^{default} 위기에 빠졌다. 이밖에 인도, 인도네시아, 터키, 남아프리카 공화국, 브라질도 미국의 양적완화 축소에 이어 통화 긴축이 본격화될 경우 경제위기에 직면할 가능성이 제기되고 있다.

불균형은 글로벌 차원에서만 발생하는 것은 아니다. 자산 버블과 함께 위기의 또 다른 원인이었던 대내 소득 불균형도 해소되지 못하거나 오히려 심화되는 양상을 보이고 있다. 미국의 클린턴 행정부에서 노동부 장관을 지낸 로버트 라이시$^{Robert Reich}$는 양적완화와 초저금리가 사라진 후의 후유증을 예고했다. 그는 돈 풀기 효과가 사라지면 다시 실업률이 높아지고, 중위권 이하의 임금 수준은 오히려 내려감으로써 소득 불균형이 더욱 심화될 것이라고 경고했다. 그의 분석에 따르면, 1978년 미국인의 연평균 급여는 4만8,000 달러였다. 하지만 구매력 기준으로 따졌을 때 현재 평균 급여는 3만4,000 달러에도 미치지 못한다. 이와는 대조적으로 미국에서 가장 부유한 1%의 가구당 연평균 수입은 1978년 39만3,000 달러였으나 현재는 110만 달러를 넘어섰다. 5년 전부터 미국 국민의 1%가 국민총생산 증가액의 90%를 차지한 반면, 나머지 99%는 남은 10%를 나눠 가졌다. 그 결과 고작 부자 400명이 1억5,000만 명의 미국인보다 더 많은 부를 소유하고 있다(Vergopoulos, 2014).

이와 같은 소득 불평등 심화는 자산 버블과 함께 최상위층의 저축 증가와 자본화가 촉진된 결과다. 이와 관련해 최근『21세기 자본$^{Capital in the Twenty-First Century}$』이란 책을 펴내 화제가 된 토마 피케티$^{Thomas Piketty}$는 역사와 통계를 이용해 소득 불평등의 과정을 분석했다. 그의 분석 결과 18세기 이후 자본 수익률은 언제나 경제 성장률을 웃돌았다. 즉, 자본가들은 늘 경제 성장률 이상의 이익을 남겨왔다. 이는 소수 자본 가와 나머지 계층 사이의 소득 불평등을 심화시키고, '세습 자본주의 patrimonial capitalism'를 낳는 결과를 가져왔다(Piketty, 2014).

라이시의 분석에 따르면, 경기가 호황이던 1970년대 미국의 총소 득에서 상위 1%가 차지한 몫은 8~9%에 그쳤다. 그러나 이후 그 몫이 계속 늘어나 2007년에는 23%에 이르렀다. 대공황 직전인 1928년의 수치도 2007년과 같은 23%였다(Reich, 2011). 이는 소득이 극소수 부유 층에 치중됨으로써 대다수 중산층 이하 계층의 소득이 줄었음을 의 미한다. 그 결과 이들은 빚을 내 소비를 하고, 그 빚으로 부풀려진 버 블이 꺼지면서 경제위기가 발생했다. 그것이 바로 1929년 대공황과 2008년 글로벌 금융위기다.

2008년 글로벌 금융위기는 대대적인 양적완화와 초저금리정책으 로 인해 대공황으로 번지지는 않았다. 하지만 글로벌 불균형과 소득 불평등은 기대한 것만큼 해소되지 않고 오히려 심화됐다. 이는 잠재 된 불안 요인으로 더 큰 위기를 불러올 수도 있다

Dollar's
Paradox

2

역사로부터
배우다

Dollar's
Paradox

기축통화는 정치·경제·군사력의 산물

　기축통화의 역사는 경제 패권의 역사만은 아니다. 역사적으로 기축통화국은 대부분 정치·군사적으로도 세계를 지배했다. 기축통화의 역사는 그리스시대로 거슬러 올라간다. 신약성서 「누가복음」을 보면, 은화인 '드라크마Drachma'에 대한 이야기가 나온다. 이를 근거로 역사학자들은 기원전 5세기경 세계를 지배했던 그리스에서 이 주화가 기축통화 역할을 했을 것으로 추정한다. 이후 역사의 패권이 로마 제국으로 넘어가면서 기원전 1세기경에는 로마의 금화 '아루레우스Aureus'와 은화 '데나리우스Denarius'가 기축통화의 역할을 했다.

　기원후에는 4세기 무렵 비잔틴 제국의 금화 '솔리더스Solidus'가 보급되기 시작해 12세기까지 광범위하게 쓰였다. 7세기 말에는 이슬람 제국의 금화 디나르Dinar가 만들어져 이 제국의 세력권을 중심으로 13세기까지 사용됐다. 디나르는 이슬람 제국의 전성기인 8세기 한때 솔리더스를 제치고 중요한 국제 통화의 위치를 차지했다.

13~15세기 동안에는 이탈리아의 주화들이 기축통화의 역할을 했다. 당시 이탈리아는 무역의 중심지로 많은 도시국가들이 각자의 주화를 만들어냈다. 그 가운데 제노바의 금화 제노인Genoin, 피렌체의 금화 플로린Florin, 베니스의 두카토Ducato 등이 가장 많이 사용됐다. 17세기에는 네덜란드가 국제 무역의 중심지로 부상했다. 그 결과 네덜란드의 화폐 길더Guilder가 사실상 기축통화의 역할을 했다(매일경제신문 경제부, 2010).

그러나 이때까지 사용된 화폐는 엄밀한 의미에서 오늘날과 같은 기축통화로 보기에는 무리가 있다. 발행 국가의 정치·경제·군사력을 바탕으로 국제 거래에서 광범위하게 사용되기는 했지만, 기축통화의 조건을 완전하게 갖추지는 못했기 때문이다.

한 나라의 통화가 단계적으로 지역 통화가 되고 국제 통화가 되려면, 먼저 화폐로서 계산 단위, 교환 수단, 가치 저장의 세 가지 기능을 수행할 수 있어야 한다. 이 기본 조건 이외도 다른 나라의 중앙은행들이 대외 지불준비 자산용으로 보유하거나 외국 기업들이 투자용 또는 자금조달용으로 선호하는 화폐가 돼야 비로소 통화의 국제화가 진행된다. 통화의 국제화 과정은 크게 5단계로 나눌 수 있다. 첫째는 대외 지불준비 자산이 되는 단계, 둘째는 자금조달 및 해외차입용 통화가 되는 단계, 셋째는 투자 대상 및 국제 거래결제용 통화가 되는 단계, 넷째는 역내 단일통화가 되는 단계, 다섯째는 세계 기축통화가 되는 단계다(김인철, 2009).

현대적인 의미에서 최초의 기축통화 역할을 한 화폐는 영국의 파운드Pound였다. 파운드화는 1717년 영국이 금 본위제를 도입한 이후 기축통화로서의 지위를 누리기 시작했다. 당시 영국에서는 1694년 설립된 영국은행이 중앙은행 기능을 수행하고 있었다. 또한 금융시장이 발달돼 있었고 은행 시스템도 어느 정도 갖추고 있었다. 약속어음 형태의 지폐도 널리 사용되기 시작했다.

이런 조건하에서 금 본위제를 시행한 것은 영국 정부의 요청으로 화폐 주조 책임자를 맡고 있던 과학자 아이작 뉴턴Isaac Newton이었다. 뉴턴은 화폐 주조와 유통에 관한 체계적인 연구를 바탕으로 금 1온스에 4.25파운드로 고정시켰다. 그 결과 파운드화는 가치가 안정되면서 1차 세계대전 직전인 1913년에는 세계 교역 결제통화의 60%, 세계 외환보유액의 48%를 차지하기에 이르렀다.

그러나 1차 세계대전을 겪는 과정에서 영국의 금 보유량은 급감했다. 영국은 더 이상 파운드를 금으로 바꿔줄 수 없었다. 결국 영국은 1931년 금 태환 중단을 공식 선언하고 파운드의 기축통화 지위를 포기해야만 했다(이윤석, 2009; Eichengreen, 2011).

팍스 달러리움 Pax Dollarium 시대의 개막

국제 금융의 불안정과 그로 인한 세계 경제의 분열은 1930년대의 세계 대공황과 2차 세계대전을 초래한 직간접적 원인이 됐다. 이 같은 인식의 확산은 2차 대전 이후 안정된 국제 금융 질서의 필요성을 더욱 절감하게 만들었다. 환율의 안정과 자본의 자유로운 이동, 그리고 국가의 정책 자율성 유지라는 모순된 세 가지 목표를 달성할 수 있는 국제 금융 질서를 국제 협력을 통해 만들어나가야 한다는 점이 명확해졌다.

1944년 영국과 미국을 중심으로 한 세계 주요 선진국들은 미국 뉴햄프셔주의 브레튼 우즈에서 종전 이후의 국제 경제 질서에 관한 합의에 도달했다. 이 합의에 기초해 형성된 국제 경제 질서를 브레튼 우즈 체제라고 한다. 브레튼 우즈 합의의 핵심적 내용은 다음과 같은 세 가지로 요약할 수 있다.

첫째, 달러를 기축통화로 하는 고정환율제를 유지한다. 둘째, 경상거래를 위한 외환거래는 자유화하되, 국제적 자본 이동은 제한할 수 있다. 셋째, 일시적인 국제 유동성 부족에 빠진 나라에 긴급 자금을 제공하고, 국가 간 금융 관련 통계나 정보를 교환하기 위해 국제통화기금을 설립한다. 브레튼 우즈 체제는 이 같은 합의에 따라 출범한 IMF가 핵심적 역할을 수행한다. 이 때문에 'IMF 체제'라고 부르기도 한다.

브레튼 우즈 체제의 근간인 고정환율제도는 1945년부터 1973년까지 유지됐다. 이 시기의 국제 금융 질서는 미국 중심, 달러 중심의 팍스 아메리카나Pax Americana 혹은 팍스 달러리움Pax Dollarium의 시대였다. 달러만이 금과 일정한 비율로 태환되고, 다른 통화들은 달러에 대해 일정한 환율을 유지함으로써 간접적으로만 금과 연계돼 있었다. 이처럼 고정환율제를 근간으로 하면서도 일시적, 구조적 국제수지 불균형을 해결하기 위한 환율 조정은 허용됐다.[2]

　그러나 자본의 국제적 이동에 대해서는 여러 제한을 두었다. 자본 이동의 제한은 이전의 금융 혼란에 대한 반성에서 비롯된 것이기도 하지만, 다른 한편으로는 국민 경제를 해외 경제와 단절시킴으로써 국민국가에 정책의 자율성을 부여하기 위한 것이기도 했다. 결국 2차 대전 이후 약 30여 년 동안 환율의 안정과 국민국가의 정책 자율성이라는 목표는 달성하되 국제적 자본 이동이라는 목표는 희생시키는 방식으로 국제 금융 질서가 유지돼온 셈이다. 실제로 이 시기에 국제적 상업자본의 이동 규모는 크게 증가하지 않았다. 대신 원조나 차관과 같은 공적자본의 공여가 자본 이동의 대부분을 차지했다.

　브레튼 우즈 체제는 이처럼 그것을 지탱한 두 가지 조건, 즉 미국 경제의 압도적 우위와 자본 이동 제한이라는 조건이 충족되지 않으면 유지되기 어려울 수밖에 없었다. 그러나 1960년대 후반에 들어서 미국의 생산성 증가율이 일본이나 독일에 비해 크게 낮았고, 경상수지도 적자로 반전됐다. 동시에 미국의 자본수출이 꾸준히 증가하고, 베트남 전쟁 과정에서 미국의 전비 지출마저 급증하면서 이른바 달러 과잉의 문제가 발생했다. 이 같은 달러 과잉은 달러 가치를 떨어뜨리고 달러에 대한 신인도를 훼손해 브레튼 우즈 체제의 근간을 위협했다.

국제 유가 급등에 따른 국제적 자본 이동의 증가도 브레튼 우즈 체제를 불안하게 하는 요인이 됐다. 1970년대 초 석유가격의 급등으로 중동의 산유국들은 막대한 규모의 달러를 벌어들여 런던을 비롯한 유럽의 금융시장에 예치했다. 그 결과 유로달러시장euro dollar market이라는 새로운 형태의 국제 금융시장이 형성됐다. 유로달러시장의 형성은 국제적 자본 이동의 규모를 급격히 증가시키는 계기가 됐다. 이는 자본 이동에 대한 규제를 기술적으로 더욱 어렵게 만들었다. 이러한 국제 경제 상황의 변화로 브레튼 우즈 체제는 결국 1973년에 종말을 고하게 됐다.

브레튼 우즈 체제의 붕괴와 자본자유화

브레튼 우즈 체제는 1950년대 후반 유럽 통화들의 교환성이 회복되면서 점증하는 시장의 압력에 노출되고 약화되어갔다. 무엇보다도 브레튼 우즈 체제의 내재적 문제와 이에 대한 미국과 서유럽 각국의 대응이 국제 금융 질서의 붕괴를 가져온 근본 원인이었다.

브레튼 우즈 체제에는 이른바 '트리핀 딜레마Triffin's dilemma [3]'가 존재했다. 즉, 준비자산으로서의 달러는 미국의 국제수지 적자에 의해 지속적으로 공급돼야만 세계 경제의 유동성 문제를 해결할 수 있다. 반면, 미국의 지속적 국제수지 적자는 달러에 대한 신뢰성을 떨어뜨려 준비자산으로서의 역할을 위협한다. 역으로 달러의 신뢰도를 지키기 위해 달러의 유출이 축소되면 국제 유동성의 부족이라는 모순에 빠지게 된다. 실제로 1960년대에 들어서면서 미국의 국제수지 적자 누적과 이로 인한 달러 유출 과잉으로 달러 위기가 현실화됐다. 이 시기 미국의 국제수지 적자는 '위대한 사회Great Society 프로그램"과 베트남 전비 지출, 해외 투자의 급증으로 인해 트리핀 딜레마의 규모를 훨씬 넘어설 정도로 지속됐다. 해외 대출의 규제를 위한 간접적 자본 통제나 금풀제gold pool system [5]와 같은 국제 협력 체제에 의해서도 달러 과잉 유출의 문제는 해결되지 않고 더욱 심화되어 갔다.

결국 1970년대 들어 달러에 대한 신뢰도가 무너지면서 금 태환 요구가 이어졌다. 이에 따라 미국의 닉슨 대통령은 1971년 금 태환 중지를 선언했다. 이것이 이른바 '닉슨 쇼크'다. 브레튼 우즈 체제는 심각한 균열이 발생하게 됐다. 주요 통화국은 달러화의 매입 지원을 포기하고 대미 달러 변동폭(상하 1%)의 제약을 이탈해 변동환율제로 이동했다. 과대평가된 달러화 가치는 평가절하됐다.

그러나 주요 선진국들은 여전히 고정환율제로 복귀해야 한다는 공통된 인식을 갖고 있었다. 이에 따라 1971년 12월 미국 워싱턴의 스미소니언Smithsonian 박물관에서 선진 10개국이 참가한 국제통화회의가 열렸다. 여기서 격렬한 논의 끝에 각 주요 통화의 달러에 대한 중심환율로 일컬어지는 새로운 고정환율이 정해졌다. 달러는 금에 대해 7.89%(금 1온스에 35달러에서 38달러로) 절하되고, 주요국 통화는 달러화에 대해 절상됐다. 하지만 달러의 금 태환이 정지된 만큼 달러화가 금에 대해 절하되더라도 이는 명목적인 것에 불과했다. 각 통화는 중심환율의 상하 각 2.25%까지 환율 변동이 허용됐다. 이로써 보다 넓은 변동폭을 가진 고정환율제로의 복귀가 이루어지게 됐다. 이를 '스미소니언 체제'라고 부른다.

스미소니언 체제는 더 이상 금 본위제가 아니었다. 금이 뒷받침되지 않는 달러화에 대해 주요국 통화의 환율을 고정한 만큼 사실상 '달러 본위제'였다. 그러나 금이 뒷받침되지 않는 달러, 미국의 국제수지 적자로 과잉 공급된 달러는 항상 매도 압력을 받았다. 주요국들이 개입해 달러를 매입한다 해도 달러 가치를 지키는 데는 한계가 있었다. 유럽 각국과 일본의 입장에서 볼 때 시장 개입을 위해 매입한 달러는 가치를 보증 받을 수도 없었다. 게다가 대규모 매입에 의해 국내로 유입된 달러는 과잉 유동성 문제를 일으켰다. 결과적으로 스미소니언 체제는 브레튼 우즈 체제의 문제점을 근본적으로 해결하지 못한 일시적인 조치에 불과했다.

이런 상황 속에서 1973년 EC(유럽공동체) 국가들은 변동환율제를 공식 채택했다. 이는 브레튼 우즈 체제가 공식적으로 막을 내리고, 국제통화 질서가 변동환율제로 이행하는 계기가 됐다. 이어 1976년 1월 자메이카의 킹스턴Kingston에서 개최된 IMF 잠정위원회는 각국에 환율제도의 선택재량권을 부여함으로써 변동환율제를 사실상 인정했다. 이른바 '킹스턴 체제'가 출범한 것이다. 킹스턴 체제는 변동환율제를 인정하되, 그것의 약점인 환율의 급변동을 막기 위해 각국의 중앙은행이 외환시장에 보다 적극적으로 개입할 것을 명문화했다.

변동환율제는 외환시장의 규모를 폭발적으로 증대시켰다. 환율과 실질이자율이 불안정하게 되면서 투기자본도 급격히 늘어났다. 자산 가치의 안전성과 투자 위험의 회피 및 부채의 효율적 관리를 위해 다양한 금융거래 형태가 생겨나고, 거래 규모도 급증했다. 게다가 유로 시장의 급성장, 오일쇼크와 인플레이션의 만연, 막대한 오일달러의 환류recycling 등은 국제 금융의 규모를 더욱 증대시켰다.

그 결과 한편으로는 자본 통제를 계속하기가 더욱 힘들어졌다. 다른 한편으로는 자본 통제의 폐지와 자유화를 위한 압력이 크게 증가하게 됐다. 이에 따라 미국은 1974년 공식적으로 모든 자본 통제를 폐지했다. 1970년대 초 서유럽 국가들과 일본은 달러 위기에 대한 대응으로 미국에 협조적 자본 통제를 강력히 원했다. 그럼에도 불구하고 미국은 이를 거부하고 오히려 자본자유화를 일방적으로 추진한 것이다(Helleiner, 1994, p.103-105). 곧 이어 이미 자본거래가 자유로운 유로달러 시장을 유치했던 영국이 뒤를 따랐다.

1980년대 초까지 독일과 일본, 프랑스, 이탈리아 등 주요 선진국들도 자본자유화와 금융자유화를 추진했다. 이로써 1980년대 이후 국제 금융 체제는 반세기 전의 자유주의 질서로 되돌아가기 시작한 것이다.

'플라자'에서 '루브르'까지

브레튼 우즈 체제 붕괴 이후 국제적 자본 이동 규모는 과거에 비해 빠른 속도로 증가했다. 환율의 변동은 국제 금융시장에서 거스를 수 없는 대세로 인정됐다. 그럼에도 불구하고 1970년대 중반 이후부터 1980년대 초까지는 브레튼 우즈 체제를 대신할 국제 금융 질서를 마련하기 위한 본격적 국제 협력은 거의 없었다. 단지 유럽에서만 지역적인 단위에서 새로운 국제 금융 질서를 형성하기 위한 움직임이 있었다. 미국을 비롯한 선진국들은 기본적으로 환율을 시장의 힘에 맡겨 놓았다. 이론적으로도 환율의 자유로운 변동이 정책의 자율성을 높여줄 뿐 아니라 국제수지의 균형도 자동적으로 달성시킬 것이라는 주장이 설득력을 얻었다.

그러나 1980년대 들어서면서 미국 경제는 대규모 재정 적자와 경상수지 적자에 시달리고 있었다. 2차 오일쇼크로부터 탈출하기 위한 재정 지출과 소련과의 냉전에서 승리를 거두기 위한 일련의 군사적 활동으로 재정 적자가 심각하게 확대된 상태였다. 세계 경제가 침체에 빠진 상황에서 유일하게 씀씀이를 키웠던 미국으로 전 세계 상품들이 밀려들면서 경상수지 적자도 커져 갔다. 미국은 적자를 보전하기 위해 고금리 정책을 썼다. 미국 이외의 나라들은 수출해서 번 돈을 미국 채권에 투자해 미국의 적자를 보전해주는 역할을 했다. 그럴수록 적자와 부채 누적에 따른 불안감이 커지면서 불균형을 조정해야

그림 9 | 미국 달러화 환율 추이

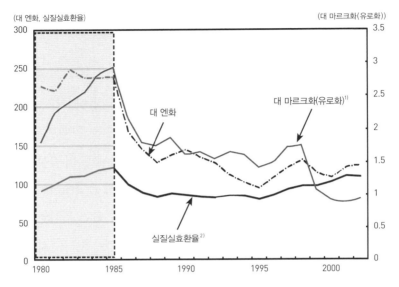

1) 1998년 이전은 대 마르크화, 1999년 이후는 대 유로화 환율
2) 유로화, 엔화, 파운드화, 호주 달러, 캐나다 달러 등 미국의 주요 무역상대국 통화 대비 미국 달러화
   환율의 가중평균(1973년=100)

자료: CEA, Economic Report of the President, 2003

한다는 목소리가 높아졌다.

마침내 1985년 9월 22일 미국과 영국, 프랑스, 독일, 일본 등 선진 5개국 중앙은행 총재와 재무장관들이 뉴욕 플라자호텔에서 만나 불균형을 조정하기 위한 합의를 도출해냈다. 이것이 이른바 '플라자 합의'이다. 이 합의를 통해 미국은 재정 적자를 줄이기로 약속했다. 대신 유럽 국가들과 일본은 자국 통화의 가치를 절상시키고 국내 경기를 부양해서 미국의 경상수지 적자 해소를 지원하기로 했다. 동시에 미

국은 달러화 가치를 떨어뜨리기 위해 금리를 낮췄다. 다른 나라들도 내수 부양을 위해 미국과 같이 금리를 인하하기로 했다.

플라자 합의 이후 달러화 가치는 수직 하락했다. 달러화에 대한 엔화의 환율은 1985년 초 1달러에 260엔 대에서 플라자 합의 이후 3개월 만에 200엔 대로 급락했다. 1987년 2월에는 150엔 대까지 떨어졌다. 달러화에 대한 마르크화의 환율은 같은 기간 1달러에 3마르크 대에서 2마르크 밑으로 하락했다.그림 9 1년 반도 안 되는 사이에 달러 대비 엔화의 가치는 40% 이상, 마르크화 가치는 30% 넘게 각각 치솟았다. 이 같은 엔화와 마르크화 가치의 급등은 전례 없는 것이었다.

그러나 기대했던 효과보다는 부작용이 심각했다. 특히 일본은 엔화 가치의 급등으로 수출산업이 위기에 내몰리고 단기간에 심각한 불황에 빠져들었다. 미국은 달러화 가치 폭락에도 불구하고 경상수지 적자는 줄어들지 않고 있었다. 이렇다 보니 세계 경제가 달러화 가치 폭락으로 인해 새로운 균형점을 찾기 전에 심각한 위기에 빠질 수 있다는 불안감이 커졌다.

미국의 경제 여건도 변하고 있었다. 달러화 가치를 폭락시키고 재정 적자의 확대를 막기 위해 금리를 낮췄지만, 달러화 가치 폭락의 여파로 물가가 오름세를 타기 시작했다. 미국은 금리 인상에 나서야 할 상황이었다. 그렇지만 미국은 자신이 금리를 올렸을 때 다른 나라들이 금리 인상에 동참할 것을 두려워했다. 모든 나라들이 금리를 올리기 시작하면 그만큼 세계 수요가 줄어들 것이고, 그럴 경우 플라자 합의로 기대했던 미국의 쌍둥이 적자 해소는 불가능해지기 때문이었다.

상황이 다시 급속도로 나빠지자 1987년 2월 22일 이탈리아를 제외한 G7 중 6개국의 재무장관과 중앙은행 총재들은 파리의 루브르 궁전에 모였다. 여기서 도출해 낸 것이 이른바 '루브르 합의'이다. 이 합의를 통해 주요 선진국들은 환율을 안정시키기 위해 정부가 외환시장에 공동 개입하기로 하고 미국이 거기에 적극 협력하기로 했다. 대신 미국 금리를 올릴 때 다른 나라들은 금리를 올리지 않고 강력한 내수 부양 정책을 쓰기로 약속했다.

'블랙 먼데이'의 교훈

루브르 합의 이후 예상대로 미국의 물가는 급등하기 시작했다. 이에 맞추어 미국 연준은 금리를 공격적으로 올리기 시작했다. 10년 만기 국채금리는 1987년 초 연 7%에서 그 해 10월 9.5%로 높아졌다.그림 10 일본과 유럽 국가들은 일단 외환시장 개입을 통해 환율을 안정시키는 데 주력했다. 그러나 미국이 공격적으로 금리를 인상하자, 미국의 일방주의에 시달리던 유럽 국가들도 따라서 금리를 올리기 시작했다. 일본은 미국의 무역 보복을 두려워 주저했지만, 특히 독일은 금리 인상에 적극적으로 나섰다.

이제는 주가 등 자산가격의 버블이 문제였다. 플라자 합의로 모든

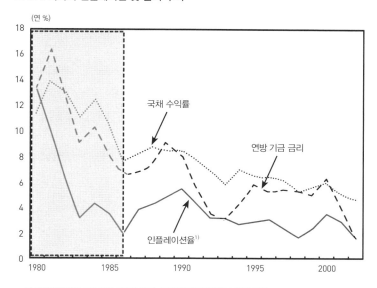

그림 10 | 미국의 인플레이션 및 금리 추이

(연 %)

국채 수익률

연방 기금 금리

인플레이션율[1]

1) 인플레이션율: CPI 기준, 국채수익률: 10년 만기 국채 유통수익률 기준

자료: CEA, Economic Report of the President 2003

나라들이 공격적으로 금리를 낮추면서 생겨난 엄청난 유동성이 버블을 만들어냈다. 금리가 오르면 버블은 꺼질 수밖에 없었다. 미국의 눈치를 보고 있던 유럽이 자산가격의 버블을 경계해 공격적으로 금리인상에 나서자 상황이 돌변했다.

1987년 10월 19일 월요일 유동성을 믿고 급등세를 이어가던 주가는 마침내 폭락하기 시작했다. 이날 하루 뉴욕 증시의 주가는 22.6% 떨어졌고, 세계 주요 증시의 주가도 잇따라 큰 폭으로 하락했다. 이른바 '블랙 먼데이 사태'가 일어났다. 자산가격의 급락에 긴장한 미국은 다시 금리를 낮췄다. 유럽과 일본도 올렸던 금리를 원위치시켰다. 동시에 미국을 제외한 나라들은 다시 강력한 내수 부양 정책을 가동했다. 이후 루브르 합의 정신은 한동안 지켜졌다.

버블은 터지기 마련이다. 버블의 속성은 아이들이 갖고 노는 풍선처럼 결국 언젠가는 구멍이 나서 순식간에 바람이 빠지기 때문이다. 버블은 그 자체로는 지탱할 수 없는 가격 변동이나 현금 흐름을 동반한다(Kindleberger & Aliber, 2006). 이는 블랙 먼데이 사태뿐만 아니라 인류가 역사상 여러 차례 경험했던 금융위기의 역사가 증명한다.

버블의 붕괴 과정은 매우 고통스럽다. 그 고통의 대가는 누군가 치러야 한다. 순리대로라면 버블을 일으켜 이익을 본 자가 붕괴의 대가를 치르는 것이 마땅하다. 블랙 먼데이 사태 당시 버블을 조장한 1차적인 책임은 미국에 있다. 기축통화의 세뇨리지 효과를 믿고 달러를 찍어 과잉 소비와 투자를 해왔기 때문이다. 2차적인 책임은 독일 등 유럽 국가와 일본에 있다. 미국과의 교역에서 벌어들인 달러를 미국 자산에 투자해 적자를 메워주고, 대신 수출 주도의 성장혜택을 누려왔기 때문이다.

그러나 플라자, 루브르 합의에서 블랙 먼데이 사태에 이르기까지 버블 붕괴의 고통을 분담하기 위한 합의는 쉽지 않았다. 설사 합의가 이뤄졌더라도 각자 그것을 지키는 것은 어렵다는 사실을 깨달았다. 끝내 블랙 먼데이 사태라는 공멸의 위기를 겪고 나서야 합의가 겨우 지켜졌을 뿐이다. 금융위기의 역사가 말해주듯이 과잉 소비와 투자는 무한정 지속될 수 없다. 그렇다면 그로 인한 버블 형성을 사전에 막는 것이 나중에 고통을 피하는 가장 좋은 방법이다.

브레튼 우즈 체제는 왜 자본 이동을 제한했나?

1930년대 세계 경제는 대공황의 여파로 많은 어려움을 겪고 있었다. 19세기 이후 유지돼 온 금 본위제도가 무너지고 보호무역주의 강화로 무역제한 조치가 만연되어 있었다. 경쟁적인 평가절하로 인해 환율도 매우 불안정하게 움직였다. 1940년대 들어서도 사정은 크게 달라지지 않았다. 이에 따라 전후의 새로운 세계 경제 질서에 대한 논의도 자연스럽게 이러한 문제를 극복하는 데 초점이 맞춰졌다.

2차 세계대전이 거의 끝나가던 1944년 7월 마침내 연합국 중심의 44개 나라 대표들이 미국의 브레튼 우즈에 모여 새로운 국제 통화 체제 구축에 합의했다. 브레튼 우즈 체제는 환율의 안정을 통해 자유무역과 경제 성장을 추구하기 위한 것을 기본 이념으로 삼았다.

여기서 주목할 점은 자유무역을 추구하면서도 그 전제조건으로 환율 안정을 중요하게 여겼다는 것이다. 자유무역의 이념은 전후 GATT(관세 및 무역에 관한 일반협정)[6]체제의 출범으로 구체화됐다. 환율 안정은 고정환율제도와 자본통제를 통해 뒷받침됐다. 이는 사실상 브레튼 우즈 체제를 떠받치는 주요 강령이었다(Rodrik, 2011).

자유무역을 채택하면서도 자본자유화에 대해 제동을 건 이유는 그것이 가져올 위험성을 우려했기 때문이었다. 이에 대해 당시 대부분의 경제학자들과 정치가들도 동의했다. 이들의 입장은 대공황을 전후해 금융시장이 혼란을 겪으면서 확고해졌다. 1920~1930년대 민간자본의 흐름은 금융시장을 약화시키는 요인으로 작용했다. 특히 금 본위제를 채택하지 않은 나라들은 불안정한 환율 때문에 어려움을 겪었다.

브레튼 우즈 체제의 출범에 관여했던 존 케인스^{John Maynard Keynes}도 그 점을 잘 알고 있었다. 그는 자유로운 자본 이동이 금융시장의 안정성뿐만 아니라 거시경제의 균형을 저해한다는 점을 간파하고 있었다. 결국 자본자유화는 통화정책을 제한함으로써 완전고용과 물가 안정에 부정적 영향을 끼치게 된다는 것이다. 예컨대, 경기 진작과 고용 확대를 위해 금리를 내리면, 민간자본이 순식간에 빠져나가서 의도했던 효과를 거두지 못하게 된다. 반대로 물가 상승을 억제하기 위해 금리를 올리면, 외국 자본이 쏟아져 들어와서 역시 뜻했던 대로 효과를 보지 못하게 된다. 케인스는 이처럼 생산과 고용 부문은 금융 부문과 확연히 다르다고 생각했다. 그는 금융시장이 도박장에 가까우며, 자본의 자유로운 이동을 허용하는 것은 생산과 고용 증대에 오히려 걸림돌로 작용할 수 있다고 여겼다.

이 같은 그의 생각은 브레튼 우즈 체제에 상당 부분 반영됐다. 그에 따라 브레튼 우즈 체제는 각국 정부에 경제 성장과 완전고용을 추구할 권리를 주어야 한다는 원칙을 고수했다. 이 원칙은 브레튼 우즈 체제 아래에서 각국 정부가 고유한 통화정책 및 재정 정책을 추구할 수 있도록 충분한 재량권을 부여받는 이론적 토대가 됐다. 그리고 그것을 뒷받침할 수 있는 제도적 장치로 자본 통제와 고정환율제도가 확고히 자리 잡게 됐다.

그렇다고 해도 브레튼 우즈 체제가 융통성 없는 폐쇄적인 체제는 아니었다. 자본의 이동이 제한되고 환율이 고정돼 있었던 만큼, 이로 인한 부작용을 해소하기 위한 두 가지 보완장치를 마련해놓고 있었다. 첫 번째는 IMF의 '단기자금 융자 제도'다. 이 장치를 통해 일시적 외환 부족으로 대외 채무를 상환하기 어렵게 된 국가들이 IMF로부터 긴급자금을 빌려 해결할 수 있도록 했다. 두 번째는 '조정 가능한 고정환율제도'다. 비록 고정환율제도를 채택한 국가라 해도 국제수지의 구조적 불균형이 나타날 경우 이 제도를 활용해 일정한 범위 내에서 환율을 조정하도록 했다.

결론적으로 브레튼 우즈 체제는 각국 경제를 자본자유화로 인한 폐해로부터 보호하는 데 역점을 두었다. 동시에 그 때문에 빚어질 부작용도 최소화하기 위한 장치를 마련함으로써 경제 성장과 완전고용이라는 세계 경제의 거시적 목표를 달성하고자 했다.

고정환율제냐, 시장변동환율제냐?

2000년 중반까지 일부 신흥시장emerging market 국가들은 환율 변동으로 인한 부작용을 막기 위해 자국 통화의 가치를 달러화나 소수 주요 통화 가치에 고정시킨 고정환율제를 채택하고 있었다. 미국 달러화에 위안화를 고정시켰던 중국이 가장 대표적인 사례다.

고정환율제를 채택한 나라들은 외환시장에서 자국 통화의 급격한 가치 하락을 방지함으로써 이로 인한 금융위기를 막는 것을 그 명분으로 삼고 있었다. 그러나 이들 국가는 평상시 자국 통화의 가치를 실제보다 낮게 유지, 즉 높은 환율을 고수함으로써 자국 기업의 수출경쟁력을 높이는 실익을 거두고 있었다. 중국이 미국과 EU 등으로부터 위안화의 평가절상 압력을 받았던 것도 그 같은 환율 효과 때문이었다. 이들 국가는 중국이 '달러 페그peg제''를 통해 위안화의 달러에 대한 환율을 실제보다 높게 유지함으로써 세계 경제에 심각한 불균형을 초래하고 있다고 비난했다.

하지만 중국으로서도 위안화의 평가절상을 노린 투기자금의 공격에 노출됨으로써 환율제도 개선에 발목이 잡힐 수밖에 없었다. 위안화 절상을 노리고 중국 금융시장에 투자된 투기자금이 일시에 빠져나갈 경우 중국 금융시장은 일대 혼란에 빠질 수 있었기 때문이었다.

고정환율제를 채택했던 중국 등 일부 신흥시장 국가들은 대부분 어떤 식으로든 고정환율제의 딜레마에서 빠져나오는 환율 제도 개선 작업을 추진해오고 있다. 궁극적인 목표는 경제에 미칠 충격을 줄이면서 점진적으로 시장변동환율제로 이행하는 것이다. 그러나 중국의 경우에서 보듯이 중단기적으로 복수통화 바스켓 시스템하에서 환율의 소폭 조정은 가능할 수 있지만, 전면적인 시장환율제로의 전환은 상당한 시일이 걸린다. 금융산업이 환율 변화의 충격을 견딜 만한 준비가 필요하기 때문이다.

사실 완벽한 환율 제도란 존재하지 않는다. 고정환율제든, 시장변동환율제든 둘 다 장단점이 있다. 고정환율제는 환율 변동의 비용과 경제의 불확실성을 줄임으로써 안정적인 경제 성장에 기여한다. 특히 신흥시장 국가일수록 금융시장이 발달되지 않았고, 금융 기관과 일반 기업들의 외환위험 관리능력도 부족하다. 많은 신흥시장 국가들이 고정환율제를 쉽게 포기하지 않는 이유도 여기에 있다.

그러나 금융자유화와 세계화의 진전으로 자본이동성이 크게 증대된 국제 금융 환경하에서 고정환율제가 적합하지 않다는 견해도 만만치 않다. 특히 대외불균형이 지속돼 기초 경제 여건이 악화될 경우 국제 투기자금의 환투기 공격에 노출될 가능성이 크다. 이런 주장은 개방 논리를 옹호하는 통화주의자들이 주로 제기한다.

같은 맥락에서 통화주의자들은 시장변동환율제의 장점을 설명한다. 그들은 우선 시장에서 환율변동 메커니즘이 작동할 경우 국제수지의 균형을 유도할 수 있다고 본다. 맞는 말이다. 그들은 시장변동환율제가 환투기를 예방하고 독립적인 경제정책을 수행하도록 함으로써 정책 효과를 높일 수 있다고도 주장한다. 또한 특정 환율 수준을 방어하기 위한 중앙은행의 외환시장 개입이 필요하지 않기 때문에 외환보유액을 무리하게 많이 쌓을 필요가 없다고 말한다. 그러나 시장변동환율제는 환투기를 예방하는 충분조건은 아니다. 자본시장이 개방된 경우 오히려 독립적인 정책 수행도 제약을 받는다. 뿐만 아니라 투기자본의 급격한 유출입에 대비해 외환보유액도 많이 쌓아야 한다(서정민, 2005).

실제로 시장변동환율제로 이행한 많은 신흥시장 국가들에서 투기자금의 유입으로 통화 강세가 지속되는 현상이 일어나고 있다. 이 때문에 환율이 균형환율 수준에서 괴리돼 국제수지의 불균형이 나타난다. 또한 대내외 충격이 발생할 경우 투기자금 이탈로 인해 환율이 급등하고 금융시장이 불안해진다. 이에 대비하다 보면 외환보유액을 줄이기보다는 오히려 더 많이 쌓게 되고, 금융 불안정으로 독립적인 정책 수행과 경제 성장도 제한을 받게 된다.

오늘날 많은 신흥시장 국가들에서 나타나고 있는 외화 유동성 위기는 이런 문제들과 밀접히 관련돼 있다. 하지만 문제의 원인을 시장변동환율제로 보는 것은 맞지 않는다. 그보다는 시장변동환율제 채택과 함께 시행된 자본시장 개방에 근본적인 원인이 있다. 여기서 우리는 브레튼 우즈 체제 출범 당시 왜 자본의 자유로운 이동에 제한을 가했는지 다시 한 번 상기할 필요가 있다.

쉽지 않은 불균형 해소

2008년 글로벌 금융위기가 일어나기 전 미국의 쌍둥이 적자, 특히 경상수지 적자가 확대되면서 이를 우려하는 목소리가 커지고 있었다. 많은 전문가들은 미국의 경상수지 적자가 지속할 수 없는 수준으로 확대됨에 따라 달러화의 하락을 통한 조정이 불가피한 것으로 받아들이고 있었다. 실제로 달러화의 하락은 이미 2002년부터 시작됐다. 2002년 초 이후 2005년 4월까지 달러화 가치는 유로화에 대해 47%, 엔화에 대해 29%, 그리고 원화에 대해서는 27% 각각 떨어졌다(Sesit, 2005).

2004년 11월 초 부시 대통령이 재선에 성공하면서 미국의 재정 적자가 더욱 늘어날 수 있다는 우려가 제기됐다. 이어 11월 19일 미국 연준의 그린스펀Alan Greenspan 의장은 외국인 투자자들의 달러화 매입이 영원히 증가할 수 없기 때문에 미국의 현 경상수지 적자가 지속 불가능하다는 점을 시인했다. 그 후 달러화의 하락세는 가속화됐다. 그의 발언은 미국이 사실상 달러화의 약세를 통해 경상수지 적자를 해소하겠다는 의도를 내비친 것이었기 때문이었다.

달러화의 약세가 지속되자 다른 국가들은 자국 경제에 미칠 부정적 영향을 최소화하기 위해 자국 통화의 추가적인 상승을 저지하기 위한 노력을 기울였다. 유로지역은 그동안 주로 유로화에 대해 달러화 가치가 하락했기 때문에 경기 회복이 늦어지고 있다고 주장했다. 아시아 국가들은 내수기반이 확립되지 못한 상태에서 그동안 수출에 의존해 왔던 경제 성장이 달러화 약세로 약화될 수 있다고 우려했다.

이 같은 양상은 18년의 시차를 두고 판박이처럼 진행됐다. 1985년 9월 선진국들이 미국의 쌍둥이 적자로 빚어진 문제를 해결하기 위해 플라자 합의를 이끌어냈듯이, 18년 후인 2003년 9월 두바이 합의*가 도출됐다. 1980년대 초반 세계 경제는 오일쇼크 후유증으로 침체 상태에 놓였다. 미국의 레이건 행정부는 여기서 벗어나기 위해 확대 정책을 추진함으로써 쌍둥이 적자를 낳았다. 2000년대에는 IT 버블의 후유증으로 세계 경제가 동반 침체에 빠졌다. 디플레이션을 두려워한 연준은 공격적인 금리 인하에 나섰고, 부시 행정부는 재정 지출을 확대했다. 그 결과 다시 쌍둥이 적자가 나타났다. 다른 국가들은 상대적으로 경기 침체가 지속되고 있었다. 이런 상황에서 혼자 호경기 속에 소비 지출을 늘린 미국의 경상수지 적자가 확대되는 것은 너무도 당연했다.

미국의 경상수지 적자는 미국 주식과 채권에 대한 외국 자본의 투자로 메워졌다. 하지만 이 같은 적자 메우기는 무한정 지속될 수 없었다. 결국 미국은 쌍둥이 적자 문제를 해결하기 위해 달러화 약세 정책을 빼들었다. 그러나 달러화 약세 정책은 또 다른 문제를 낳을 수밖에 없었다. 그 같은 사실은 1980년대 플라자 합의 이행과정에서도 입증됐다.

플라자 합의는 미국이 달러화 약세와 버블 수출정책을 관철시켰다는 것을 의미한다. 그러나 달러화 약세가 계속되면 결국 미국의 물가는 오르게 돼 있다. 그렇게 되면 미국은 물가 상승을 억제하기 위해 금리를 올려야 한다. 금리가 인상되면 전 세계로 풀려나갔던 유동성이 다시 미국으로 돌아온다. 달러화 약세와 유동성 수출은 미국의 금리 인상을 계기로 달러화 강세와 유동성 회수로 전환된다. 따라서 플라자 합의만 가지고는 애초에 미국이 원했던 결과를 얻을 수 없었다. 이 때문에 미국은 물가가 상승하자 자신들이 금리를 올려도 다른 나라들은 금리를 올리지 말 것을 요구했다. 반면, 다른 나라들은 달러화 약세로 자국 통화 가치가 상승하면서 경기 회복에 걸림돌이 되고 있었다. 이에 루브르 합의를 통해 미국이 환율 안정에 협조하도록 약속을 받아내는 대신, 자신들은 내수 부양에 모든 노력을 다하기로 미국과 타협하게 된다.

2003년 9월 두바이 합의도 플라자 합의와 비슷했다. 일단 미국의 쌍둥이 적자를 줄이기 위해 다른 선진국들이 달러화 약세를 어느 정도 용인했다. 그러나 환율 조정 방식에는 플라자 합의와 차이가 있었다. 플라자 합의 때는 각국이 미국의 요구대로 대규모 시장 개입을 통해 급격하게 환율을 조정했다. 반면, 두바이 합의는 유연한 환율 제도를 통해 완만한 환율 조정을 유도했다.

여기서 중요한 것은 미국이 경상수지 적자를 줄이기 위해서는 달러화 가치가 하락해야 한다는 점이다. 동시에 미국 이외의 국가들은 높은 성장률을 유지해야 한다. 다른 나라들이 성장을 하지 못한다면 미국이 수출을 늘리는 데 한계가 있기 때문이다. 이들 국가의 내수 출하가 여의치 못한 상태에서는 기업들이 모든 노력을 수출에 집중할 수밖에 없다. 달러화 약세로 수출 원가가 높아져도 가격을 올리지 않고 출혈 수출을 하려고 할 것이다.

결국 다른 나라들이 성장을 하지 못하면, 미국의 수출이 크게 늘어나기 힘들고, 수입도 크게 줄어들기 어렵다. 이 때문에 달러화 약세만으로는 미국의 경상수지 적자 개선은 성과를 거두지 못하게 된다. 따라서 미국의 경상수지 적자를 줄이기 위해서는 환율 조정보다 더 중요한 것이 미국 이외의 국가에서 성장률을 높이고 미국은 성장률을 낮추는 것이다. 이런 관점에서 보더라도 환율 조정을 하겠다고 나섰던 플라자 합의는 미완일 수밖에 없었다. 미국은 긴축정책을 쓰고 다른 나라들은 확장정책을 쓰도록 한 루브르 합의가 보다 완성된 합의라고 볼 수 있다.

비슷한 양상은 2003년 9월 두바이 합의 이후에도 나타났다. 달러화 약세에도 불구하고 미국의 양대 적자 문제는 크게 개선되지 않았다. 재정수지 적자는 잠시 줄어드는 듯하다가 다시 커졌고, 경상수지 적자는 계속 확대됐다.

여기에 제동을 건 것은 다름 아닌 미국에서 시작된 2008년 금융위기였다. 이를 계기로 미국은 더 이상의 파국을 막기 위한 것이라는 명분 아래 초저금리와 양적완화정책을 펴나갔다. 이 때문에 한동안 달러화의 약세가 지속되고, 미국의 양대 적자 문제도 미약하나마 개선의 조짐을 보이기 시작했다.

그러나 양적완화 종료와 금리 인상을 앞두고 나타나고 있는 움직임은 미국은 물론 세계 경제의 앞날을 결코 낙관할 수 없게 만들고 있다. 미국의 달러화 가치는 이미 상승세로 돌아섰다. 미국의 금리 인상이 시작되면, 다른 나라들이 금리를 함께 올리지 않는 한, 달러화 강세는 계속될 것이다.

하지만 미국보다 경기 회복 속도가 느리거나 경기가 오히려 더 나빠지고 있는 유로존, 일본, 중국, 신흥국들이 당분간 금리를 올리기는 쉽지 않을 것이다. 이럴 경우 미국도 추가적인 금리 인상을 주저할 수 있다. 이처럼 충격 없이 환율 조정을 통해 세계 경제의 불균형을 해소하는 것은 생각보다 쉬운 일이 아니다.

Dollar's
Paradox

CHAPTER 3

위기를 부른
금융세계화

금융위기는 복합적이다

'금융위기^{financial crisis}'는 금융시장이 효율적으로 기능하지 못하는 상황 즉, 가장 생산적인 투자 기회를 갖는 사람들에게 자금을 효율적으로 중개하지 못하는 상황을 말한다(Mishkin, 1996). 그러나 이 같은 정의는 너무 추상적이다. 따라서 구체적인 금융위기의 발생 시기나 과정을 들여다봄으로써 금융위기의 내용을 보다 명확하게 정의할 수 있다.

금융위기는 크게 대내적 위기와 대외적 위기로 나눠볼 수 있다. 대내적 금융위기는 은행을 비롯한 금융기관들의 부실채권이 감당하기 어려울 정도로 누적돼 중앙은행 등 외부의 지원 없이는 금융기관들이 지탱하기 어려워지는 상태를 말한다. 따라서 금융중개의 가장 큰 몫을 차지하고 있는 은행이 정상적으로 자금중개 기능을 할 수 없게 된다. 이런 의미에서 일반적으로 '은행위기^{banking crisis}'라고도 부른다.

은행위기는 몇 가지 공통적 요인들에 의해 촉발된다. 우선 위기가 일어나기에 앞서 주식과 부동산 등 자산가격의 급등으로 버블이 생긴다. 투기적 초과 대출로 은행의 기능도 약화된다. 이 때문에 은행 부문은 물론이고 기업과 공공 부문의 재무구조까지 취약해진다. 이럴 경우 은행들은 수익을 유지하거나 확대하기 위해 공급이 초과된 대출시장 대신 파생상품 등 비대출 부문에 대한 투자를 늘리는 경향이 있다. 이 같은 일련의 과정은 대출 손실과 자본 잠식, 부실채권의 누적을 피할 수 없게 만든다(Caprio & Klingebiel, 1996).

은행위기는 자산가격의 투기적 버블 붕괴와 함께 시작된다. 부동산 시장에서 건물과 토지의 가격이 급락하고, 주식시장에서도 주가가 폭락한다. 그 결과 투기적 초과 대출에 나섰던 금융기관들은 담보 부족으로 인한 부실채권이 급증하게 된다. 동시에 이자율이 급등하고 경기가 침체되면서 경제활동 전반이 급격히 위축된다.

다음과 같은 네 가지 조건 가운데 하나가 발생했을 때 은행위기로 간주하기도 한다. 첫째, 은행의 부실자산이 총자산의 10%를 넘어서는 경우다. 둘째, 은행의 구제비용이 GDP의 2%를 넘어섰을 때다. 셋째, 은행 부문의 문제로 대규모 국유화 조치가 불가피할 경우다. 넷째, 예금 인출 쇄도나 예금 동결로 인해 은행이 정상적으로 영업하지 못하고, 결국 예금보험에 의존하게 됐을 때다(Demirguc-Kunt & Detragiache, 1998).

보다 일반적으로는 다음과 같은 상황에서 은행위기가 일어나고 후속 조치가 뒤따른다. 위기는 부실자산이나 부실대출 누증으로 인한 은행의 재무구조 악화로부터 시작된다. 그 결과 인출 요구가 잇따르면서 정상적인 영업을 할 수 없게 된다. 그렇게 되면 폐쇄나 합병, 정부의 경영 개입 등이 불가피해진다. 경우에 따라서는 정부의 대규모 지원이 이뤄진다.

대외적 금융위기는 대외 통화 가치, 즉 환율의 급변동에 따른 통화 위기 또는 외환위기를 말한다. 외환위기는 정책의 실패나 대외 신인도 하락 등으로 한 나라의 통화 가치가 단기간에 절하될 것으로 예상되는 경우 발생한다. 이 때 외화에 대한 수요가 급증해 실제 통화 가치가 비정상적으로 급격히 떨어지게 된다. 1994년 말 멕시코의 페소화나 1997년 동아시아 국가들의 통화 가치가 폭락한 사태가 이에 해당된다.

외환위기는 대규모 국제수지 적자나 대외 채무의 누적이 원인이 되는 경우가 대부분이다. 따라서 그 원인에 따라 '국제수지위기balance of payments crisis'와 '외채위기external debt crisis'라는 용어가 쓰이기도 한다. 외채위기는 한 나라가 대외채무를 갚지 못하는 상태에 놓이게 되는 것을 말한다. 외채위기는 두 가지로 구분된다. 하나는 1980년대 중남미 국가들과 같이 채무 변제능력을 상실한 지급불능insolvency 상태를 의미한다. 다른 하나는 1997년 우리나라의 경우처럼 채무 변제능력은 있으나 단기적인 외화유동성 부족으로 인해 채무변제를 하지 못하는 유동성 부족lack of liquidity 상태를 뜻한다.

외채위기는 정부의 재정 지출이 수입보다 많아 적자가 쌓일 경우에도 발생한다. 원래 정부가 적자 누적 때문에 늘어난 부채로 인해 정상적인 방법으로 일상적인 지출과 국채원리금 상환을 감당하지 못하는 상태를 재정위기라 부른다. 이 때 대외 채무를 갚지 못하는 상태가 되면 외채위기가 된다. 2009년 촉발된 그리스 위기는 재정위기가 대외 채무불이행의 외채위기로 번진 대표적인 사례다.

외환위기는 독자적으로 일어나는 일이 거의 없다. 은행위기나 외채위기, 국제수지위기 등 다른 형태의 위기와 동시에 복합적으로 발생하는 것이 일반적이다. 이런 경우 앞서 언급한 것처럼, 은행위기와 외채위기, 국제수지위기는 외환위기를 불러오는 원인이 된다. 또한 때로는 재정위기가 외채위기, 외환위기로 이어지기도 한다.

고정환율제하에서 통화 가치가 과대평가된 경우도 외환위기의 요인이 될 수 있다. 통화 가치가 과대평가되면 대규모 대외수지 적자 확대로 외환보유액이 줄어들기 때문이다. 경우에 따라서는 원유 등 국제 원자재 가격의 급등도 외환위기를 불러오는 단초가 될 수 있다. 이러한 요인들은 상호작용을 통해 은행위기, 외환위기, 외채위기를 동시에 발생시키거나 증폭시키기도 한다.

금융위기는 금융자유화와 금융시장 개방 등 금융세계화와도 밀접히 관련돼 있다. 적절한 규제 없이 대내적 금융자유화와 대외적 금융개방이 함께 진전되면 금융 부문의 취약성이 심화돼 은행위기를 맞을 수도 있다. 금융시장 개방 이후 들어왔던 외국자본이 일시에 빠져나갈 경우 환율이 폭등하면서 외환위기를 불러오기도 한다. 금융세계화가 진전되면서 은행위기와 외환위기가 동시에 발생하는 일이 잦아지고 있다. 이런 경우를 '쌍둥이 위기twin crisis'라고 부르기도 한다 (Kaminsky & Reinhart, 1999). 쌍둥이 위기가 발생하면 금융중개 기능이 마비되고 외채 부담이 급증하게 된다. 뿐만 아니라 기업 파산과 실업이 급증하면서 결국 국가 경제 전체가 위기에 빠지게 된다.

위기는 금융자유화의 대가

　금융기능의 전반적인 마비현상으로 나타나는 금융위기는 2차 대전 이후 1980년 이전까지는 아주 드문 일이었다. 1960년대에는 1963년에 브라질에서 단 한 건만의 금융위기가 발생했다. 1970년대에도 1971년에 우루과이, 1978년에 스페인, 1979년에 태국에서 각각 한 번 모두 세 건의 금융위기가 일어났을 뿐이었다. 그러나 1980년대 이후 금융위기는 크게 증가하기 시작했다. 1980~1997년 사이에는 무려 52건의 금융위기가 발생했다. 금융위기가 특별히 많이 일어난 곳은 개발도상국이었다. 발생 건수가 선진 산업국가의 2배에 이르렀다(IMF, 1998).

　그렇다면 금융위기가 이처럼 1980년대 이후에 급증하기 시작한 이유는 무엇인가? 초기의 연구들은 거시경제적 요소와 함께 감독과 규제의 소홀 때문에 발생하는 금융기관의 위험 행동을 주 요인으로 지적했다(Caprio & Klingebiel, 1996; Demirguc-Kunt & Detragiache, 1998). 이들은 거시적 변수로서 낮은 GDP 성장률, 높은 인플레이션율, 높은 실질이자율, 교역조건의 악화 등이 은행 부문의 취약성을 증가시켜 은행의 파산을 초래할 가능성을 높게 만든다고 보았다. 하지만 이 같은 거시경제적 변수들만이 금융위기의 발생을 설명하지는 못한다. 이들은 예금보험 제도의 미비, 경영기법의 낙후, 감독 약화 등과 같은 은행 부문의 구조적 특성이나 제도적 요소도 금융위기를 불러오는 매우 중요한 변수라고 지적했다.

최근의 여러 연구들은 금융위기의 원인을 거시적 변수에서보다 금융 부문의 행태를 규정하는 구조적 요소에서 찾는 경향을 보이고 있다. 그 결과 1980년대 이후에 전개된 금융자유화가 금융위기를 불러오는 결정 요인으로 떠올랐다.

IMF조차 금융위기가 1980년대 이후에 특히 많이 나타나고 있는 사실에 주목했다. IMF는 조심스런 입장이지만, 금융위기가 "아마도 이 시기에 여러 나라에서 취해졌던 금융 부문의 자유화와 관련이 있는 것 같다"고 진단했다(IMF, 1998).

금융자유화를 택했던 여러 국가들에 대한 실증연구에서도 금융자유화가 금융위기를 발생시킨 핵심적 요인이라는 사실이 확인됐다. 그리스와 말레이시아, 멕시코, 대만, 태국 등 5개국은 1980년대 중반 이후 금융자유화를 추진했다. 이들 국가에 대한 실증적 조사연구는 금융자유화 이후에 은행들의 위험과 불안정성이 크게 증가했다는 사실을 밝혀냈다(Fisher & Chenard, 1997). 이는 금융자유화가 금융위기의 가능성을 크게 증가시킨다는 것을 의미한다.

1980년 이후 금융자유화를 추진했던 53개 국가에 대한 실증적 연구 역시 금융자유화가 은행 부문을 취약하게 만든 주된 요인이라는 사실을 찾아냈다(Demirguc-Kunt & Detragiache, 1998). 이 밖에 1975~1995년 사이에 20개 국가에서 일어난 26건의 금융위기를 조사한 또 다른 연구도 그 가운데 18건의 위기가 발생 5년 전에 금융자유화를 단행했던 나라들에서 일어났다는 사실을 확인했다(Kaminsky & Reinhart, 1999).

금융자본을 위한 세계화

금융자유화의 부정적 결과에도 불구하고 금융자유화와 금융시장 개방을 근간으로 하는 금융세계화와 금융통합은 오히려 가속화돼 왔다. 그렇다면 금융세계화가 이처럼 탄력을 받아온 이유는 무엇인가?

첫째는 기술적인 측면에서 살펴볼 수 있다. 정보통신 기술의 발달은 국내 금융시장과 해외 금융시장 사이의 장벽을 제거했다. 즉, 정보통신 분야의 신기술이 급속도로 발달하면서 각국 정부로 하여금 국제자본의 유출입을 통제하는 것을 점점 더 어렵게 만들었다(Eichengreen & Mussa, 1998).

둘째는 헤게모니 파워 측면에서 따져볼 수 있다. 1980년대 들어 미국과 영국의 국가 이해는 사상적으로 신자유주의 경제사조와 결합했다. 또한 실천적으로는 IMF와 세계은행의 지배를 통해 다른 나라들로 하여금 금융자유화와 세계화를 추진하게 하는 압박 요인으로 작용했다(Gilpin, 2001).

셋째는 이해그룹 측면에서 설명할 수 있다. 금융자본과 다국적 기업처럼 자본시장 개방에 밀접한 이해관계를 갖고 있는 경제그룹들이 정치권력에게 압력을 가해 세계화를 추진하도록 했다. 특히 미국에서 상류층들의 소득이 급증하고 저축이 증대함에 따라 해외 투자를 늘려 수익률을 극대화할 목적으로 다른 나라 자본시장에 대한 개방 욕구가 커졌다(Frieden & Rogowski, 1996).

금융세계화의 진전은 1970년대 이후 실물경제의 수익성 하락과도 밀접히 관련돼 있다. 선진국 경제의 수익성 저하는 금융자본이 이들 나라에서 투자될 기회를 축소시켰다. 그 결과 선진국의 금융 부문에서 남아도는 자금은 자국 내에서 자본 이득을 얻기 위한 투기적 활동에 투자되거나 실물 부문의 수익성이 어느 정도 유지되고 있던 신흥국과 개발도상국 시장에 유입됐다. 이를 위해 금융자본은 국내에서 저축을 주식시장으로 유인해 자본 이득을 늘릴 수 있는 정책을 펴도록 요구했다. 그 가운데 대표적인 사례는 연기금이 주식시장에 투자하도록 한 정책이다. 금융자본은 대외적으로도 개발도상국과 신흥국에 대한 투자를 위해 이들 국가가 자본시장 개방과 공공 부문 민영화, 자본시장 중심의 금융개혁을 추진하도록 압박했다. 여기에 앞장선 것은 선진국 금융자본의 이해를 대변하는 IMF와 세계은행이었다.

결과적으로 선진국 경제의 수익성 저하와 그에 따른 금융자본의 투자 대상 확대는 금융세계화를 가속화시켰다. 이로써 선진국의 금융자본은 전 세계 금융시장에서 자본 이득이 있는 곳이면 어디라도 자금을 자유롭게 투자할 수 있게 됐다. 특히 1990년대에 들어서는 미국의 경제 상황에 따라 단기 포트폴리오 투자자금이 개발도상국과 신흥국 시장을 빠른 속도로 넘나들었다. 이에 따라 개발도상국과 신흥국의 금융시장은 항시적 불안정 상태에 놓이게 됐다.

세계화의 정신적 지주 '워싱턴 컨센서스'

금융세계화의 배경을 설명하는 데 빼놓을 수 없는 것이 있다. 바로 '워싱턴 컨센서스Washington consensus'다. 이 용어는 1989년 미국의 정치경제학자인 존 윌리엄슨John Williamson이 자신의 논문에서 제시한 남미 등 개발도상국에 대한 개혁 처방을 워싱턴 컨센서스라고 이름 붙인 데서 유래했다. 그는 이 논문에서 개발도상국들의 경제정책에 관한 10가지 개혁 방안을 제시했다.표 2

물론 이 방안은 존 윌리엄슨 혼자만의 아이디어가 아니다. 1980년대 미국의 시카고학파'로 대표되는 신자유주의 경제학자들 사이에 논의돼 왔던 것이었다. 이후 미국 행정부와 IMF, 세계은행이 모여 있는 워싱턴의 정책 당국자들과 뉴욕 월가 자본의 이해를 대변하는 금융가들이 이에 적극적으로 호응했다. 이와 관련해 존 윌리엄슨은 "워

표 2 | 개발도상국에 대한 10대 개혁 방안(Williamson, 1990)

1. 재정 적자 축소	균형재정 달성
2. 공공 지출 우선순위 조정	교육, 보건, 사회간접자본 투자에 역점
3. 조세 개혁	세원 확대와 세율 조정
4. 금리 자유화	시장에 의한 금리 결정
5. 경쟁력 있는 환율	수출 주도 성장을 위한 필수 요소
6. 무역자유화	관세 최소화 등 수입자유화
7. 외국인 직접 투자 촉진	외국인의 투자 제한 철폐
8. 국영기업 민영화	국영기업 매각을 통한 경쟁력 제고 및 재정 압박 완화
9. 탈규제	시장 진입과 경쟁을 제한하는 규제 철폐
10. 재산권 보호	투자 의욕을 높이기 위해 사유재산권을 법적으로 보장

싱턴의 의회 지도자들과 정부 고위관료, 연준과 싱크탱크 및 국제 경제 기구의 전문가 등이 모두 이 방안에 동의하고 있다는 점에서 워싱턴 컨센서스라 부를 만하다"고 주장했다(Williiamson, 1990).

워싱턴 컨센서스가 탄생하게 된 배경에는 1970년대 이미 한계를 드러낸 미국 주도의 전후 국제 경제 질서가 자리 잡고 있었다. 브레튼 우즈 체제의 붕괴와 함께 나타난 금융시장의 불안은 실물경제의 불안으로 이어졌다. 1970~1980년대의 유류파동을 거치면서 시작된 스태그플레이션stagflation[2]으로 금융 안정을 바탕으로 한 고도성장의 시대는 끝난 듯 보였다. 그러나 1980년대 후반 중국이 개혁개방정책을 펴면서 오랜 침체의 돌파구가 생겨났다. 풍부한 노동력을 바탕으로 생산된 중국산 제품이 밀려들어오면서 인플레이션 문제는 자연스럽게 해결됐다. 값싼 중국산 제품이 미국 등 선진국의 물가를 안정시키는 데 적지 않은 기여를 하게 됐기 때문이다.

그렇다고 자본의 입장에서 근본적인 문제가 해결된 것은 아니었다. 이번에는 점차 낮아지는 자본의 수익성 저하가 문제였다. 세계의 생산기지 역할을 하는 중국의 등장과 인도, 브라질 등 후발 개발도상국의 부상은 제조업 상품의 경쟁 촉진으로 가격을 낮추는 데 기여했다. 동시에 제조업에 대한 투자 수익률을 낮추는 역할을 했다. 그 결과 투자 수익성이 떨어진 자본은 새로운 돌파구를 찾지 않으면 안 되었다.

자본의 수익성 저하와 함께 미국의 무역 적자 문제도 점점 세계 경제의 불안 요인으로 재등장하기 시작했다. 중국 등 개도국으로부터 제조업 제품을 사다 쓰는 대가로 미국의 무역 적자는 눈덩이처럼 불어났다. 적자를 통해 빠져나간 달러가 환류되지 않는다면 달러 가치는 언젠가 폭락할 수밖에 없었다. 이를 막기 위해서도 무언가 획기적인 변화가 필요했다.

이런 상황에서 워싱턴의 정치·경제 지도그룹은 자본의 수익성을 제고하고 달러 가치를 유지할 수 있는 방안을 찾아냈다. 그것은 워싱턴 컨센서스라는 이름의 10가지 개혁 방안으로 포장됐지만, 핵심은 시장개방과 자유화였다. 워싱턴 컨센서스의 첫 번째 목표는 규제를 철폐하고 자본시장을 개방함으로써 자본의 이윤 추구에 걸림돌을 제거하는 일이었다. 두 번째는 국영기업을 민영화함으로써 투자 대상을 확대하는 효과를 확대하는 것이었다. 세 번째는 이른바 자산의 증권화를 통해 투자 위험을 분산하는 대신, 수익률을 극대화하는 것이었다.

이 같은 목표는 이미 1980년대 이후 미국이 정책적으로 추진해온 것들이었다. 워싱턴 컨센서스는 그것들을 다른 나라에도 적용하겠다는 의도를 담고 있었다. 결국 '아메리칸 스탠다드American standard'를 '글로벌 스탠다드global standard'로 만들겠다는 구상이었다. 거기에는 월가 자본의 이윤을 극대화하기 위한 미국 중심의 세계화 전략이 자리 잡고 있었다.

워싱턴 컨센서스가 최초로 적용된 것은 남미 국가들이었다. 1990년 초 아르헨티나 등 경제 위기에 처한 남미 국가들은 미국과 IMF 등 국제경제기구의 지원을 받았다. 그 대가로 미국이 요구한 시장개방과 자본자유화 등을 수용해야만 했다. 이어 1997년 동아시아 외환위기 때는 한국과 태국, 인도네시아 등이 역시 IMF의 구제금융을 받았다. 이들 국가는 대신 그 조건으로 워싱턴 컨센서스를 근간으로 하는 신자유주의적 제도를 받아들이지 않으면 안 되었다.

금융자유화의 함정

금융자유화는 왜 경제 성장에 기여하기보다는 금융 불안을 불러오는가? 그 이유는 금융거래, 즉 금융활동에 내재하고 있는 기본적인 특성 및 그것을 강화해온 금융 제도의 발전과 관계가 있다. 금융거래는 현재와 미래를 연결하는 행위다. 더욱이 정보의 비대칭성information asymmetry[3]을 갖는 금융시장을 기반으로 이뤄진다.

금융기관의 위험 행동은 기본적으로 정보의 비대칭성에서 나온다. 그러나 그것만으로 자본자유화와 금융의 증권화·단기화를 설명하는 데는 한계가 있다. 현재와 미래를 연결하는 금융거래의 특성이 오히려 금융의 증권화·단기화를 설명하는 데 적합하다.

미래가 불확실한 세계에서 현재와 미래를 연결하는 금융거래의 특성은 금융거래의 당사자들이 금융자산의 유동성 확보를 수익성 증대와 함께 가장 중요한 목표로 삼게 만든다. 특히 금융자산의 소유자들일수록 더 그렇다. 채권과 주식이 거래되는 자본시장의 2차 시장인 유통시장의 발전이나 부채의 증권화는 바로 이러한 유동성 중시의 결과라고 할 수 있다. 유동성 중시는 금융자본의 실물자본에 대한 상대적 독립성을 강화시켜 저축과 금융 투자를 원활하게 만들었다. 반면, 투기적 활동을 부추겨 금융의 취약성을 심화시켰다. 1990년 이후 잦아진 금융 불안과 위기는 이러한 금융의 특성에서 비롯됐다.

사실 대공황을 경험한 1930년대 이후 세계 각국은 갖가지 규제를 통해 금융활동의 지나친 경쟁과 유동성 증대를 제한해왔다. 그러나 1970년 이후 세계 각국에서 금융자유화가 전개되면서 금융의 이러한 특성이 다시 살아나기 시작했다. 금융자유화의 1차적인 목적은 상업은행의 수익성을 제고하기 위한 규제 완화에 있었다. 하지만 보다 근본적으로는 금융자산의 유동성을 증대시키는 데 방해가 되는 여러 가지 제약을 제거하는 것이 목적이었다. 그 결과 은행의 부채가 증권화되고 단기 시장성 금융상품이 다수 출현했다. 주식시장은 빠른 속도로 성장했다. 이러한 변화는 금융자산의 유동성을 증대하는 데 크게 기여했다.

1970년대 이전에는 세계 여러 나라가 서로 다른 금융구조를 가지고 독자적으로 금융시장의 발전을 추구해왔다. 영국과 미국은 자본시장 중심의 금융구조의 변화를 가져왔다. 이에 비해 독일과 일본, 프랑스 등은 은행 중심의 금융구조를 형성하고 있었다. 그러나 금융자유화는 많은 나라들의 금융구조를 변화시켰다. 금융자산의 유동성 증대와 자본시장의 중요성이 강조됐다. 은행 중심의 금융구조를 가지고 있던 나라조차도 그런 변화를 당연한 것처럼 받아들였다. 각국에서 금융자유화가 추진되는 동시에 미국 금융자본의 주도로 금융세계화와 금융통합이 빠른 속도로 진행됐다. 이 같은 미국 금융자본 주도의 금융세계화는 각국의 금융시장을 자본시장 중심으로 재편했다.

자본시장 중심의 금융구조는 금융의 기본적인 특성인 유동성을 보장하는 데 초점이 맞춰져 있다. 이는 금융자본 또는 주주의 이해가 장기적인 경제 성장보다는 단기적인 수익성 증대와 그에 따른 주가 상승, 그리고 자본 이득에 집중돼 있기 때문이다. 따라서 자본시장 중심의 금융구조는 다음과 같은 문제점을 야기한다.

첫째, 기업이 생산적 장기 투자로 경쟁력을 높이는 것을 1차적 목표로 삼는 것을 어렵게 한다. 둘째, 실물경제의 수익성과 안정성보다는 자본 이득에 관심을 기울이는 기관투자가 등 주주의 특성 때문에 금융활동이 투기적으로 변하기 쉽다. 셋째, 경기를 부양해 성장과 고용을 증진시키려는 정책보다는 인플레이션을 억제해 금융자산의 가치를 유지하려는 정책에 더 우선순위를 두도록 하는 경향이 있다 (Pollin, 1995, p. 26-61).

물론 주식시장에서 주가가 기업의 내재 가치를 반영해 결정되고 인수·합병이 기업 경영의 효율성을 제고하도록 이루어진다면, 자본시장 중심의 금융구조가 요구하는 주가 상승이 경제 성장을 해치지는 않을 것이다. 그러나 주식시장에서 주가는 효율적 시장 가설efficient market hypothesis[4]이 설명하는 것처럼 기업의 내재 가치에 의해서 결정되는 것이 아니다. 오히려 소음거래자(소란스런 비합리적 거래자)noise trader와 시장 심리에 의해 결정되는 것이 일반적이다. 인수·합병도 비효율적 기업을 인수 대상으로 삼기보다는 오히려 효율적인 기업을 대상으로 하는 경우가 많다. 설사 비효율적 기업이 인수·합병됐다 하더라도 이들의 효율성이 개선됐다는 증거가 없다. 결국 자본시장 중심의 금융구조를 갖는 경제에서 기업 활동은 자본시장의 주가에 의해 지배되기 쉽다. 주가도 기업의 내재 가치와는 무관하게 투기적 활동에 의해서 좌우되는 경우가 일반적이다. 따라서 자본시장 중심의 금융구조를 갖는 경제에서 실물경제의 장기적 성장과 단기적 안정은 달성하기 어려운 목표가 된다.

1970년대 이후 전개돼온 미국 금융자본 주도의 금융자유화는 이러한 자본시장 중심의 금융구조가 갖는 경제적 특성을 전 세계에 전파해왔다. 그 결과 금융자유화와 금융통합의 세계에서 새로운 경제질서는 모든 국가에서 경제활동의 목표를 주가 상승과 주가 관리에 두게 만들었다. 기업은 어쩔 수 없이 단기 수익의 극대화나 주가 관리를 경영의 주요 목표로 삼게 됐다. 정부도 금융자본의 이해를 뒷받침하기 위해 자본시장을 부양하는 정책 위주로 경제정책을 실행하지 않을 수 없게 됐다. 대신 금융 불안은 일상화되고 금융위기는 잦아졌다. 이 것이 바로 금융자유화의 함정이다.

경제 주권의 제한

금융세계화와 금융통합은 각국이 세계 금융자본 또는 월가로 대표 되는 선진국 금융자본의 이해에 반하는 정책을 채택하기 어렵게 만 들었다. 각국 정부는 세계 시장에서 고립되면서 독자적인 국민국가의 경제정책을 추구하든지, 아니면 세계 시장에 동참해 월가의 이해를 존중하는 정책을 추구해나가든지, 둘 중 하나를 선택해야만 했다. 이 는 금융세계화의 진전에 따라 각국 정부의 경제주권이 제한을 받게 됐음을 의미한다.

개발도상국 정부가 금융시장의 문을 열어준 이상 경제 발전을 위 해서는 선진 금융자본의 좋은 평가와 자금 공급을 받아야 한다. 나쁜 평가라도 받아 자금이 들어오지 않거나 빠져나갈 경우 경제 발전과 안정을 위협받게 된다. 그것을 감수할 각오가 아니라면, 선진 금융자 본의 이해에 반하는, 즉 이들의 자본 이득 실현을 어렵게 하는 정책을 추진하는 것은 사실상 불가능하다. 결국 개발도상국들은 자본시장 개방으로 자국의 경제 운명을 선진 금융자본의 손에 맡기는 결과를 낳았다.

문제는 선진 금융자본, 즉 월가의 관심이 투자국의 장기적 경제 성장이나 안정이 아니라 자신들의 단기적인 자본 이득의 실현에 있다는 데 있다. 이들이 자신들의 이해를 관철하기 위해 각국 정부에 요구하는 정책에는 몇 가지 공통점이 있다. 첫째, 자신들의 투자 기회를 넓히기 위해 기업의 투명성을 높이도록 요구한다. 그래야 투자 결정을 위한 정보 획득이 쉽기 때문이다. 둘째, 국영기업의 민영화를 요구한다. 민영화된 기업은 이들이 투자 기회를 넓힐 수 있는 좋은 대상이기 때문이다. 셋째, 기업이 단기 수익성 위주의 경영을 하도록 요구한다. 주가 관리를 통해 자본 이득을 증대시키기 위해서다. 넷째, 고용을 증대시키기 위한 경기 부양 정책보다는 자본시장을 부양하기 위한 정책에 초점을 맞추도록 요구한다. 그것이 단기적인 자본 이득을 내는 데 유리하기 때문이다.

일부 학자들과 경제관료들은 금융세계화가 결국 개발도상국의 장기적인 경제 성장과 안정에 도움이 된다고 주장한다. 그러나 이미 살펴본 바와 같이 금융세계화가 각국의 장기적 경제 성장을 해치며 경제 안정도 위협할 수 있다는 사실은 역사적 경험으로 확인됐다.

금융세계화, 즉 금융자유화와 자본시장 개방이 경제주권을 제한한다는 가설 역시 이미 이론적으로 입증됐다. 노벨 경제학상 수상자인 로버트 먼델Robert A. Mundell 미국 컬럼비아대 교수는 1962년 "한 국가가 '독자적 통화정책과 환율 안정, 자유로운 자본 이동'이라는 세 가지 목표를 동시에 달성할 수 없다"고 주장했다. 이른바 '삼위일체 불가능이론impossible trinity'이다. 예컨대 불황을 겪고 있는 나라가 경기 부양을 위해 통화량을 늘리는 정책을 쓴다고 가정해보자. 금리가 떨어지면서 자본이 금리가 상대적으로 높은 외국으로 빠져나간다. 그렇게 되면 통화 가치 하락으로 환율이 급등하게 된다. 결국 자본시장이 개방된 상태에서는 환율 불안을 감수하면서 독립적인 통화정책을 펴기가 어렵다. 이처럼 자본시장 개방은 경제정책의 양대 축 가운데 하나인 통화정책, 즉 경제주권을 제한한다.

경상수지 위기에서 자본수지 위기로

금융위기는 1970~1980년대와 1990년대 이후 사이에 본질적으로 뚜렷한 차이를 보여주고 있다. 1970년대와 1980년대에 주로 중남미에서 일어난 금융위기는 경상수지 적자의 누적과 대외 지불준비금의 결손이 원인이었다. 1970~1980년대의 금융위기를 흔히 '경상수지 위기current account financial crisis'라고 부르는 것도 그 때문이다. 이에 비해 1990년대 이후의 금융위기는 외견상 경제 기초 여건 즉, 펀더멘탈fundamental이 건실함에도 불구하고 외국자본이 갑자기 빠져나감으로써 발생했다. 이 때문에 1990년대 이후의 금융위기를 '자본수지⁵ 위기capital account financial crisis'라고 말하기도 한다.

1990년대 들어 금융위기의 본질이 변화한 이유는 자본시장 중심의 금융세계화와 여기에 편승한 투기자본의 확대에서 찾을 수 있다. 우선 자본시장 중심의 금융구조를 근간으로 금융세계화가 진행되면서 자본의 이동성과 가변성이 증대됐다. 정보통신 기술의 발전, 새로운 금융거래 방식과 신종 상품의 개발도 거기에 한몫을 했다.

자본의 이동성과 가변성 증대는 단기 투기자본에는 더없이 좋은 투자 환경을 제공했다. 이에 따라 국제 금융시장에서 유동성이 급증했다. 1997년 동아시아 외환위기 직전에는 하루 평균 1조5,000억 달러의 자본이 움직이고 있었다. 이런 상황에서는 비록 외견상 경제의 펀더멘탈이 건실한 국가라도 투자된 외국자본이 갑자기 빠져나갈 경우 금융위기를 피하기 어려웠다. 실제로 1997년 동아시아 외환위기는 이러한 우려가 현실로 나타난 것이었다.

1997년 외환위기 당시 한국과 태국, 인도네시아 등 동아시아 국가들은 자본시장 개방의 초기 단계에서 정부가 외환시장에 적극 개입하고 있었다. 하지만 동아시아 국가들의 각 정부들은 대외 투기자본의 공격을 감당하기에는 외환보유량과 외환 관리능력이 부족했다. 이들은 투기자본이 한꺼번에 주식을 대량으로 매도하고 환투기 공격을 감행하자 자국 화폐의 가치 폭락을 막기 위해 환율 방어에 나섰다. 그러나 투기자본이 급격히 빠져나가면서 중앙은행의 외환보유고는 바닥을 드러냈다. 이 때문에 IMF의 구제금융을 받고, 그 대가로 가혹한

구조조정과 시장개방을 수용해야만 했다.

그로부터 10년 후 앞서 외환위기를 겪었던 한국, 태국, 인도네시아를 포함한 대다수의 신흥국들은 또 다시 자본수지 위기에 직면했다. 2007년 여름 미국의 서브프라임 모기지론 부실 문제가 불거졌다. 이를 계기로 신흥국으로 들어오는 자본이 줄어드는 대신, 오히려 들어왔던 자본도 빠져나가기기 시작했다.

1997년 외환위기를 벗어난 신흥국 경제는 이후 2007년까지 높은 성장세를 이어갔다. 미국의 저금리 정책으로 인해 풍부해진 글로벌 유동성 덕분이었다. 신흥국으로의 순민간자본 유입액은 2001년 1,206억 달러에서 2006년에는 8,985억 달러로 5년 새 6.5배나 늘어났다. 2001년부터 2007년까지 신흥국의 연 평균 경제 성장률은 6.5%에 달했다. 이는 1995년부터 2000년까지의 성장률 4.4%를 크게 웃도는 수치다(이종규, 2008).

그러나 2007년 서브프라임 모기지론 부실 문제를 계기로 상황은 급변했다. 국제 금융시장에서 신용이 경색되고 금융기관들은 위험자산을 회피하기 시작했다. 신흥국에 투자됐던 외국인 투자자금은 빠져나갔다. 특히 2008년 9월 15일 리먼 브라더스의 파산 신청은 신흥국의 금융 불안을 심화시킨 결정적 요인으로 작용했다. 선진국 금융기관들은 서브프라임 모기지론 투자 손실을 메울 유동성을 확보하기 위해 해외 투자자금을 대거 회수했다. 이에 따라 신흥국들은 통화 가치 급락으로 환율이 급등했다. 일부 국가의 외환 당국은 환율방어에 막대한 보유 외환을 쏟아 넣어야만 했다.

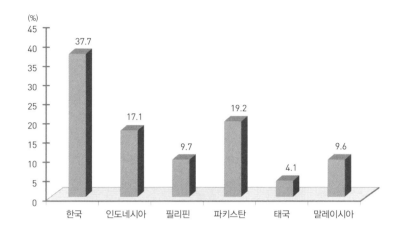

그림 11 | 아시아 국가 통화의 달러 대비 하락률(이종규, 2008)

(%)

한국	37.7
인도네시아	17.1
필리핀	9.7
파키스탄	19.2
태국	4.1
말레이시아	9.6

기간: 2008년 7월 1일~10월 27일
자료: Thomson Reuters, Data Stream

1997년 외환위기 경험이 있는 대부분의 신흥국가들은 이후 위기에 대응하기 위해 상당한 외환보유고를 쌓고 있었다. 그 덕분에 2008년 미국발 글로벌 금융위기 때는 자금의 급격한 유출에도 불구하고 IMF의 구제금융을 받는 외화 유동성 위기로 이어지지는 않았다. 그러나 막대한 외환보유고를 쌓고 있더라도 투기자금이 급격하게 빠져나갈 경우 외화 유동성 위기를 피하기는 쉽지 않다는 사실을 다시 한 번 깨닫게 되었다.

당시 이 같은 경험을 한 대표적인 나라는 한국이다. 리먼 브라더스 쇼크가 발생하기 직전인 2008년 8월 한국의 외환보유고는 2,432억 달러였다. 외환위기를 맞았던 1997년 말 39억 달러까지 떨어졌던 것을 감안하면 11년이 채 되지 않은 사이 62배로 늘어난 액수다. 그런데도 외국인 투자자금이 빠져나가면서 환율시장이 요동치고 원화가치가 급락했다. 리먼 브라더스 사태 전후 약 4개월 동안 미국 달러화 대비 원화가치는 37.7% 떨어졌다. 비슷한 경험을 했던 인도네시아의 17.1%나 파키스탄의 19.2% 등 다른 아시아 국가들에 비해 훨씬 높은 하락률을 나타냈다.그림 11 원화가치의 급락과 함께 국가 신용도가 추락하면서 CDS 프리미엄6도 급격히 상승했다. 한국의 CDS 프리미엄은 2008년 10월 27일 연초 대비 15.1배까지 치솟았다. 말레이시아의 10.3배와 인도네시아의 7.5배는 물론 IMF에 구제금융을 신청한 파키스탄의 10.3배에 비해서도 상승률이 훨씬 높았다(이종규, 2008).

지나친 금융자유화와 자본시장 개방은 대내외 경제 환경의 악화로 투기자본이 급격히 빠져나갈 경우 외환위기를 불러올 수 있다. 2008년 글로벌 금융위기 당시 아이슬란드가 그랬다. 자금 유출과 통화 가치 하락으로 국가신용등급이 추락했다. 끝내 달러 유동성 부족으로 국가 부도 위기에 직면하자 IMF에 구제금융을 신청했다. 이처럼 중소규모의 국가는 경상수지 흑자를 내고 많은 외환보유고를 쌓고 있더라도 대내외 경제 환경의 급변으로 자본이 한꺼번에 빠져나갈 경우 외화 유동성 위기를 피하기는 쉽지 않다.

외환보유액은 얼마가 좋을까?

통화 당국은 전통적으로 국제수지 적자를 메우거나 환율 급변동시 외환시장을 안정시킬 목적으로 외화를 준비해둔다. 이렇게 쌓아놓은 대외 지급 준비자산을 '외환보유액'이라 부른다. 외환보유액은 즉시 사용할 수 있도록 통제 가능한 범위 안에 있어야 한다. IMF의 기준에 따르면, 외환보유액은 유동성이 있거나 시장성이 높은 자산으로 통화당국이 언제든지 사용할 수 있는 대외 자산을 포괄하는 개념이다(KB금융지주 경영연구소, 2012).

세계 각국은 일반적으로 통화 및 환율정책, 외환위기 예방, 국가신인도 제고, 자국 통화의 태환성 보장, 공적 외채자금 상환, 국제금융기구 출자 등의 목적을 위해 외환을 보유한다. 그러나 각국의 특수한 사정에 따라 그 목적에 다소 차이가 난다. 특히 외화 유동성 위기를 경험한 나라들은 외환보유액을 늘리려는 경향이 있다. 외화를 충분히 쌓아둠으로써 평상시 환투기 세력의 공격에 대비하기 위해서다. 외환보유액을 넉넉히 쌓아두면, 환율 불안으로 거시경제정책의 수립과 집행에 차질이 빚어지는 일도 막을 수 있다. 비록 위기가 발생하더라도 환율을 방어하고 대외 채무의 원리금을 갚는 데 아무런 문제가 없다.

그렇다면 여기에 필요한 외환보유액은 어느 정도가 적정한가? 일반적으로 외환보유액의 적정 규모를 결정하는 전통적인 변수는 인구

그림 12 | 적정 외환보유액 산출 기준

기준 3 도피성 자본과 외국인 포트폴리오 투자 일부	
기준 2 유동외채(1년 이내 갚아야 할 단기외채)	
기준 1 연간 경상외환지급액의 25% 또는 3개월 치 경상수입대금	

수, GDP 대비 수입액 비율, 환율 변동성, 1인당 실질 GDP 등 5가지
다. 이와 함께 고려해야 할 요소로는 환율제도, 금융개방도, 외환위기
경험 여부 등을 들 수 있다. 예컨대 변동환율제도를 채택한 경우에는
외환보유액을 보유할 필요성이 적어진다. 외부의 경제 충격을 환율
변동으로 흡수할 수 있기 때문이다. 반면에 금융개방도가 높을수록
보다 많은 외환보유액을 확보할 필요가 있다. 외부 충격에 국가 경제
가 보다 민감하게 반응하게 되기 때문이다. 외환위기를 경험한 국가
일수록 외부 충격에 취약하다. 그런 만큼 외환보유액을 충분히 가지
고 있어야 한다(Obstfeld et al., 2008).

　이 같은 변수들을 참조해 경험적으로 제시한 적정 외환보유액 산
출 기준은 세 가지다.그림 12 첫 번째 기준은 1953년 IMF가 제안한 것
으로 연간 경상외환지급액의 25% 또는 3개월 치 경상수입대금을 충
족하는 금액이다. 두 번째 기준은 1999년 그린스펀과 기도티Guidotti가
발표한 것으로 3개월 치 경상수입대금에 1년 이내에 갚아야 할 단기

외채, 즉 유동외채를 더한 액수다. 세 번째 기준은 BIS(국제결제은행) 권고 사항으로 두 번째 기준에 도피성 자본과 외국인 포트폴리오 투자 일부(보통 외국인 주식투자자금의 3분의 1)를 추가한 금액이다(윤덕용·이영섭, 2005; 정진영·정대선, 2010).

그러나 경상수지 위기보다는 자본수지 위기가 일반화된 최근의 사정을 감안하면 '기준 1'은 적정 외환보유액 기준으로 적합하지 않다. '기준 2'도 개발도상국이나 신흥국의 기준으로는 충분하지 않다. 외국인의 증권 투자 비중이 높고 외환시장의 안정성이 떨어지는 상황을 고려해야 하기 때문이다. 결국 개발도상국이나 신흥국들이 위기에 대비해 안전을 담보할 수 있는 적정 외환보유액은 '기준 3'에 근거해 산출할 수밖에 없다.

문제는 외환보유액이 늘어남에 따라 비용도 늘어난다는 점이다. 이 때문에 외환보유액 산출 기준을 획일적으로 판단하기보다는 외채구조와 자본유출입 환경에 따라 탄력적으로 적용할 필요가 있다. 예를 들자면, 유동외채 축소 등 외채구조의 개선, 투기성 해외자금의 국내 투자 억제를 위한 금융규제 강화, 갑작스런 외화 유동성 부족 사태를 대비한 글로벌 금융안전망 강화 등으로 환경이 바뀌었다고 가정해보자. 그렇다면 거기에 맞춰 적정 외환보유액 산출 기준도 완화할 수 있을 것이다.

한국의 적정 외환보유액은?

2008년 9월 리먼 브라더스 파산으로 불거진 글로벌 금융위기는 한국 경제의 치명적인 약점을 노출시켰다. 영국의 「파이낸셜 타임스」는 그해 10월 14일 '가라앉는 느낌sinking feeling'이라는 제목의 기사에서 "한국 경제가 2,400억 달러에 이르는 외환보유고에도 불구하고 달러 부족으로 원화가치가 10년 이래 최저 수준으로 하락했다(Lucas, Song & Minder, 2008)"고 보도했다. 문제는 단기외채였다. 한국은 당시 2009년 6월 말까지 갚아야 할 단기외채가 1,750억 달러에 달했다. 리먼 브라더스 사태로 자본시장에서 투기자금이 대거 빠져나가자 금융기관들은 단기외채 상환 부담이 가중됐다. 급기야 금융기관마다 부족한 외화를 확보하기 위한 경쟁이 벌어지면서 환율이 급등하는 현상이 빚어졌다.

이를 계기로 한국의 적정 외환보유액에 대한 논란이 벌어졌다. 앞서 설명한 대로 한국과 같은 소규모 개방경제 체제에서 최소한의 외환보유액이라 할 수 있는 '기준 1'은 적합하지 않다. 경상거래뿐만 아니라 자본거래가 환율에 강한 영향을 미치기 때문이다. '기준 2'도 충분한 수준은 아니다. 외국인 증권투자자금의 비중이 높고 외환시장 안정성이 떨어지는 한국의 특수성을 감안해야 하기 때문이다. 특히 외화 유동성 위기를 겪은 한국으로서는 외환보유액을 많을수록 위기에 대한 불안을 해소하는 데 도움이 된다는 점을 간과할 수 없다. 이상의 여러 가지 여건을 모두 고려하면 가장 보수적인 '기준 3'이 한국

그림 13 | 기준별 적정 외환보유액과 실제 외환보유액 추이(정진영 · 정대선, 2010)

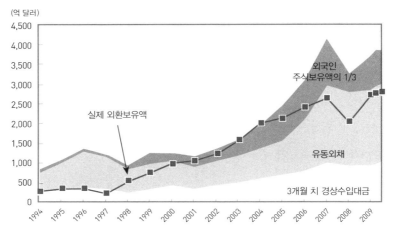

자료: 한국은행

의 적정 외환보유액 산출에 적합하다고 할 수 있다.(정진영·정대선, 2010) 이 기준에 따라 2010년 11월 삼성경제연구소가 산출한 한국의 적정 외환보유액은 약 3,800억 달러였다.그림 13

그러나 외환보유는 적지 않은 비용을 발생시킨다. 과도한 외환보유에 대해 부정적으로 바라보는 견해가 있는 것도 그 때문이다. 우선 외환보유를 위해 달러를 사들이면 대신 시중에 원화가 풀린다. 그만큼 물가 부담에 주게 된다. 이것을 막으려면 한국은행이 통화안정증권 monetary stabilization bond을 발행해 풀린 원화를 거둬들여야 한다. 이 때 통화안정증권의 금리가 보유 외화로 사들인 미국 국채 등 투자자산의 수익률보다 높으면 역마진이 발생한다. 실제로 통화안정증권의 금리는 투자한 채권의 금리보다 높은 경우가 많다. 그렇게 되면 금리 차이만큼 손실을 피할 수 없다.

외화 표시 외국환평형기금 채권(이하 외평채)도 비용을 발생시킬 수 있다. 외화 표시 외평채는 환율이 급등(원화의 평가절하)할 것에 대비해 달러를 확보할 목적으로 발행한다. 문제는 달러 확보가 시급한 때일수록 외화 표시 외평채를 발행할 때 붙는 가산금리가 높아진다는 점이다. 따라서 부족한 외화 유동성을 채울 목적으로 외평채를 발행할 경우 비용을 감수하지 않으면 안 된다.

과도한 외환보유액은 운용하는 데도 상당한 부담거리다. 보유 외화는 달러와 유로, 엔 등 국제적으로 널리 통용되는 외국 통화, 해외 예치금, 외화증권, SDR(IMF 특별인출권), IMF 포지션(인출 권리가 있는 출자금), 금 등으로 구성돼 있다. 이 가운데 가장 많이 차지하는 것은 달러 표시 자산일 것으로 추산되지만, 정확한 구성 통화의 비율은 국가 기밀에 속한다. 외환보유액도 환율 변동에 따라 환차익이나 환차손이 발생하는 등 자산 가치가 변한다. 특히 달러 표시 자산이 가장 많은 비중을 차지하는 만큼 전체 외환보유액의 가치도 달러 가치의 변동에 따라 크게 영향을 받을 수밖에 없다. 이 때문에 종종 외환보유액의 포트폴리오를 보다 다양하게 구성할 필요가 있다는 주장이 나온다. 그러나 기축통화의 위치를 굳건히 지키고 있는 달러 표시 자산의 비중을 무조건 줄인다고 문제가 해결되는 것은 아니다. 그만큼 보유 외환의 최선의 포트폴리오를 찾는 일은 쉽지 않다.

그렇다 하더라도 과도한 외환보유액으로 인한 부담을 최대한 줄일 필요가 있다. 그렇게 하려면 다음과 같은 몇 가지 조건들이 충족돼야 한다. 먼저 단기외채를 줄이는 방향으로 외채구조를 조정해야 한다. 또 투기성 해외자금의 유출입을 억제할 수 있도록 자본유출입 환경을 개선할 필요가 있다. 통화스와프^{currency swaps} 협정의 확대 등을 통해 글로벌 금융안전망도 강화해야 한다. 이런 조건들이 충족된다면, 적정 외환보유액 산출 기준을 '기준 3'보다 낮춰, 보다 신축적으로 대처할 수 있다.

금융 변동성 키운 IT

1990년대 이후 PC 연산능력과 인터넷으로 대표되는 정보통신 기술 발달은 금융시장에도 혁명적인 변화를 가져왔다(박재윤·이충열, 2011). 첫째, PC 연산능력의 향상은 새로운 금융상품의 개발에 커다란 영향을 주었다. 숫자로 이루어진 금융상품의 특성상 그만큼 상품 개발이 쉬워졌기 때문이다. 둘째, PC 연산능력의 향상은 금융기관들의 정보 생산과 분석 능력에도 획기적인 변화를 몰고 왔다. 이는 금융산업의 생산성과 수익성을 높이는 데 결정적인 역할을 했다. 셋째, 인터넷의 등장은 금융산업의 정보 교환과 거래 방식을 완전히 바꿔놓았다. 금융시장 참여자들이 실시간으로 원거리에서 거래에 직접 참여할 수 있게 됐으며, 다양한 각종 정보를 획득하고 분석할 수 있게 됐다.

이 같은 금융 환경의 변화는 금융기관의 대형화, 금융상품의 다양화, 금융시장의 세계화를 촉진시켰다(박재윤·이충열, 2011). 먼저 인터넷은 네트워크의 확대에 기여함으로써 금융산업에 규모의 경제 효과를 가져다줬다. 이 과정에서 정보통신 기술에 대한 막대한 투자를 감당할 수 있는 방안으로 인수·합병을 통한 대형화의 필요성이 더 커지게 됐다.

금융기관 간의 경쟁 심화는 생존을 위한 수단으로서 고수익·고위험 상품의 개발을 촉진시켰다. 금융기관들은 소비자의 선호에 보다 부합하기 위해 유동성과 수익성이 높으면서도 위험을 줄일 수 있는 상품을 경쟁적으로 개발했다. 그 결과 다양한 파생금융상품financial derivatives이 출현하고 금융의 증권화securitization 현상이 발생하게 됐다.

금융거래의 장이 사이버공간으로 이동하게 되면서 금융시장의 세계화도 한층 탄력을 받게 됐다. 특히 지역 간 자금이전 거래비용이 크게 절감되고, 정보를 취득하는 데 드는 비용이 줄어듦에 따라 금융산업은 지역 간의 장벽을 벗어나 국제적인 통합이 가속화됐다. 이에 따라 자본시장을 개방하고 자본 이동을 자유화하는 국가들이 빠른 속도로 늘어났다.

그러나 정보통신 기술 발전에 따른 금융시장의 변화는 긍정적인 측면만 있는 것은 아니었다. 경쟁이 격화되고 새로운 금융 위험에 직면해야 했다. 금융상품은 정보재이자 네크워크 재화다. 또한 규모의 경제가 작용하는 산업에 포함된다. 정보통신 기술의 발전은 금융상품의 이러한 특성을 더욱 강화함으로써 금융기관 간의 경쟁을 더욱 치

열하게 만들었다. 사이버공간에서는 지리적 공간을 뛰어넘어 다른 지역이나 국가의 금융기관과 경쟁하게 됐다. 또한 실시간 동시 거래가 가능해지면서 시간적으로도 아무런 제약을 받지 않게 됐다.

그 결과 한 지역이나 국가에서 위험이 발생할 경우 거의 실시간으로 다른 지역과 국가로 번지게 됐다. 국지적 금융 불안이 세계적 경제 불안으로 확대되는 일도 한층 잦아졌다. 구조적으로 외부 충격에 취약할 수밖에 없는 신흥국과 개발도상국들은 금융시장의 불안정성이 한층 높아졌다. 특히 어느 한 나라에서 문제가 발생할 경우 기초경제 여건에 아무런 문제가 없는 다른 나라조차 자본의 급격한 유출과 함께 환율 불안을 경험하게 되는 일은 이제 다반사가 됐다.

금융기관들도 과거에 비해 훨씬 더 높은 위험에 노출돼 있다. 그 이유는 두 가지다. 하나는 인터넷의 확산이 사이버공간을 통해 경쟁을 심화시켰기 때문이다. 또 다른 하나는 경쟁에서 살아남을 목적으로 PC 연산능력을 이용해 개발한 파생금융상품이 만들어낸 부메랑 효과 탓이다. 물론 위험을 상쇄시켜주는 파생금융상품의 개발은 금융시장의 안정에 기여하는 긍정적인 측면이 있는 것도 사실이다. 반면에 미래의 위험에 대해 지나치게 낙관적인 생각을 갖게 함으로써 잠재적인 위험을 키우게 된다. 이는 2008년 금융위기 당시 미국에서 채권의 부도 위험까지 상품화해 판매한 CDS가 결과적으로 문제를 더 복잡하게 만들고 위기를 키웠다는 사실에서도 잘 드러난다.

보이지 않는 위험, '그림자 금융'

금융위기가 발생하면 사람들은 위기의 파장을 걱정한다. 이 때 위기의 원인이 된 부실 규모가 드러나 있으면, 어느 정도 앞으로의 파장을 가늠해 볼 수 있다. 하지만 그렇지 못한 경우 두려움은 더 커질 수밖에 없다. 2008년 글로벌 금융위기 당시가 그랬다. 미국 금융 당국과 월가의 금융전문가들을 도대체 파산 위기에 몰린 리먼 브라더스의 부실 규모가 얼마나 되는지 파악하기가 쉽지 않았다. 문제는 '구조화 투자 회사[SIV 7]'의 파생금융상품 규모였다. 투자은행들은 위험을 분산하기 위해 고수익채권을 쪼개어 수많은 SIV에 분산시켜놓았다. 수익률이 높은 채권들은 위험성도 그만큼 높게 마련이다. 그러니 위험을 줄이자면, 분산시켜놓을 수밖에 없었던 것이다.

SIV는 저금리 단기채권 발행으로 자금을 마련한 후 주로 서브브라임 모기지 채권과 이에 연계된 자산담보부증권[ABS 8] 등에 투자한다. 하지만 투자 대상의 구조가 복잡해 손익이 투명하게 드러나지 않는다. 이렇다 보니 부도 위험을 감지하기가 쉽지 않다. 게다가 모회사인 투자은행이 무너지지 않은 이상 그 규모도 알 수가 없다. 그래서 붙여진 이름이 '그림자 금융[shadow banking]'이다. 이 용어는 미국의 채권 운용 회사 PIMCO의 수석 이코노미스트 폴 맥컬리[Paul McCulley]가 2007년 미국 와이오밍주의 잭슨 홀에서 열린 경제 심포지엄에서 처음으로 사용했다(McCulley, 2007). 이어 2008년 금융위기 때 영국의 경제주간지 「이코

그림 14 | 미국의 그림자 금융 규모 추이

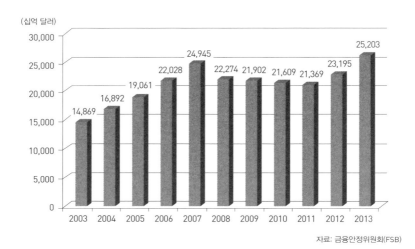

(십억 달러)

자료: 금융안정위원회(FSB)

노미스트Economist, 2008」가 이것을 위기의 원인으로 지목하면서 널리 쓰이기 시작했다.

금융안정위원회FSB[9]의 정의에 따르면, 그림자 금융은 말 그대로 규제 영역 밖에 있는 신용중개활동으로 이해할 수 있다. 즉 은행 시스템 밖에서 은행과 유사한 신용중개기능을 수행하면서도 은행과 같은 엄격한 건전성 규제를 받지 않는 기관 및 금융상품을 총칭한다. 따라서 중앙은행의 유동성 지원이나 예금보호기관의 예금자 보호도 원활하게 받을 수 없고, 그 때문에 시스템적 리스크를 초래할 가능성도 높다 (이범호·정원경, 2012).

2008년 미국의 금융위기는 감독 당국의 엄격한 규제를 받지 않은 그림자 금융이 전체 금융 시스템을 위협한다는 사실을 보여줬다. 사실상 위기의 단초가 됐던 서브프라임 모기지론의 부실 문제가 불거졌던 2007년 미국의 그림자 금융 규모는 24조9,450억 달러에 달했다. 2003년부터 2007년까지 4년 동안 10조 달러 이상 증가했다.그림 14 비중으로는 미국 전체 금융자산의 40.5%를 차지했다. 이런 상황에서 부동산 가격 폭락으로 서브프라임 모기지론과 연계된 ABS에 문제가 생겼다. 그러자 SIV를 통해 ABS에 투자했던 투자은행이 연쇄적으로 파산위기를 맞았다. 결국 부동산 가격 폭락을 계기로 그림자 금융의 잠재된 위험이 한꺼번에 터져버린 셈이다.

물론 그림자 금융은 은행권에 접근하기 어려운 자금 수요자에게 자금을 공급하는 순기능을 가지고 있다. 그러나 자금 공급 과정이 복잡한데다가 이해관계자들이 얽혀 있어 위험의 전이 가능성이 크다. 또 단기로 조달한 자금을 중장기로 투자하는 특성상 만기가 일치하지 않고 레버리지 비율이 높아 금융안정성을 훼손시킬 수 있다.

이 때문에 2008년 위기를 계기로 그림자 금융에 대한 국제적 차원의 규제 움직임이 일어났다. 2010년 11월 5차 G20 정상회의에서는 그림자 금융에 대한 규제와 감독을 강화하자는 데 의견의 일치를 보았다. 이어 2011년 10월에는 FSB가 그림자 금융 규제 권고안을 제시했다. 2013년 9월에는 역시 FSB가 은행과 그림자 금융 시스템 간의 파급효과 축소 방안 등 보다 구체적인 규제 방안을 내놓았다(최원, 2014).

그러나 이 같은 규제 움직임이 실제적인 성과를 거뒀는지는 의문이다. 미국의 그림자 금융 규모는 2008년 위기를 계기로 2011년까지 지속적으로 감소했다. 하지만 그 후 다시 증가세로 돌아서 2013년에

그림 15 | 세계 그림자 금융 규모와 GDP 대비 비중 추이

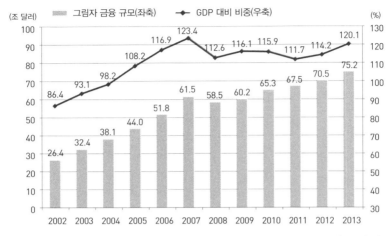

자료: 금융안정위원회(FSB)

는 위기 직전인 2007년 수준을 웃돌게 됐다. 세계 그림자 금융 규모
도 위기가 발생했던 2008년에만 2007년에 비해 10조 달러 가까이 줄
었을 뿐, 그 이후에는 증가세가 지속되고 있다. 이에 따라 2013년에는
위기 직전인 2007년에 비해 13조7,000억 달러 늘어난 75조2,000억
달러를 기록했다. GDP 대비 수준으로도 120.1%에 이르러 2007년의
123.4%에 거의 근접했다.그림 15

　2008년 위기를 통해 그림자 금융의 잠재적 위험성을 경험했음에도
불구하고 그 규모가 다시 증가하고 있는 것은 초저금리 시대의 이윤
율 저하와도 무관하지 않다. 자본의 속성은 보다 높은 수익률을 추구
하는 것이다. 은행상품의 금리가 낮으면 위험을 어느 정도 감수하고
라도 그보다 더 수익률이 높은 금융상품을 찾기 마련이다. 그 대상이

바로 그림자 금융이다. 문제는 그림자 금융이 증가할수록 금융 시스템의 위험성은 커진다는 사실이다. 2014년 11월 유럽중앙은행이 '금융 안정성 보고서'에서 "빠른 증가세를 보이고 있는 그림자 금융의 취약성이 은행 부문으로 전이되는 시스템 리스크 가능성을 경고"하고 나선 것도 그 때문이다.

Dollar's
Paradox

CHAPTER 4

적자의 늪에 빠진
달러 제국

Dollar's
Paradox

'쌍둥이 적자'의 악순환

미국의 쌍둥이 적자, 즉 경상수지 적자와 재정수지 적자는 1980년
대 이후 꾸준히 제기돼온 문제다. 이론적으로 경상수지는 민간 저
축·국내 투자의 차액과 정부 수입·지출의 차액의 합[1]이다. 여기서 정
부 수입·지출의 차액은 재정수지를 의미한다(若田部昌澄, 2003, p.40; Abbas
et al., 2010, p.5). 이 때 재정수지는 수요 경로와 금리·환율 경로를 통해 경
상수지에 영향을 미친다.

먼저 수요 경로를 살펴보자. 정부가 감세와 재정 지출 확대정책을
쓸 경우 수요가 늘어난다. 그에 따라 수입이 증가하면 경상수지가 악
화된다. 금리·환율 경로는 감세와 재정 지출 확대로 인한 금리 상승
으로부터 시작된다. 금리가 상승하면 해외로부터 자본 유입이 늘어난
다. 그렇게 되면 환율이 떨어져 수출이 준다. 대신 수입이 늘어나면서

그림 16 | 미국의 GDP 대비 재정수지 및 경상수지 비율 추이(이윤숙, 2012)

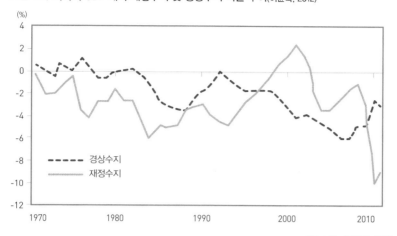

자료: 미국 재무부 및 상무부

경상수지가 악화된다. 1980년대 미국의 쌍둥이 적자는 재정수지 적자와 경상수지 적자 간에 이와 같은 인과관계가 비교적 뚜렷했다. 그러나 1990년대 들어 그와 같은 인과관계에 의문이 제기되기 시작했다. 클린턴 정부가 증세와 재정 지출 통제정책을 폄으로써 한때 재정수지가 개선되었는데도 경상수지는 적자가 확대되는 디커플링decoupling이 발생했기 때문이다. 즉, GDP 성장률 상승으로 재정 수입이 늘어나 재정수지는 개선된 반면, 민간 투자와 가계 소비 증가로 경상수지 적자는 늘어났다(이윤숙, 2012, p.15-16). 2000년대 들어서는 쌍둥이 적자 현상이 다시 나타났다. 그러나 재정수지 적자와 경상수지 적자 간의 인과관계는 1980년대보다 미약하게 나타났다.그림16 특히 재정 적자가 금리·환율 경로를 통해 간접적으로 경상수지 적자를 확대시키는 효과는 거의 없었다. 여기에는 연준 통화정책 기조의 차이가 중요한 역할을 한 것으로 분석된다. 즉, 감세와 재정 지출 확대정책으로 재정수지는 여전히 적자를 벗어나지 못하거나 오히려 악화됐다. 하지만 연준이 경기 부양을 위해 저금리 정책을 지속함으로써 재정수지 적자가 금리·환율 경로를 통해 경상수지를 더 악화시키지는 않았다.

그럼에도 불구하고 재정수지는 수요 경로를 통해 경상수지에 영향을 미쳤다. 이는 미국이 저금리 하에서도 재정수지는 물론 경상수지 적자를 벗어나지 못하는 원인으로 작용했다. 이에 따라 1980년대 중반 세계 경제에 심각한 우려의 대상이었던 미국의 쌍둥이 적자 현상은 2000년대 들어 다시 세계 경제를 위협하는 요인으로 등장했다.

재정수지 흑자는 잠시, 적자는 계속

미국의 재정수지는 클린턴 행정부의 적자 감축 노력으로 1993년[2] 이후 개선 추세를 보였다. 그에 따라 1998~2001년 중 일시 흑자를 기록하기도 했다. 그러나 2002년 다시 적자로 전환됐다. 2002년 중 미국의 재정적자는 1,578억 달러로 GDP 대비 1.4%를 기록했다. 2004년에는 적자액이 4,127억 달러로 GDP의 3.4%에 이르렀다.[그림 17]

2002년부터 미국의 재정수지가 다시 악화되기 시작한 것은 경기

그림 17 | 미국 연방정부 재정수지 추이

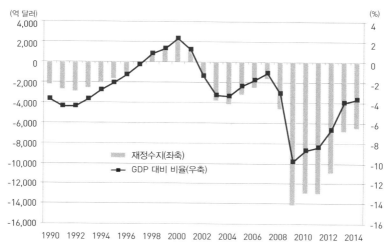

주: 2014년은 예상치
자료: www.usgovernmentspending.com

침체와 감세 조치 등에 따른 세수 감소와 9.11 테러 사태 이후 안보 관련 지출 증대 등이 원인이었다. 2000년 이후 미국 기업들은 경기 둔화로 수익성이 나빠졌다. 그 결과 미국 정부의 법인소득세 수입은 2001년에 전년 대비 27.1%나 줄어든 데 이어 2002년에도 2.0% 감소했다. 2000년 4월 이후 주가도 하락세로 돌아서 자본 이득이 줄어들었다. 부시 행정부는 경기 부양을 위해 감세 조치[3]까지 단행했다. 이에 따라 미국 정부의 개인소득세 수입도 2001년에 전년 대비 1.0%, 2002년에는 13.7% 각각 줄었다. 총 재정 수입은 2001년에 전년 대비 1.7% 줄어든 데 이어 2002년에는 6.9% 감소했다. 이와 같이 미국의 재정 수입이 2년 연속 감소한 것은 1958~1959년 이후 43년 만에 처

표 3 | 미국 연방정부 재정 수입 및 지출 증감률 추이

(전년 대비 %)

	1997	1998	1999	2000	2001	2002	2003
수입	8.7	9.0	6.1	10.8	−1.7	−6.9	−5.2
개인소득세	12.3	12.4	6.1	14.2	−1.0	−13.7	−1.1
법인소득세	6.1	3.5	−2.1	12.2	−27.1	−2.0	−3.2
지출	2.6	3.2	3.0	5.1	4.2	7.9	10.0
국방	1.8	−0.8	2.4	7.1	3.7	14.1	21.8
보건	3.7	6.1	7.3	9.5	11.5	14.1	14.5
노인 의료 보장	9.1	1.5	−1.2	3.5	10.3	6.2	7.5
소득 보전	2.3	1.2	2.0	4.6	6.3	15.9	8.1
사회 보장	4.5	3.8	2.9	5.0	5.7	5.4	4.2

자료: 미국 백악관 OMB

음이었다. 특히 2002년 재정 수입 감소율 6.9%는 1946년 13.1% 감소 이후 가장 큰 폭이었다.

반면, 지출면에서는 국방비가 2002년에 전년 대비 14.1% 증가했다. 1983년 이후 가장 높은 증가율이었다. 국민 보건 관련 지출액도 1998 년부터 증가세가 확대되기 시작했다. 2001~2002년 중에는 증가율 이 10%를 웃돌았다. 경기 둔화에 따른 실업 증가 등으로 소득 보전과 사회 보장 등 복지비 지출도 늘었다. 이 같은 지출 증가로 총 재정 지 출이 2001년에 전년 대비 4.2% 늘었다. 2002년에는 증가율이 7.9%로 높아졌다.표 3

2004년을 고비로 줄어들던 재정수지 적자는 2008년 금융위기를 계 기로 다시 큰 폭으로 늘어났다. 2008년에는 적자액이 4,590억 달러 로 GDP의 3.1%에 이르렀다. 이어 2009년에는 적자액이 1조4,130억

달러를 기록했다. GDP 대비로는 9.8%에 달했다. 절대 규모로 보면, 미국 역사상 가장 큰 폭의 적자였다. GDP 대비 비율로도 1983년의 5.7%를 훨씬 뛰어넘는 사상 가장 높은 수준이었다. 미국의 재정수지 적자액은 이후에도 2012년까지 해마다 1조 달러를 넘어섰다. GDP 대비로는 6~9%에 달했다.

2008년 금융위기 이후 미국 재정수지 악화는 경기 부양 정책에 따른 재정 지출 확대가 가장 큰 원인이었다. 미국 정부는 2009년 2월 '경제 회복 및 재투자법American Recovery & Reinvestment Act'에 따라 7,872억 달러를 투입하는 등 모두 1조 달러에 가까운 금액을 경기 부양에 쏟아부었다. 오바마 행정부 출범과 함께 늘어난 의료비와 사회 보장 지출도 재정 적자 요인으로 작용했다. 의료비 지출은 2000년 GDP 대비 3.4%에서 2010년에는 5.5%로 증가했다. 2000년 GDP의 8.4%까지 감소했던 사회 보장 지출도 2010년에는 12.2%로 늘어났다. 9.11 이후 테러와의 전쟁 등 국방전략의 변화에 따라 늘어난 국방비 역시 2008년 이후에도 재정을 압박했다. 그에 비해 재정 수입은 2008년 금융위기로 인해 증가폭이 둔화되거나 오히려 감소했다. 특히 2008년과 2009년, 2012년 연방정부의 재정 수입은 전년에 비해 줄어들었다. 금융위기 이후 성장잠재력 약화로 경기 회복이 지연되면서 세수가 부진해진 것이 가장 큰 원인이었다. 부시 행정부의 감세 조치로 소득세 수입이 줄어든 것도 재정 수입이 줄어든 원인이었다. 게다가 2010년 말 끝날 예정이었던 부시의 감세 조치는 세율 인상에 따른 여야 정치권의 부담 때문에 2012년 말까지 연장됐다.

경상수지 적자는 과잉 투자·소비의 결과

미국의 경상수지는 1987년 이후 적자규모가 축소돼 1991년 소폭의 흑자를 기록하기도 했다. 그러나 1992년부터 다시 적자로 돌아섰다. 이후 적자규모가 지속적으로 확대돼 2000년에는 4,173억 달러 적자를 나타냈다. GDP의 4.1% 규모였다. 2006년에는 7,881억 달러 적자로 GDP의 5.7%에 달했다.그림 18

이 같은 미국의 경상수지 적자규모는 경상수지 적자 문제가 심각하게 대두됐던 1986년의 1,607억 달러, GDP 대비 3.2%를 크게 웃도는 수준일 뿐만 아니라 절대규모와 GDP 대비 비중 모두 미국 역사상

그림 18 | 미국의 경상수지 추이

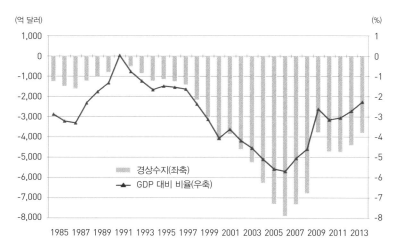

자료: 미국 상무부

최대치였다.

1980년대와 마찬가지로 1990년대 이후 미국의 대규모 경상수지 적자는 원천적으로 미국 국내 저축이 국내 투자에 못 미침에 따라 부(負-)의 저축-투자 갭이 발생한 데 기인한다. 그러나 이러한 부(-)의 저축-투자 갭이 발생한 것은 1980년대와 같이 대규모 재정적자 때문이 아니었다. 개인저축률의 지속적인 하락과 첨단산업을 중심으로 한 민간 투자의 확대가 원인이었다. 즉, 민간 부문에서 부(-)의 저축-투자 갭이 확대된 것이 일차적인 요인으로 작용했다.

저축률의 하락은 소비가 소득보다 빠르게 증가해 왔다는 사실을 보여준다. 1995~2003년 동안 미국 소비 수요의 실질증가율은 연평균 4%에 달했다. 이는 다른 선진국들의 2.2%를 약 두 배 웃도는 것이었다(Roach, 2004). 이에 따라 1992년에 가처분소득의 7.7%에 이르렀던 미국의 개인저축률은 1995년에 4.6%로 떨어졌다. 2004년 9월엔 0.2%로 급락했다.

반면, 앞서 살펴본 바와 같이 미국의 재정수지는 1992년 이후 지속적으로 개선됐다. 1998~2001년 중에는 흑자를 유지했다. 이와 같이 정부 부문 순저축이 꾸준히 증가한 데 힘입어 미국의 국내 총저축률은 1990년대에 완만하나마 상승세를 지속했다.

그러나 2002년 이후 다시 막대한 재정 적자로 인해 정부의 저축률은 마이너스로 돌아섰다. 이에 따라 개인, 기업, 정부의 저축률을 합친 미국의 총저축률은 사상 최저 수준으로 떨어졌다.

이에 비해 미국의 민간 부문 투자는 컴퓨터, 정보통신 등 첨단산업

표 4 | 미국 및 주요 선진국의 제조업 노동생산성 증가율 추이

(전년 대비 연 %)

국가 \ 연도	1994	95	96	97	98	99	2000	01	02	03	94~03
선진국	4.4	3.8	3.1	4.3	2.4	4.1	4.9	0.5	2.5	2.4	3.0
미 국	3.0	3.9	3.5	4.2	4.9	5.1	4.0	0.9	4.4	2.9	3.7
일 본	3.1	4.5	3.8	4.7	−4.2	3.4	6.6	−4.5	0.5	1.5	1.9
독 일	8.9	4.9	5.8	7.7	4.7	3.0	6.6	4.1	3.2	3.0	5.2
프랑스	6.8	6.0	1.0	5.6	5.5	2.9	6.7	0.6	0.2	2.1	3.7
이태리	6.0	3.6	3.7	2.3	−1.7	2.2	4.0	3.2	−0.5	2.0	2.4
영 국	4.5	−0.5	−0.6	0.9	0.9	3.8	5.5	2.0	−0.5	2.0	1.8

자료: IMF

부문에 대한 투자 확대에 힘입어 큰 폭으로 증가했다. 이러한 미국의 민간 투자 확대는 무엇보다도 1990년대 후반 미국의 노동생산성이 크게 높아진 데 따른 것이다.표 4 미국의 제조업 노동생산성은 2001년 한때 증가율이 둔화되긴 했으나 1994~2003년까지 연 평균 3.7% 상승했다. 이는 선진국의 평균 증가율인 3.0%보다 높은 것이었다. 높은 생산성 증가율은 활발한 투자를 유도했다. 활발한 민간 투자는 다시 미국의 노동생산성 증가율을 더욱 높임으로써 민간 투자와 노동생산성 사이에 일종의 상승 작용이 일어났다.

이처럼 1990년대 이후 미국의 경상수지 적자는 과잉 소비와 투자가 주된 원인이었다. 소득 증가율을 넘어서는 과잉 소비로 저축률이 떨어지는데도 생산성 증가에 힘입어 투자율은 지나치게 올라갔다. 이 때문에 1991년 이후 미국의 총투자율은 총저축률보다 계속 높은 수준을 유지했다. 그 결과 대외 수입이 급증해 경상수지 적자는 확대될

표 5 | 주요 지역별 성장률 추이

(전년 대비 연 %)

연도 국가	1980~84	85~89	90~94	95~99	96	97	98	99	2000	01	02
미국	2.0	3.3	1.8	3.8	3.6	4.4	4.3	4.1	3.8	0.3	2.4
일본	3.9	4.6	2.2	1.3	3.6	1.9	−1.1	0.2	2.8	0.4	0.3
독일	1.0	2.6	2.9	1.6	0.8	1.4	2.0	2.0	2.9	0.6	0.2
영국	0.7	3.8	0.7	2.8	2.6	3.4	2.9	2.4	3.1	2.0	1.6

자료: IMF

수밖에 없었다.

달러화의 강세도 미국의 경상수지를 악화시켰다. 달러화는 1980년 대 전반과 같이 1996~2001년 중에도 강세를 유지했다. 이 기간 중 달러화 가치는 실질실효환율 기준으로 38% 상승했다. 달러화 강세는 무엇보다도 미국 경제의 기초 여건 덕분이었다. 미국 경제는 첨단산 업에 대한 활발한 투자에 힘입어 비교적 높은 성장을 지속했다. 반면, 일본과 유럽지역은 경제 성장이 부진했다.표 5 이에 따라 미국에 대한 투자수익률이 상대적으로 높은 수준을 유지하면서 달러화도 강세를 띠게 됐다.

상대적으로 높은 미국의 금리수준도 달러화가 강세를 유지하는 데 기여했다. 1990년대 후반 미국의 장단기 금리는 모두 1980년대 전반 과 같이 주요 선진국에 비해 높은 수준을 유지했다.그림 19

중남미와 아시아 등 신흥국의 금융·외환위기를 계기로 안전한 투 자처safe haven로서 미국 금융자산에 대한 선호도가 높아졌다. 이에 따 라 외국의 투자 자금이 미국으로 활발하게 흘러들어갔다.그림 20 이는

그림 19 | 미국과 주요 선진국 간 장단기 금리차[1] 추이

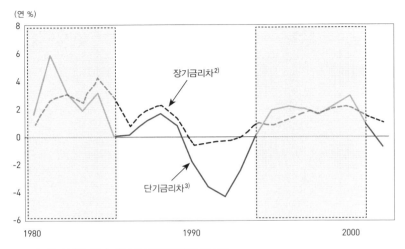

(연 %)

장기금리차[2]

단기금리차[3]

1980   1990   2000

1) 미국의 장(단)기금리 – 일본 및 독일의 장(단)기금리 평균
2) 장기금리차: 장기국채 유통수익률 기준
3) 단기금리차: 은행 간 시장(money market)의 1일물 금리 기준

자료 : IMF, IFS

1996∼2001년 중 미국 달러화가 강세를 나타낸 주된 요인이었다.

그러나 당시 미국의 국내 금리가 상대적으로 높은 수준을 유지한 것은 1980년대와 같이 재정 적자 보전을 위한 대규모 국채 발행 때문이 아니었다. 경제가 장기호황을 지속하는 가운데 미국 연준이 경기 과열을 우려해 긴축적인 통화정책 기조를 유지했기 때문이었다. 따라서 재정 적자로 인한 국채 발행 증가가 고금리, 달러 강세로 이어져 경상수지 적자를 심화시켰다는 이른바 '쌍둥이 적자론'은 1990년대 후반 미국의 경상수지 적자를 설명하는 데 적합하지 않다(Stockman, 2000). 그보다는 경제 호황과 과열을 우려한 고금리 정책이 달러 강세

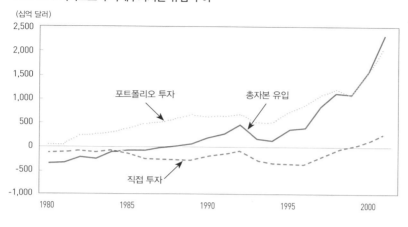

그림 20 | 미국으로의 국제투자자본 유입 추이

(십억 달러)

포트폴리오 투자

총자본 유입

직접 투자

자료: IMF, IFS

를 유발함으로써 경상수지 적자를 확대시켰다고 볼 수 있다.

　미국의 경상수지 적자 원인은 산업경쟁력 측면에서도 1980년대와 1990년대에 뚜렷한 차이를 보이고 있다. 1980년대엔 미국 산업의 국제경쟁력 약화가 미국 경상수지 적자 발생의 주된 요인 중 하나였다. 그러나 1990년대 이후 미국의 산업생산은 제조업을 중심으로 건실한 증가세를 유지했다. 따라서 1990년대 이후 미국의 경상수지 적자는 미국 산업의 국제경쟁력 약화 때문이라고 볼 수 없다. 교역상대국의 무역 장벽도 미국의 경상수지 적자 확대의 주된 요인은 아니다. 미국은 오히려 무역 장벽이 높은 브라질과의 무역에서 흑자를 내고, 무역 장벽이 거의 없는 멕시코 및 캐나다와의 무역에서는 적자를 기록했다(Griswold, 1999).

　2000년 이후 미국의 경상수지 적자가 확대된 것은 미국 내 주택가격의 버블과도 관련이 있다. 당시 미국의 주택 관련 대출은 주택 가격의 가파른 상승으로 차입여건이 좋아지자 빠른 속도로 늘어났다. 2000년 2,300억 달러로 GDP의 2.4%에 불과했던 주택 관련 대출은 2006년 7,200억 달러로 GDP의 5.3%까지 급증했다. 연준의 완화적 통화정책이 모기지 금리를 낮춤으로써 집값의 버블과 주택 관련 대출이 서로 상승 작용을 했다. 동시에 민간 소비도 급증하기 시작했다. 소비 지출이 급증하고, 소비 수요를 충당하기 위한 대외 수입도 늘어났다. 그 결과 경상수지 적자는 글로벌 금융위기 직전인 2000년대 중반까지 지속적으로 늘어났다.

미국의 경상수지 적자가 늘어날수록 달러화가 약세로 전환되면 경상수지는 개선되는 것이 상식이다. 달러화 약세는 미국 수출품의 가격경쟁력을 높이는 대신, 수입품의 가격을 끌어올려 수입 수요를 감소시키기 때문이다. 그러나 1999~2001년 중 미국으로 유입되는 해외 자금의 급증으로 달러화는 오히려 강세를 나타냈다. 이는 미국과의 교역에서 대규모 흑자를 내온 신흥국들의 환율정책 때문이었다. 신흥국들은 수출경쟁력을 유지하기 위해 자국 통화의 절상을 막고자 벌어들인 달러를 미국 내 자산에 투자했다. 이 때문에 미국은 달러화 강세로 인해 수출경쟁력이 약화되는 동시에, 수입 수요가 늘어나면서 경상수지가 더욱 악화됐다.

2002년 이후 달러화가 약세로 전환됐지만, 이번에는 국제 원자재 가격의 상승이 경상수지 개선에 걸림돌로 작용했다. 특히 국제 유가의 급등으로 원유 수입액이 크게 늘어난 2005년 이후 3년 동안 경상수지 적자액은 해마다 7,000억 달러를 넘어섰다. 그러나 2008년 금융위기의 여파로 소비가 위축되면서 수입 수요가 줄어들었다. 이에 따라 지속적으로 늘어나기만 하던 미국의 경상수지 적자는 큰 폭으로 감소하기 시작했다.

대책 없는 빚 늘리기

앞서 살펴본 대로 미국 정부는 2008년 금융위기 극복과정에서 재정 지출을 대폭 확대했다. 이를 계기로 그동안 잠재해 있던 미국의 국가채무 문제가 표면화되기 시작했다. 미국의 국가채무는 2010년 12월 말 기준으로 14조250억 달러를 기록했다. 의회가 설정한 국가채무 한도와의 차이가 3,350억 달러에 불과했다. 이를 그대로 방치할 경우 2011년 3월 31일에서 5월 16일 사이에 그 한도마저 소진될 것으로 예상됐다. 급기야 티모시 가이트너Timothy Geithner 재무장관은 2011년 1월 6일 의회에 서한을 보내 국가채무 한도를 상향 조정해줄 것을 촉구했다. 국제 신용평가기관인 무디스Moody's와 스탠더드 앤 푸어스S&P는 1월 13일 미국 정부가 국가채무에 대해 신뢰할 만한 장기적인 대책을 수립하지 않을 경우 신용등급을 하향 조정할 수 있다고 경고했다.

미국의 국가 부채가 시시각각 변동하는 것을 보여주는 인터넷 사

그림 21 | 미국의 총연방채무 및 GDP 대비 비율 추이

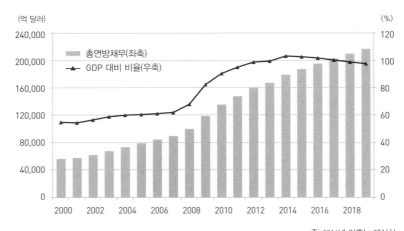

주: 2014년 이후는 예상치
자료: www.usgovernmentspending.com

이트 'United States Debt Clock(www.nationaldebtclocks.org/debtclock/unitedstates)'
에 따르면, 미국의 국가 부채는 1초에 거의 2만 달러씩 늘어난다고 한
다. 미국의 국가채무지표로 활용되는 총연방채무Gross Federal Debt는 2013
회계연도에 16조7,000억 달러를 넘어섰다. 이는 미국의 GDP에 거
의 맞먹는 수준이다. 이런 추세라면 2014 회계연도엔 총연방채무액
이 약 17조9,000억 달러로 GDP의 103%를 넘어서게 된다. 이후에도
GDP 대비 비율은 점차 낮아지겠지만, 채무액은 계속 늘어나 2019 회
계연도엔 21조7,000억 달러에 이를 것으로 예상되고 있다. 총연방채
무가 불과 20년 사이에 약 4배로 불어나게 되는 셈이다.그림 21

　미국 연방정부의 채무 한도는 1917년 처음 법으로 정해졌다. 미국
은 당시 제1차 세계대전을 치르면서 정부의 재정조달을 용이하게 할

목적으로 '제2자유공채법Second Liberty Bond Act'을 제정했다. 미국 정부는 이 법에 따라 국가채무 한도 상한선 내에서 국채 발행에 대한 권한을 의회로부터 부여받아 재정 관리 업무에 유연성을 확보했다. 이후 1941년 제정된 '공공부채법Public Debt Act' 조항에서 오늘날과 같은 통합적 의미의 국가채무를 대상으로 하는 법정 한도가 정해졌다. 이에 따라 정부는 예산 편성 및 집행 업무에 유연성을 갖는 대신, 의회로부터 국채 발행을 재정적으로 통제를 받게 됐다. 이로써 국가채무 상한선은 미국 정부가 예산안을 집행하는 데 있어서 기준점 역할을 수행하게 됐다.

미국은 국가채무 한도를 지난 1940년 이후 지금까지 모두 90여 차례에 걸쳐 조정해왔다. 이 가운데 채무 한도를 낮춘 것은 5차례에 불과하다. 그것도 모두 1963년 이전의 일이다. 나머지는 모두 채무 한도를 높인 것이다. 부채가 법정 한도를 넘는다는 것은 국가 부도에 이를 가능성이 높다는 것을 의미한다. 미국의 채무 급증은 미국 경제뿐만 아니라 세계 경제의 잠재적 위험 요인이 된다. 이 때문에 미국 정부와 의회는 부채가 급증할 때마다 채무 한도를 늘리기 위한 협상을 벌였다. 이 과정에서 협상 타결이 늦어지면 정부의 재정이 바닥을 드러냈다. 그때마다 정부의 업무가 잠정 중단되는 사태가 1976년 이후 17차례나 반복돼왔다.

미국의 연방정부 부채는 가이트너 재무장관과 국제 신용평가기관들의 경고에도 불구하고 2012년 12월 법정 상한선인 16조4,000억 달러를 넘어서고 말았다. 그러나 미국 정부와 의회의 채무 한도 협상은

그림 22 | 미국의 국가채무 한도 추이

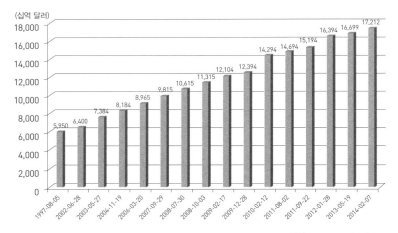

자료: www.concordcoalition.org

쉽게 타결되지 않았다. 미국 정부와 여당인 민주당은 재정 적자를 줄이기 위한 방안으로 증세와 국방비 삭감 등을 제시했다. 반면, 야당인 공화당은 감세와 복지 지출 축소로 맞섰다. 이 같은 의견 대립으로 재정지출을 늘릴 국채 발행이 어려워지자 2013년 10월 1일부터 16일 동안 미국 연방정부의 업무가 중단되기도 했다. 채무 한도 협상의 결렬은 정부 업무의 중단으로 그칠 문제가 아니다. 국가 부도가 임박했다는 것을 의미한다. 이를 의식하지 않을 수 없는 미국 정부와 의회 여야 지도자들은 2013년 10월 16일 국가 부도를 막기 위해 극적인 타협안을 이끌어냈다. 이에 따라 미국 정부는 2014년 2월 7일까지 부채 한도 적용을 유예 받아 필요한 자금을 국채 발행 등을 통해 조달했다. 이어 2014년 2월 12일에는 부채 한도 적용 유예기간을 2015년 3월 15

일까지 연장하는 법안이 상하양원을 통과했다. 유예기간에 늘어난 차입금은 종전의 채무 한도에 자동적으로 추가됐다. 이로써 미국의 법정 국가 채무 한도는 17조2,000억 달러로 늘어났다.그림 22

미국 정부는 이처럼 빚이 늘어날 때마다 부채 한도를 늘려야만 업무의 중단을 막고 부도 위기를 넘길 수 있다. 실제로도 지금까지 그렇게 해왔다. 그러나 늘어난 미국 정부의 부채는 해마다 갚아야 하는 이자만 2,000억 달러를 넘을 정도다. 빚이 빚을 낳는 악순환이 되풀이되는 지경에 이르렀다. 이제 문제를 해결하는 방법은 미국 정부가 세금을 더 걷든지, 지출을 줄이는 것이다. 그런데도 미국이 버티는 것은 여전히 기축통화인 달러가 가진 특권인 세뇨리지 효과 때문이다.

천문학적 부채를 둘러싼 해프닝

흔히 돈을 빌려준 채권자는 그것을 빌려 쓴 채무자를 상대로 우월한 지위를 갖게 마련이다. 나라 간의 관계에서도 그래야 상식에 맞는다. 그러나 부채의 규모가 커지면 문제는 달라진다. 채무자가 도리어 채권자를 향해 큰 소리를 치게 된다. 채무자가 망하기라도 해서 빚을 갚을 능력을 상실하면 채권자도 함께 큰 손해를 보거나 망할 수도 있기 때문이다.

일찍이 경제학자 케인즈는 "만약 당신이 은행에 100 파운드를 빚졌다면, 그것은 당신의 문제다. 하지만 100만 파운드를 빚졌다면, 그것은 은행의 문제다.(If you owe your bank a hundred pounds, you have a problem, but if you owe a million, it has.)"라는 명언을 남겼다. 이 말은 IMF가 한때 홈페이지에 인용해 쓸 정도로 국가 부채 문제에 대한 인식의 일단을 엿볼 수 있다. IMF는 "결코 국가는 파산하지 않는다. 국가의 인프라, 노동자들의 생산성, 천연자원은 어디로 사라지지는 않고, 국가자산은 항상 부채를 초과하기 때문이다"라는 리스턴Walter Wriston 전 씨티그룹 회장의 말도 함께 적어 놓은 적이 있다. 개발도상국들에 대해 많은 돈을 빌려준 1970년대 서구의 은행들을 겨냥한 말이었다. 그러나 그 후 상황이 달라졌다. 적지 않은 개발도상국들이 사실상의 파산, 채무불이행 상태에 빠지게 됐다.

그럼에도 불구하고 세계에서 가장 많은 빚을 지고 있는 미국은 여전히 대마불사의 신화를 믿고 있다. 미국 스스로만 그런 것이 아니다. 전 세계가 그 같은 신화가 깨지는 것을 두려워하고 있다. 미국이 파산하면, 당장 대미 수출에 의존하는 나라들도 경제가 크게 흔들릴 수밖에 없다. 그뿐인가. 달러가 휴지조각이 되면, 수출해서 벌어들인 돈으로 투자한 달러 표시 자산도 역시 아무 쓸모가 없게 된다. 결국 미국의 파산은 미국의 교역상대국, 즉 대미 수출 의존 국가들에게도 파국을 의미한다. 역설적이지만, 대마불사의 믿음이 깨지지 않는 것도 그와 같은 두려움 때문이다. 대마불사의 신화가 현실이 된 셈이다.

현실이 된 신화는 때때로 엉뚱한 논란을 불러온다. 미국이 부채 위기를 해결하기 위해 1조 달러짜리 동전을 발행해야 한다는 주장이 그것이다. 요지는 이렇다. 미국 재무부가 1조 달러짜리 백금 동전을 만들어 연방준비제도이사회 계좌에 예치하면, 정부가 부채 한도 초과 위기를 피해 인플레 등 경제적 부작용 없이 충분한 현금을 확보할 수 있다는 것이다. 이 아이디어는 당초 2011년 미국 오캠^{Orcam} 파이낸셜 그룹의 창립자인 컬렌 로쉬^{Cullen Roche}가 내놓았다. 이어 2013년 1월 민주당 소속의 제럴드 내들러^{Jerrold Nadler} 연방 하원의원이 이 제안을 심각하게 검토해야 한다고 주장하면서 의원들 사이에서 관심을 끌었다. 물론 이 제안을 액면 그대로 받아들일 수 없는 측면이 있다. 연방정부의 부채 한도를 상향 조정하는 문제를 놓고, 오바마 행정부와 민주당이 그것을 반대하는 공화당을 압박하려는 계산이 깔려 있었기 때문이다.

그러나 1조 달러짜리 백금 동전을 만드는 일이 이론적으로 불가능한 것은 아니다. 미국 연방법은 재무장관이 플래티넘 주화를 만들 수 있는 권한을 부여하고 있다.⁴ 이것을 근거로 실제 미국 재무부가 1조 달러짜리 백금 동전을 발행해 연방 채무 상한선을 무력화시키더라도 그것을 막을 수는 없다. 노벨 경제학상 수상자인 폴 크루그먼 프린스턴대 교수도 "미국이 채무불이행 상태에 빠지는 것보다는 차라리 1조 달러짜리 백금 동전을 만드는 것이 낫다"고 밝혔다(Wall Street Journal, 2013).

그러나 미국 정부는 2013년 1월 12일 1조 달러 백금 동전을 발행하지 않기로 최종 결정했다. 오바마 대통령은 "궁극적 문제는 미국 채권을 매수하는 투자자들의 신뢰를 얻는 것이다"라는 이유를 들어 1조 달러짜리 동전 발행 가능성을 차단했다. 아마 누가 봐도 꼼수에 불과한 그 같은 방안을 실천에 옮길 경우 미국 경제에 대한 신뢰가 바닥으로 떨어지면서 또 다른 위기를 불러올 수도 있기 때문이었을 것이다. 사실 민주당 일각에서도 처음부터 실행 의지를 갖고 그런 주장을 한 것은 아니다. 하지만 비록 해프닝으로 끝났다 하더라도 부채의 늪에 빠진 미국의 고민을 드러낸 사건이다.

연방준비제도에 대한 오해와 진실

2008년 금융위기 직후 베스트 셀러가 됐던 『화폐전쟁 Currency Wars』이란 책이 있다. 쑹홍빙이라는 중국의 금융전문가가 쓴 이 책에는 미국 달러화를 찍어내는 연방준비은행이 개인 소유의 민영은행이라는 점을 애써 강조하고 있다. 틀린 말은 아니다. 이 책에는 미국 정부는 돈이 필요할 경우 국민이 납부할 미래의 세수를 민영은행인 연방준비은행에 담보로 잡히고 '연방준비은행권'을 발행한다고 쓰여 있다. 이것이 곧 달러라는 얘기다(Song Hongbin, 2008). 이 말도 일견 맞는다. 미국의 연방준비은행은 미국 재무부가 발행한 채권을 담보로 달러를 발행해주니까. 대신 미국 정부로부터 채권의 이자를 받는 것도 사실이다. 그러나 연방준비은행을 통할하는 연방준비제도이사회는 엄연히 법에 따라 설립된 사실상의 독립 국가기구로 봐야 한다.

　좀 더 자세히 살펴보자. 미국의 연방준비제도는 일반적인 다른 나라의 중앙은행처럼 단일은행 시스템이 아니다. 12개의 지역 준비은행과 연방준비제도이사회, 연방공개시장위원회 등으로 이뤄져 있다. 연방준비제도이사회는 1913년 연방준비법에 따라 창설된 연방준비제도의 운영기관이자 12개 연방준비은행의 관리통괄기관이다. 실제 임무를 보더라도 다른 나라 중앙은행과 같이 통화신용정책의 최고 집행기관 역할을 한다. 여기에는 재할인율 등의 금리 결정, 재무부 채권의 매입과 매각 등 공개시장 조작, 지급준비율 결정, 연방준비권의 발행 및 회수 감독 등이 포함된다. 연준은 상원의 조언과 승인을 받아 대통령이 임명한 7명의 이사로 구성돼 있다. 이 가운데 의장과 부의장은 대통령이 지명하고 상원의 인준을 받는다. 연준은 이처럼 설립 근거나 임무, 이사 임명 방식으로 봐서 중앙은행의 역할을 하는 국가 기구임이 틀림없다.

　연준의 임무 가운데 특히 통화 및 금리와 관련된 정책은 연방공개시장위원회에서 결정된다. 이는 연방공개시장위원회가 한국은행의 금융통화위원회와 같은 통화신용 정책의 최고 의결 기관이라는 것을 의미한다.

　연준 산하 12개 연방준비은행그림 23도 형식상 민간기업이라고 하지만, 실제로는 지폐 발권 업무, 가맹 은행[5]에 대한 어음의 재할인 및 대부 등 해당 지역의 중앙은행으로서 공적 역할을 수행한다. 이 때문에

그림 23 | 미국의 연방준비제도이사회 및 12개 연방준비은행 분포도

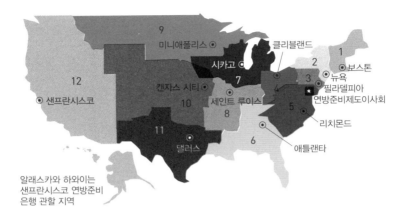

출처: www.federalreserve.gov

원칙적으로 다른 지역 연방준비은행, 가맹 은행, 그리고 정부와만 거래하고, 공개시장 조작을 제외하고는 일반 기업이나 시민들과는 거래하지 못하게 돼 있다. 이는 연방준비은행이 비록 민간기업 형태를 띠고 있지만, 임무나 역할을 미뤄보면 사실상의 공적 기구라는 것을 의미한다.

물론 쑹훙빙의 주장처럼 여기에 대해 반론을 제기할 수도 있다. 각지역 연방준비은행의 자본금에 출자한 대형 민간은행의 소유주들이 연준의 운영을 좌지우지하고, 달러를 발행해주는 대신 미국 정부로부터 이자를 받아 챙긴다는 생각 때문이리라. 특히 연준의 실질적 임무를 대부분 집행하는 뉴욕연방준비은행의 경우 세계적인 금융가들이 소유한 6개 은행이 지분의 절반 이상을 소유하고 있다.

그럼에도 불구하고 미국의 연방준비제도가 이들 민간은행 소유주들에 의해 좌우된다는 것은 지나친 억측이다. 앞서 살펴봤듯이 연방준비제도는 법에 따라 미국 의회의 통제를 받는 엄연한 국가기구이기 때문이다. 물론 미국 의회가 세계적인 금융가를 대표하는 월가 자본의 영향을 받아 그들의 이익을 대변한다고 가정하면, 간접적으로 그들의 지배를 받고 그들의 이익을 위해 일한다고 말할 수도 있다. 그리고 미국 상하원 의원 등 정치인들이 모두 그렇지는 않더라도 상당수는 월가의 이익을 대변해온 것도 부인할 수 없는 사실이다.

Dollar's
Paradox

그래도
달러는 강하다

Dollar's
Paradox

'슈퍼 달러super dollar'시대

한 국가의 통화 가치는 그 나라의 경제 펀더멘탈을 반영한다. 그런 만큼 재정수지나 경상수지 적자가 심하면, 통화 가치는 떨어지고, 그 반대일 경우 올라가게 마련이다. 1980년대 이후 중남미와 1990년대 중반 동아시아에서 보듯이 대규모 재정수지 혹은 경상수지 적자는 화폐 가치의 폭락과 함께 위기를 몰고 온다.

하지만 세계에서 거의 유일하게 그렇지 않은 나라가 있다. 그건 바로 미국이다. 미국은 재정수지와 경상수지 모두 최대 적자국이다. 국가 부채도 절대규모로 보면 최대 채무국이다. 그런데도 달러 가치는 폭락하기는커녕 최근 들어 다시 오름세를 타고 있다. 막대한 세뇨리지 효과의 특권을 누리는 기축통화국이기 때문이다. 2014년 7월 이후 본격적으로 시작된 달러화의 강세는 미국의 양적완화 종료와 금리

그림 24 | 달러 인덱스[1] 및 국제 금값 추이

자료: www.investing.com

인상 시기가 가까워 올수록 가속화되고 있다.그림 24 표면적인 이유는 금리 인상에 대한 기대감에서 찾을 수 있다. 앞으로 미국의 금리가 올라가면, 그동안 보다 높은 수익을 찾아 해외로 빠져나갔던 자금이 다시 미국으로 되돌아오는 U턴 현상이 일어날 것이다. 이미 그런 조짐이 시작되면서 수요가 늘어난 달러 값이 오르고 있다.

그러나 보다 근본적인 이유가 있다. 기축통화국 미국의 힘, 즉 특권에 대한 믿음 때문이다. 세계 경제가 불안할수록 그래도 믿을 것은 미국 달러라는 믿음은 커진다. 그러니 최근처럼 경제 불안 심리가 가시지 않는 한, 달러화에 대한 수요는 계속 늘어나고 달러 가치는 오를 수밖에 없다. 물론 세계 최대 채무국 미국에 대한 불안이 전혀 없는 것은 아니다. 하지만 앞서 살펴본 대로 "빚을 많이 질수록 망하지 않는다"는 '대마불사'의 신화가 존재하는 한, 미국의 막대한 적자와 부채에도 불구하고 달러 가치가 오르는 '달러의 역설'은 계속될 것이다.

달러 가치는 오르는 데 비해, 2008년 위기 이후 한때 급등했던 국제 원자재 값은 최근 오히려 급락 현상을 보이고 있다. 경기가 예상과는 달리 회복되지 않으면서 원자재 수요가 줄어든 탓이다. 금도 예외는 아니다. 달러 값이 오르기 시작한 2014년 7월 이후 금값은 오히려 떨어지는 추세를 보이고 있다. 금은 원자재인 동시에 달러와 같은 화폐를 대체할 수 있는 수단이다.

1971년 미국의 닉슨 대통령이 "더 이상 달러를 금으로 바꿔주지 않겠다"는 금 태환 중지 선언을 한 이후에도 달러의 기축통화 위치는 변함없이 유지돼 왔다. 그 이전까지만해도 미국의 달러화를 보유한 다른 나라의 중앙은행이 미국에 달러화를 금으로 바꿔줄 것으로 요구하면 거기에 응해야 하는 것이 미국의 의무였다. 사실 금으로 바꿔줄 의무가 사라진 달러는 종이조각에 불과하다. 그러나 종이조각에 불과한 달러는 이미 국제 결제통화와 준비통화로서 세계 각국의 중앙은행과 정부, 일반은행, 기업, 가계의 금고에 잠겨 있었다. 이런 상태에서 달러가 아무 가치가 없는 휴지조각이 되는 것을 원하는 사람은 아무도 없었을 것이다.

금 본위제하에서 금으로 뒷받침되던 달러는 하루아침에 종이조각으로 전락하는가 했지만, 이처럼 굳건히 살아남았다. 그리고 마침내 달러 자체가 다른 나라 중앙은행의 대외 지급 준비자산reserve assets[2]으로 확고하게 자리 잡게 됐다. 이는 브레튼 우즈 체제의 근간이었던 금 본위제가 달러 본위제로 바뀌는 것을 의미했다. 마침내 1976년 1월 열린 IMF 잠정위원회는 달러 본위제를 사실상 제도적으로 인정했다. 이로써 달러는 결제통화로서 뿐만 아니라 준비자산으로서의 국제 기축통화의 위상을 확고히 하게 됐다.

닉슨의 금 태환 중지 선언과 함께 추락의 길을 걸었어야 하는 기축통화로서의 달러의 위상이 오히려 더 견고해질 것이라고 누가 믿었겠는가. 경제학자들조차 그런 예상을 한 사람은 별로 없었다. 미국의 입장에서 달러는 미국이 만들어낸 가장 위대한 상품이다. 액면가에서 주조 비용을 빼면 모두 이익으로 가져갈 수 있는 세뇨리지 효과의 특권을 손에 쥐고 있으니 그럴 만도 하다. 경제위기 속에서도 살아남는 달러의 위상, 세계 경제가 불안할수록 오히려 강세를 나타내는 달러의 가치는 오늘날 미국이 세계를 지배하는 힘의 원천이다. 이렇듯 세계 최대의 적자국이자 채무국인 미국의 달러가 초강세를 이어가는 '슈퍼 달러 시대'는 이제 현실이 됐다.

달러 '대세 상승기'의 배경

불과 1년 전만 해도 대다수 관측자들은 미국의 경상수지와 재정수지 적자 증가로 인해 달러화 가치가 장기적으로 하락할 것이라고 생각했다. 그러나 2014년 7월 달러화가 강세로 돌아선 이후 10월까지 불과 넉 달 사이에 9% 가량 상승했다. 이에 따라 달러 가치가 다시 상승하는 큰 변화가 시작됐다는 관측이 설득력을 얻고 있다. 미국이 아직 금리를 인상하지도 않은 상태에서 예고만으로도 달러 가치가 오르고 있으니 그럴 만도 하다.

사실 이런 현상이 처음 있는 일은 아니다. 2005년에도 비슷한 상황이 전개됐다. 당시 미국 연준은 물가 상승 압력을 억제하기 위해 금리를 지속적으로 올리고 있었다. 그에 따라 달러화는 강세로 돌아서 2004년 4월부터 7월까지 불과 넉 달 만에 유로화에 대해 7%, 엔화에 대해 4% 가량 각각 상승했다.

당시 제프리 가르텐Jeffrey Garten 예일대 경영대학원장은 「뉴스위크 Newsweek」에 기고한 글에서 미국 달러 가치가 상승하는 근본적인 변화의 이유를 세 가지로 정리했다. 그는 첫째, 달러를 대신할 만한 안정적인 투자 대안이 없고, 둘째, 미국과 유로존 사이에 경기 상황과 금리 차이가 존재하며, 셋째, 아시아 국가들이 수출 촉진을 위해 달러 채권을 계속 매입할 것이기 때문에 달러 가치가 오를 수밖에 없다고 보았다(Garten, 2005).

10년 후 현재, 비슷한 상황이 다시 나타나고 있다. 그 이유는 다음과 같다. 첫째, 장기적인 투자 가치와 안정을 추구하는 전 세계 투자자들에게 달러화를 대신할 실질적 대안이 없다. 유로화가 주요 대안이 될 수 있다고 생각됐으나 프랑스와 네덜란드의 EU 헌법안 부결 이후 금융 관료들 사이에서는 유로화의 기초가 된 협정 자체가 흔들릴 수 있다는 관측이 나오고 있다. 일본 엔화나 중국 위안화도 달러화의 대안이 될 수 없다. 중국과 일본의 주식·채권 시장은 전세계 주요 펀드들을 유치하기엔 너무 취약하기 때문이다. 둘째, 유로존은 수년째 경기 부진과 두 자릿수의 실업률에 시달리고 있다. 그러나 회원국들의 이해가 엇갈려 경제를 개혁할 정치적 의지가 별로 없다. 게다가 유럽중앙은행은 금리를 내릴 가능성이 높은 반면, 미국 연준은 조만간 금리를 올릴 것으로 예상된다. 이것이 현실화되면 두 지역 간의 금리 격차로 인해 미국 채권은 외국인들에게 더욱 매력적인 투자 대상이 된다. 셋째, 아시아 국가들은 수출 촉진을 위해 저평가된 통화에 의존하는 중상주의 정책을 포기하지 않는다. 이를 위해 아시아 국가들은 막대한 저축액을 달러화 매입에 사용하고 있다. 이는 달러화의 가치를 지지해 주는 역할을 하고 있다. 아시아 국가들은 앞으로도 미국 경제가 성장하는 한, 미국 채권의 보유를 꺼리지 않을 것이 분명하다. 이와 같은 상황은 쉽게 바뀌지 않을 것이다.

달러 가치 상승은 미국이 구매력 증가로 더욱 부유하고 강력한 국가가 된다는 것을 의미한다. 더욱이 미국은 적자가 나더라도 달러화로 빚을 얻어 달러화로 갚기 때문에 다른 나라들처럼 환리스크exchange risk가 발생할 위험도 없다. 문제는 미국이 이 같은 특권으로 인해 갈수록 무분별한 채무자가 될 수 있다는 점이다.

미국은 특권을 누리는 만큼 달러화가 주도하는 세계에서 국제 금융시장의 안정을 위해 더 많은 책임을 져야 한다. 미국이 기축통화국의 지위를 유지하는 한, 연준은 사실상 전 세계의 중앙은행 역할을 하는 것이나 마찬가지이기 때문이다.

견고한 달러 기축통화의 위상

　대공황에서 2차 세계대전으로 이어지는 세계 정세의 대격변은 세계 경제 질서에도 근본적인 변화를 몰고 왔다. 2차 대전이 끝나가려던 1944년 7월 체결된 브레튼 우즈 협정에 따라 종전 후 IMF와 세계은행을 근간으로 하는 새로운 국제 통화 질서가 구축됐다. 이른바 브레튼 우즈 체제라 불리는 신질서는 2차 대전 전후 경제력이 급성장한 미국이 주도했다. 미국은 세계 경제의 중심축 역할을 하게 됐고, 달러화는 세계 기축통화의 위치를 차지했다.

　미국 달러화가 기축통화의 역할을 한 지도 70년이 지났다. 앞서 살펴봤듯이 그동안 미국 경제와 달러화의 위상에도 많은 우여곡절이 있었다. 그 가운데 세 차례의 위기가 있었다. 첫 번째 위기는 1971년에 일어났다. 미국은 당시 전후 유럽 경제의 부흥 지원과 베트남전쟁 수행, 동서냉전체제 하의 군사비 지출로 막대한 적자에 허덕이고 있었다. 이 때문에 통화 남발로 미국의 금 보유고는 전 세계의 50% 이하로 떨어졌다. 달러 자산을 보유한 국가들은 달러의 금 태환능력에 의구심을 갖기 시작했다. 실제 일부 국가들은 미국에 달러를 금으로 바꿔줄 것을 요구하기도 했다. 결국 리처드 닉슨 미국 대통령은 금 태환 정지를 선언했다.

그러나 금 태환 정지에도 불구하고 각국은 오히려 달러화 보유를 늘렸다. 금 태환이 불가능하게 되면 달러 가치가 폭락할 것이라는 예상과는 달랐다. 각국이 이미 천문학적인 달러를 보유한 상황에서 달러의 몰락은 세계 경제의 파국을 의미하는 것인데다가 달러를 대체할만한 마땅한 대안도 없었기 때문이었다. 그에 따라 전 세계 외환보유액에서 달러가 차지하는 비중은 1971년 말 65%에서 1977년 말에는 79%까지 높아졌다.

달러의 두 번째 위기는 1985년에, 그리고 세 번째 위기는 2008년에 각각 발생했다. 이 두 번의 위기도 앞서 살펴본 대로 재정수지 적자와 경상수지 적자가 원인이었다. 그러나 미국은 막대한 적자와 부채에도 불구하고 위기를 모두 벗어났다. 이렇듯 미국의 달러화가 세 차례나 결정적 위기에서 벗어나 기축통화로 살아남을 수 있었던 것은 세뇨리지 효과라는 특권 때문이다.

하지만 세뇨리지 효과도 다른 나라들이 달러의 특권을 인정하고 받아줄 때만 누릴 수 있다. 한 나라의 화폐가 기축통화 지위를 지속적으로 유지하다 보면 '관성inertia 효과'가 나타난다. 크루그먼은 거래량이 가장 많은 통화가 기축통화가 되고, 그 통화의 기축통화로서의 지위에는 관성이 작용한다고 보았다(Krugman, 1989). 이것이 바로 관성 효과다. 1872년 미국 경제가 GDP 기준으로 영국을 추월했으나 영국 파운드화가 1930년대까지 기축통화의 지위를 유지할 수 있었던 것도 관성 효과 때문이었다. 이렇듯 국제 금융시장에서 일단 확고한 위치를 차지한 기축통화는 관성 효과를 갖게 된다. 그렇게 되면, 각국 정부는 굳이 기축통화를 변경함으로써 혼란이 일어나는 것을 원치 않는다. 이 때문에 세계대전과 같이 국제 경제 질서의 재편을 유발할 정도의 큰 충격이 발생하지 않는 한, 고착화된 기축통화의 지위는 변함없이 유지될 수 있다.

기축통화 유지에 또 하나 중요한 것은 낮은 거래 비용이다. 기축통화국은 세계에서 가장 발달된 금융시장을 가지고 있어야 한다. 그래야 거래량이 많고 그럴수록 낮은 비용으로 금융거래를 할 수 있기 때문이다. 각국 중앙은행이나 국제 자본의 입장에서 이 같은 낮은 거래 비용은 기축통화를 유지하게 만드는 요인으로 작용한다(이원형, 2007). 오늘날 달러가 기축통화 지위를 계속 유지할 수 있는 것도 이 같은 관성 효과와 낮은 거래 비용 덕분이다.

오일, 달러의 '아킬레스건'에서 '버팀목'으로

2014년 2월 15일 영국의 경제 주간지 「이코노미스트」는 '셰일 오일의 경제학: 사우디 아메리카The economics of shale oil: Saudi America'라는 기사를 실었다. 기사의 핵심은 제목에서 보듯이 미국이 셰일 오일 생산에 힘입

그림 25 | 미국의 1일 평균 원유 및 셰일 오일 생산량 추이

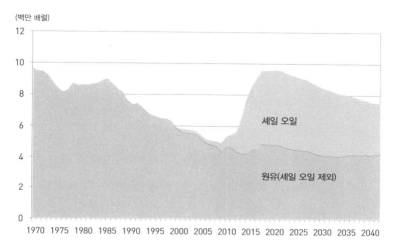

(백만 배럴)

셰일 오일

원유(셰일 오일 제외)

주: 2014년 이후는 예상치
자료: EIA, Annual Energy Outlook 2014 Early Release

어 사우디아라비아에 버금가는 산유국이 되고 있다는 내용이다. 2008
년만 해도 하루 평균 500만 배럴에도 못 미치던 미국의 전체 원유 생
산량은 2013년 670만 배럴로 늘어났다. 셰일로부터 추출한 타이트 오
일tight oil[3]과 천연가스 생산이 크게 늘어난 덕분이다. 같은 기간 미국
의 셰일 오일 생산량은 거의 6배로 급증했다. 미국 에너지 정보국Energy
Information Administration은 이런 추세라면, 미국이 2020년에 사우디아라비아
를 제치고 세계 최대 산유국의 지위를 회복하고, 2030년에는 원유를
순純수출하는 에너지 자립국이 될 것으로 보고 있다.그림 25

미국의 셰일 오일 생산량이 급증한 것은 채굴 기술과 국제 원유 값
급등에 기인한 것이다. 미국 원유 생산업체들은 수평 채굴과 수압 파

CHAPTER 5 그래도 달리는 강하다 · 165

쇄 방식 등의 신기술을 이용해 생산 비용을 낮추는 데 성공했다. 그 결과 셰일 오일의 생산 비용은 2009년 100만 BTU^{British Thermal Unit}당 10달러에서 2012년 3달러 수준까지 내려갔다(신윤성, 2012, p.60). 반면 2000년대 후반 국제 원유 가격은 한때 1배럴에 140달러를 웃돌 정도로 상승세를 이어갔다. 이에 따라 셰일 오일 생산업체들의 채산성이 좋아지고, 생산량은 빠른 속도로 늘기 시작했다.

셰일 오일 생산량의 급증은 2008년 위기 이후 미국 경제의 회복에도 적지 않은 기여를 하고 있다. 제이 피 모건^{J.P. Morgan}에 따르면, 셰일 오일 생산량 급증으로 화석연료산업이 2013년 미국의 경제 성장률을 0.3% 포인트 끌어올린 것으로 나타났다. 피터슨 연구소^{Peterson Institute}는 2020년까지 화석연료의 성장률 기여도가 매년 0.1~0.2% 포인트에 이를 것으로 전망하고 있다.

셰일 오일의 생산은 성장률뿐만 아니라 경상수지와 재정수지에도 긍정적인 영향을 미치고 있다. 미국의 석유 및 천연가스 부문 무역수지 적자는 2008년 421억 달러에서 2013년 239억 달러로 줄어들었다(정민, 2014, p.2). 이에 따라 2013년 미국의 원유 수입으로 인한 적자폭은 GDP의 1.7% 수준으로 축소된 반면, 유로존의 원유 수입 적자폭은 GDP의 4%로 확대됐다(Economist, 2014). 이는 미국 경제와 달러 가치가 점점 국제 원유가의 영향을 덜 받게 됐다는 것을 의미한다.

때마침 국제 유가는 2014년 6월 이후 지속적으로 떨어지고 있다. 반면 한 달의 시차를 두고 달러 가치는 상승세를 타기 시작했다.^{그림 26} 유가 하락은 세계 주요 경제권의 경기가 좋지 않은 데 따른 수요 감

그림 26 | 달러 인덱스와 국제 원유(WTI)가 추이

자료:i www.investing.com

소와 셰일 오일 생산 증가에 따른 공급 증가가 겹친 것이 주요 원인
이다. 달러 가치 상승은 미국의 양적완화 종료와 조만간 가시화될 금
리 인상을 앞두고 달러 수요가 늘어나기 시작한 것이 가장 큰 요인이
다. 그러나 그 이면에는 미국 경제와 달러에 대한 변화된 시각이 작용
하고 있다는 사실을 간과해서는 안 된다.

　미국 달러화는 1971년 닉슨의 금 태환 중지 선언 이후에도 다른 나
라 화폐에 비해 상대적으로 안전한 자산으로 여겨져 왔다. 미국은 막
대한 적자와 부채에도 불구하고 의심할 바 없이 세계 제1의 정치·군
사·경제력을 유지해 왔기 때문이다. 하지만 한편에서는 미국의 적자
와 부채 문제가 언젠가 달러화의 가치에 심각한 타격을 줄 것이라는
막연한 불신이 싹터온 것도 사실이다. 특히 미국의 에너지 수입 의존

도 심화는 그 같은 불안을 더욱 부추기는 요인이었다.

1970년대 초만 해도 미국은 세계 최대의 산유국이었다. 그러나 이후 소비 증가와 생산 감소로 원유 수입이 급증하면서 석유수출국기구^{OPEC}⁴ 카르텔에 가격 주도권을 넘겨주었다. 몇 차례의 오일 쇼크는 세계 최강 미국 경제에도 심각한 타격을 주면서 달러 가치를 불안하게 만드는 요인으로도 작용했다. 미국이 석유수출국기구의 주도권을 쥔 사우디아라비아 등을 통해 국제 원유 거래에서 그토록 달러를 결제통화로 유지하려 했던 것도 그 때문이었다.

그러나 이제 상황은 점점 반전되고 있다. 미국은 셰일 오일을 무기로 국제 유가를 좌지우지하는 최대 산유국의 위치를 되찾아가고 있다. 반면에 석유수출국기구의 카르텔이나 또 다른 산유대국 러시아의 영향력은 점점 축소되고 있다. 그럴수록 미국 경제와 달러 가치에 대한 믿음은 더욱 강해질 것이다. 미국 경제와 달러의 '아킬레스건'이었던 오일이 이제 정반대인 '버팀목'으로 바뀌고 있는 셈이다.

석유를 무기로 미국과 싸우겠다고?

"석유전쟁이 시작됐다" 2014년 11월 27일 오스트리아 빈에서 타전된 대다수 언론들의 보도 제목에 들어간 말이다. 이날 그곳에서 열린

그림 27 | 국제 유가 추이(오정석, 2014)

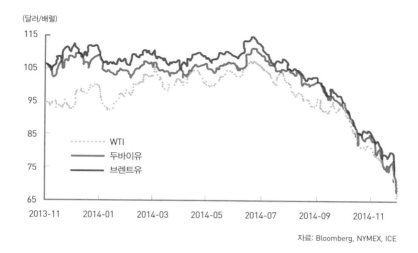

(달러/배럴)

자료: Bloomberg, NYMEX, ICE

석유수출국기구 정례회의는 하루 3,000만 배럴 수준인 원유 생산량을 줄이지 않기로 했다. 이 같은 결정은 최대 산유국 사우디아라비아가 주도했다. 언론 보도를 그대로 옮기면, 사우디아라비아가 미국에 석유전쟁의 선전포고를 한 것이나 마찬가지다. 과연 그럴까, 설혹 그렇다 하더라도 사우디아라비아 등 석유수출국기구 회원국들의 의도대로 그들이 최후의 승자가 될 수 있을까?

석유수출국기구의 생산량 유지 결정이 발표된 직후 국제 유가는 곤두박질쳤다.그림 27 북해산 브렌트유는 1배럴에 72달러 58센트로 떨어졌고, 중동산 두바이유도 71달러 70센트로 급락했다. 미국 서부텍사스산 중질유ᵂᵀᴵ는 1배럴에 67달러 75센트까지 주저앉았다. 하루 동안 6~8%, 2013년 말에 비해서는 35% 가량 하락했다. 이 같은 유가 수준은 2010년 이래 4년 만이다. 경기 회복 지연으로 수요가 줄어든 상황에서 공급 과잉 해소에 대한 기대감마저 사라졌기 때문이다.

유가가 하락하면 셰일 오일 생산이 타격을 받는다. 그렇게 되면 셰일 오일의 세계 최대 생산국인 미국의 셰일 오일 생산이 줄어들게 된다. 미국은 대신 석유 수입을 늘리게 될 것이다. 자연히 공급 과잉도 해소돼 유가가 반등할 것이다. 이런 시나리오는 석유수출국기구가 생산량을 유지하기로 결정한 배경이다.

미국 에너지 정보국[EIA]은 국제 유가가 1배럴에 45달러 아래로 내려가면 미국 셰일 오일 생산업체들이 손실을 보기 시작할 것으로 보고 있다. 즉, 셰일 오일 생산의 손익분기점이 45달러 선이라는 얘기다. 이 때문에 국제 유가가 45달러 밑으로 떨어지면, 셰일 오일 생산이 줄고, 결국 국제 유가가 반등하지 않을 수 없다는 게 사우디아라비아 등 석유수출국기구 회원국들의 계산이다. 물론 그렇게만 된다면, 배럴당 원유 생산 원가가 30달러 미만인 이들 국가는 석유전쟁에서 승리할 것이다.

그러나 국제 유가가 배럴당 45달러 선 밑으로 떨어지기 전에 석유수출국기구 회원국 가운데 어느 나라가 먼저 생산량 유지 결정을 깰 가능성이 크다. 유가 하락으로 수입이 줄어든 나라가 재정 압박을 언제까지 견뎌낼 수 있을지 의문이기 때문이다. 이란과 베네수엘라 등이 이번 회의에서 감산을 요구했던 것도 일부 회원국의 이런 속사정이 작용했다. 일부에서는 재정 형편이 좋지 않은 베네수엘라, 이라크, 나이지리아 등이 수입을 늘리기 위해 오히려 증산에 나설 수도 있다고 보고 있다.

석유수출국기구 회원은 아니지만 또 다른 거대 산유국인 러시아의 움직임도 변수다. 사실 유가 하락으로 경제에 가장 많은 타격을 받고 있는 나라가 러시아다. 러시아는 석유 생산 원가마저 석유수출국기구 회원국들에 비해 배럴당 10달러 이상 비싸다. 이런 상황에서 석유수출국기구의 생산량 유지 결정은 가뜩이나 어려운 러시아 경제를 더욱 곤경에 빠뜨리고 있다.

반면, 미국은 유가 하락이 결코 불리한 것만은 아니다. 오히려 경기 회복을 가속화하는 데 도움이 될 수 있다. 물론 국제 유가가 셰일 오일 생산 원가 이하로 떨어지면, 셰일 오일 생산업체들은 타격을 받을 것이다. 당연히 미국의 관련 산업은 물론 경제 성장에도 부정적인 영향을 주게 된다. 그러나 국제 유가가 큰 폭으로 떨어진 만큼 석유 수입을 늘리더라도 부담은 크지 않을 것이다. 오히려 전반적인 에너지 비용이 낮아지면서 경기 회복이 빨라지고, 셰일 오일 생산 감소에 따른 성장률 하락도 보전될 수 있다.

석유수출국기구의 생산량 유지 결정을 주도한 사우디아라비아와 쿠웨이트 등 중동의 친미 왕정 국가들이 이를 모를 리가 있겠는가. 아무래도 이들 나라가 "미국을 겨냥해 석유전쟁의 방아쇠를 당겼다"는 언론 보도는 너무 성급하고 빗나간 분석으로 보인다. 유가가 하락하면 제일 먼저 타격을 받는 나라는 이란과 베네수엘라, 러시아, 나이지리아, 이라크 등의 산유국이다. 이들 나라는 모두 국가 재정 상태가 좋지 않을 뿐만 아니라 재정에서 원유 수출이 차지하는 비중도 높다.

그 가운데 이란과 베네수엘라, 러시아는 미국과의 관계마저 좋지 않다. 반면, 미국은 유가 하락이 오히려 경제에 긍정적인 효과를 가져다주는 측면이 많다. 게다가 이번 결정으로 유가와 반대로 움직여온 미국 달러화 가치의 상승세는 더욱 가속화될 것이다. 중동의 친미 산유국들이 의도했든 안 했든, 유가의 추가 하락이 오히려 미국 경제를 부활시키고 달러 기축통화체제를 더욱 공고히하게 될 것으로 보는 이유도 여기에 있다.

석유도 금융상품이다

최근 국제 유가가 떨어지면 주가가 덩달아 하락하는 일이 잦아지고 있다. 유가가 하락하면 주가가 상승하던 과거의 패턴과는 다르다. 수년 전만 해도 유가가 하락하면 산유국을 제외하고 원유를 수입해 쓰는 대부분의 나라에서 경제에 긍정적인 효과가 나타났다. 우선 에너지 비용은 물론 각종 석유화학 제품을 원료로 쓰는 기업들의 원가 부담이 줄어들었다. 그만큼 제품 값을 내릴 수 있으니 경쟁력이 생겼다. 소비자 입장에서도 제품 값이 싸지는 만큼 소비를 늘리게 됐다. 덕분에 경기가 좋아지고, 성장률이 높아졌다. 관련 기업들의 주가도 올랐다. 결과적으로 유가 하락이 경기 호황과 성장으로 이어지는 경제의 선순환 구조가 작동한 셈이다.

물론 이번 유가 하락 역시 이런 긍정적 효과를 가져다주지 않는 것은 아니다. 그러나 부정적인 영향도 적지 않을 것으로 예상된다. 특히 금융시장에는 악재가 될 것이다. 그 중에서도 주식시장에는 이미 좋지 않은 조짐이 나타나고 있다. 2014년 12월 12일과 2015년 1월 5일 뉴욕 등 세계 주요 증시의 주가가 잇따라 큰 폭으로 떨어졌다. 국제 유가의 하락이 영향을 미쳤다.

국제 유가와 주가는 이처럼 같은 방향으로 움직이고 있다. 이른바 유가와 주가의 동조화 현상이 나타나고 있다. 가장 큰 원인은 원유의 금융화financialization에서 찾을 수 있다. 원유가 금융자산의 일부가 됐다는 얘기다. 연결고리는 주식시장에서 주식처럼 거래되는 파생상품, 즉 상장지수펀드ETF[5]다. 이 펀드의 특징은 유가 흐름을 따라가도록 설계돼 있는 것이다. 그렇다 보니 유가가 떨어지면 펀드의 수익률도 하락하고 환매도 늘어난다. 환매가 늘어나면 투자자에게 돈을 내주기 위해 상장지수펀드에 편입된 주식을 팔아야 한다. 주식 매물이 늘어나니 자연히 주가도 유가와 함께 떨어지게 마련이다. 결국 유가 흐름이 금융연결망을 통해 주가에 영향을 주는 셈이다.

유가 하락이 주가 하락으로 이어지는 또 다른 원인은 이른바 '오일머니'의 위축에서 찾을 수 있다. 유가가 떨어지면 산유국들은 수입이 줄어든다. 반면에 경제사정 악화로 자금은 더 많이 필요해진다. 이에 따라 산유국들은 해외 증권시장에 대한 투자를 늘리기는커녕 오히려 투자한 돈을 빼내 부족한 재정을 메워야 한다. 이럴 경우 오일머니가 주로 투자됐던 선진국과 신흥국 증시의 주가가 떨어질 수밖에 없다. 채권 가격 역시 하락 압력을 받아서 채권금리가 오르게 된다.

IMF가 추산한 것을 보면, 2013년 말 기준으로 전 세계 29개 산유국이 해외에 투자한 오일머니는 모두 합쳐 약 6조1,000억 달러에 달했다. 2006년 이후 해마다 평균 3,500억 달러 안팎의 오일머니가 해외 증시로 유입됐다(안남기·최성락, 2014). 그러나 최근 유가 하락으로 산유국의 수입이 줄면서 해외투자가 줄거나 오히려 투자됐던 돈이 빠져나갈 가능성이 커졌다.

산유국들의 오일머니 투자 위축은 미국이 금리를 올리기 시작할 경우 국제 금융시장의 유동성 경색을 심화시킬 수밖에 없다. 이렇게 되면 달러 가치 상승세는 더욱 탄력을 받을 것으로 예상된다. 실제로 최근 유가와 달러 가치는 서로 반대방향으로 움직이는 현상이 뚜렷해졌다. 2014년 7월 이후 2014년 말까지 국제 유가는 50% 가까이 하락했다. 반면, 같은 기간 중 달러 인덱스는 13% 상승했다(오정석·김권식, 2014). 이 같은 달러 강세, 유가 약세의 지속은 산유국과 신흥국으로부터 자금 이탈을 가속화시켜 외화 유동성 위기를 불러올 수 있다. 특히 그럴 가능성이 큰 나라는 러시아, 베네수엘라, 나이지리아 등 재정상태가 나쁜 산유국들이다.

러시아의 운명을 좌우하는 유가

　석유수출국기구가 생산량 유지 결정을 내린 지 한 달도 안 돼 러시아 경제가 휘청거렸다. 유가 하락과 함께 러시아 루블화가 폭락하기 시작했다. 달러화에 대한 루블화 환율은 2014년 1월 초 1달러에 32루블에서 12월 17일 72루블로 치솟았다. 1년도 안 되는 사이 루블화의 가치가 50% 넘게 추락했다.그림 28

그림 28 | 달러화에 대한 루블화 환율 추이

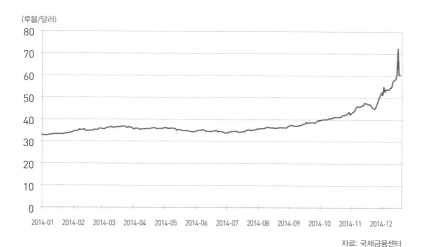

자료: 국제금융센터

그림 29 | 러시아의 기준금리 추이

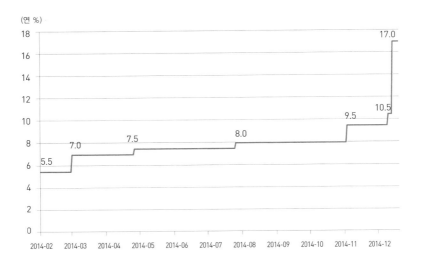

자료: 러시아 중앙은행

러시아 중앙은행은 극약처방에 나섰다. 기준금리를 연 10.5%에서 17%로 6.5% 포인트 올렸다. 1% 포인트를 인상한 지 불과 닷새 만에 파격적으로 또 올린 것이다.그림 29 이에 앞서 러시아 당국은 보유 외환을 풀어 환율 방어에 나섰지만, 역부족이었다. 상황이 급박했다. 이대로 가다가는 모라토리엄moratorium이나 디폴트[6] 등 최악의 상황을 피할 수 없을 것이라는 성급한 관측마저 나왔다.

러시아의 경제위기 가능성은 어느 정도 예견된 일이었다. 러시아는 2013년 기준으로 GDP의 약 18%, 재정 수입의 52%를 원유와 석유 관련 제품, 천연가스 수출로 벌어들이고 있다(IMF, 2014; EIA, 2014). 이렇다 보니 국제 유가 하락은 성장률 하락과 재정 적자 증가, 무역수지 악화로 이어질 수밖에 없다. IMF는 2014년 10월 세계경제전망 보고서에서 2015년도 러시아의 재정수지가 170억 달러 적자를 보일 것으로 내다봤다. 이는 국제 유가가 연평균 1배럴에 99달러를 유지한다는 것을 전제로 했다. 그러나 이후 석유수출국기구의 생산량 유지 결정으로 유가가 급락했다. 2015년 평균 국제 유가가 60달러로 떨어질 경우 러시아의 재정 적자는 1,300억 달러 안팎으로 늘어나고, GDP 성장률은 마이너스 4.7%로 떨어질 것으로 예상된다.

러시아의 경제상황이 갈수록 나빠지고 있는 상황에서 당장 시급한 것은 자금의 해외 유출을 막는 것이다. 최근의 경제상황 악화로 외국인 자금의 유출이 급증하고 있다. 2014년 한해 1,200억 달러 가량이 빠져나갔다. 이런 추세라면 2015년에는 유출규모가 2,000억 달러를 넘어설 것으로 예상된다. 러시아 중앙은행이 기준금리를 대폭 인상한 것도 자금 유출로 루블화 가치가 하락하는 것을 막기 위한 고육지책이다.

이런 상황에서도 러시아가 버틸 수 있는 것은 무역수지 흑자가 계속되고 있고, 외환보유액도 아직은 환율을 방어할 수 있을 정도로 유지되고 있기 때문이다. 러시아는 원유와 석유 관련 제품, 천연가스 수출 비중이 매우 높다. 2013년의 경우 전체 수출의 67%를 차지했을 정도다. 러시아 경제의 버팀목 역할을 하고 있는 셈이다. 그 덕분에 외환보유액도 2013년 말 5,165억 달러에 이르렀다. 그러나 이후 유가 급락과 자본 유출로 2014년 11월말 현재 4,189억 달러로 줄었다. 아직은 버틸 만하지만, 앞으로가 문제다. 국제 유가가 계속 떨어지면, 무역수지 흑자가 줄 수밖에 없다. 2015년 유가가 연평균 1배럴에 60달러를 유지하면, 무역수지가 그나마 1,000억 달러 안팎의 흑자를 낼 것으로 보이나, 30달러로 하락할 경우 적자로 돌아설 것으로 예상된다. 여기에 자본 유출까지 가속화되면, 환율 방어에 필요한 외환보유액도 급격히 줄어들 수밖에 없다. 2015년 한 해 동안 갚아야 할 외채 원리금이 1,250억 달러인 점을 감안하면, 유가는 러시아 경제의 운명을 좌우할 최대 변수다.

사실 국제 유가가 러시아 경제의 운명, 나아가 역사를 바꾼 경험은 과거에도 있었다. 1997년 동아시아 외환위기의 여파로 유가가 급락했다. 당시 국제 유가는 1997년 1배럴에 16.5달러에서 1998년 10.5달러로 떨어졌다. 유가가 하락하자 재정 적자가 늘고 외채 상환 부담이 증가했다. 1998년 8월 주가가 전년 말에 비해 44% 하락하고 루블화 가치는 78% 가량 추락했다. 러시아 정부는 결국 모라토리엄을 선언하고, IMF와 G7으로부터 긴급 구제금융을 받아 위기를 넘겼다.

옛 소련의 해체에도 유가 급락이 적지 않은 영향을 미쳤다. 1985년 사우디아라비아 등 석유수출기구 회원국들이 원유 생산량을 대폭 늘렸다. 국제 유가는 1배럴에 30달러대에서 1년 새 10달러대로 급락했다. 이후 1991년 걸프전 발발 이전까지 저유가는 한참 동안 유지됐다. 저유가는 원유 의존도가 높았던 소련에 치명적이었다. 1980년대 소련의 수출에서 원유와 석유 관련 제품이 차지하는 비중이 60%를 넘었다. 이런 상황에서 지속된 저유가는 소련의 재정을 악화시키고 성장률을 떨어뜨리는 원인으로 작용했다. 저유가로 인한 재정 악화는 1980년대 미국과 군비 경쟁을 벌이던 소련의 경제력뿐만 아니라 정치·군사력을 약화시켰다. 그 결과 1991년 마침내 소련 경제가 붕괴되고, 소비에트 연방은 와해됐다.

러시아는 이제 저유가의 세 번째 시험대에 올랐다. 러시아가 이번에도 굴복할지 아직 알 수는 없다. 그러나 분명한 것은 저유가 상황이 쉽게 끝날 것 같지 않다는 점이다. 저유가의 지속은 원유 수출 의존도가 높은 러시아에 적지 않은 고통을 가져다 줄 것이다. 미국으로서는 러시아의 재팽창을 막을 수 있는 기회를 맞게 됐다. 의도했든 안 했든, 셰일 오일 생산을 통해 결과적으로 유가를 끌어내린 것은 미국이다. 미국은 기축통화인 달러와 더불어 그걸 뒷받침하는 또 하나의 무기가 생긴 셈이다.

통화전쟁에서 미국이 이길 수밖에 없는 이유

통화전쟁에서 누가 승리할 것인가? 2008년 금융위기 직후만 하더라도 결과를 점치는 것은 쉽지 않았다. 위기가 세계 최대의 적자국이자 채무국인 미국에서 시작된 만큼, 제 아무리 기축통화의 특혜를 누리는 미국이라도 위기를 쉽게 벗어날 수 없다는 예상 때문이었다. 혹자는 미국의 시대가 끝났다고 단언하기까지 했다. 일부 경제전문가들과 언론은 중국 경제의 부상을 점치며, 머지않은 장래에 위안화가 달러에 맞먹는 기축통화가 될 것임을 예고했다.

그러나 여전히 반론도 만만치 않았다. 결국 통화전쟁의 승자는 이번에도 미국이 되리라는 것이었다. 거기에는 70년 이상 지속돼온 달러 제국의 시대가 쉽게 끝나지 않을 것이라는 확신이 자리 잡고 있었다. 달러 기축통화와 그것을 바탕으로 구축된 국제 금융 질서가 갖는 역학관계의 속성을 꿰뚫어 보면, 그 체제가 미국에 얼마나 절대적으로 유리한지를 파악할 수 있다.

대립되는 논쟁은 언론을 통해서도 전개됐다. 영국의 「파이낸셜 타임스」는 2010년 10월 12일 '미국이 글로벌 통화 전쟁에서 승리할 수밖에 없는 이유'라는 마틴 울프(Martin Wolf, 2010) 수석논설위원의 칼럼을 실었다. 그는 이 글에서 "미국은 나머지 세계를 통화팽창 상태로, 나머지 세계는 미국을 통화수축 상태로 만들려 한다"면서 "미국 연준이 만들어낼 수 있는 달러에는 제한이 없기 때문에 무한대의 무기를 지닌 미국이 이길 수밖에 없다"고 예상했다. 반면, 「월 스트리트 저널」은 2010년 10월 14일 '미국은 통화전쟁에서 패배할 것이다'라는 황이핑 베이징대 중국경제연구센터 교수의 칼럼을 게재했다. 그는 이 기고문에서 "중국은 플라자 합의 당시의 일본과는 다르다"며, "미국의 일방적인 통화팽창정책이 먹히지도 않을뿐더러 그것을 통해 미국의 엄청난 무역 적자와 재정 적자를 근본적으로 해소할 수 없다"고 비판했다.

그로부터 4년이 지났다. 미국 경제는 미미하지만 경기 회복 기미를 보이고 있다. 그에 따라 미국은 양적완화를 끝내고 시장에 금리를 올리겠다는 신호를 보내고 있다. 여전히 세계 최대의 적자국, 채무국이지만, 경상수지와 재정수지 적자폭이 줄고 달러화는 강세를 띠고 있다. 반면, 중국은 성장률 하락과 수출 둔화로 고전하고 있다. 환율이야 관리변동환율제로 통제를 하고 있으니 그런대로 안정적으로 관리되고 있다. 심각한 문제는 고성장의 후유증, 즉 자원배분의 왜곡에서 오는 잠재적 부실의 누적이다. 지방정부와 기업의 부실은 금융 부실, 시스템의 불안으로 이어지면서 중국 경제 전체를 위협할지도 모른다는 우려가 커지고 있다.

중국은 그래도 형편이 낫다. 4조 달러에 가까운 외환보유고라도 쌓아놓고 있으니 미국이 금리를 올리더라도 타격을 덜 받는다. 하지만 경상수지 적자에 외환보유고도 변변치 않은 일부 신흥국이나 개발도상국은 그야말로 죽을 맛이다. 미국의 금리 인상과 함께 자금이 이탈하기 시작하면, 외화 유동성 위기를 피할 수 없다는 역사적 경험이 있기 때문이다.

일반적으로 달러 유입이 급증한 나라들은 다음 같은 세 가지 방법 가운데 하나를 선택해야 한다. 첫째는 수출품의 가격 경쟁력이 떨어지는 것을 감수하고라도 자국 통화의 가치가 오르도록 내버려두는 방안이다. 둘째는 그와는 반대로 물가 불안을 무릅쓰고라도 외환시장에 개입해 유입된 달러를 사들여 축적하는 방법이다. 셋째는 아예 세금을 물리거나 자본 통제를 통해 해외자금 유입을 원천적으로 억제하는 것이다. 그러나 대부분의 국가들은 수출 주도의 성장을 위해 두 번째 방법을 선택해 왔다. 세 번째 방안은 국제적 합의가 없으면 통상 마찰을 감수하지 않고선 선택하기가 어렵다. 문제는 두 번째 방식이 통화전쟁에서 스스로 발목을 잡는 결과를 가져온다는 점이다.

미국의 양적완화는 애초부터 국제적인 합의와 공조를 통해 환율이나 국제수지를 조정하겠다는 생각과는 거리가 있는 정책이다. 다른 나라야 어찌 되든 통화 증발을 통해 경기를 부양하고 디플레이션을 막겠다는 게 미국의 속셈이다.

양적완화는 시작부터 신흥국이나 개발도상국에겐 재앙의 전주곡이었다. 쏟아져 들어오는 외국자본 때문에 증권시장과 부동산시장의 침체는 막았는지 모른다. 하지만 수출업체의 가격 경쟁력을 유지하기 위해 환율 하락을 막는 데 막대한 대가를 치러야 했다. 환율 하락을 저지하기 위해 유입된 달러를 사들이다 보면 자국 돈이 많이 풀려 물가 관리가 어렵게 된다. 쏟아져 들어오는 달러를 방치하면 수출업체가 울고, 수출 경쟁력을 유지하기 위해 달러 매입에 나서면 대다수 국민들이 물가 상승의 부담을 감내해야 한다. 이래저래 신흥국과 개도국들은 진퇴양난일 수밖에 없었다. 그랬던 것이 이제는 미국이 양적완화를 끝내고 금리 인상을 저울질하자 외화 유동성 위기를 걱정해야 하는 처지에 몰리게 됐다.

이런 상태라면 통화전쟁은 다시 미국의 승리로 끝날 가능성이 크다. 물론 그 승리가 세계 경제의 앞날을 순탄하게 이끄는 데 도움이 될지는 아무도 장담하지 못한다. 그래도 미국이 이긴 것은 이긴 것이다. 그건 애초부터 예견된 일이었는지 모른다.

　미국이 다른 나라의 고민을 감안해줄 리 만무하다. 통화정책은 패권적 질서를 추구하는 미국의 전략이다. 양적완화를 통해 경기를 부양하고 부채의 부담을 떠넘기니, 미국으로서는 그야말로 '일석이조', '일거양득'이다. 게다가 양적완화 종료와 금리 인상을 계기로 이번에는 외화 유동성이 부족한 신흥국과 개도국의 생사여탈권까지 쥐게 되는 셈이다. 달러를 무기로 세계를 주무를 수 있으니 '일석삼조'의 효과라 하지 않을 수 없다.

　통화전쟁은 이처럼 처음부터 미국에 절대적으로 유리한 게임이다. 전쟁이 아니라 원하는 대로 달러를 찍어낼 수 있는 미국의 '꽃놀이 패'이다. 이런 게임에서 패한다는 것은 바보가 아닌 이상 생각할 수 없는 일이다. 통화전쟁의 승자는 이미 기축통화로 무장한 패권국 미국으로 결정돼 있는 것이나 마찬가지다. 그러니 미국이 먼저 거리낌 없이 세계 경제를 볼모로 잡고 통화전쟁을 시작한 것이다.

Dollar's
Paradox

6

달러에 발목 잡힌
중국

Dollar's
Paradox

불안한 균형

　미국은 막대한 재정 및 경상수지 적자에도 불구하고 자국 통화인 달러화가 세계의 준비자산reserve assets 역할을 하고 있다. 이 때문에 외환보유액 부족으로 어려움을 겪는 다른 국가들과 달리 수입을 초과하는 지출을 할 수 있다. 이는 이론적으로 다른 나라들이 미국 달러 표시 자산에 대한 투자를 통해 미국의 수입을 초과하는 지출, 즉 경상수지 적자를 보전해줄 때만 가능하다. 2000년대 들어 이 같은 미국의 경상수지 적자를 메워주는 역할을 해온 것은 중국과 일본, 한국, 대만 등 아시아 국가들이었다.

　아시아 국가들은 수출 경쟁력을 유지하기 위해 환율 방어가 필수적이었다. 이 때문에 막대한 무역 흑자와 해외 투기자본 유입으로 늘어난 달러화를 사들였다. 대신 이렇게 축적한 달러화의 상당 부분을

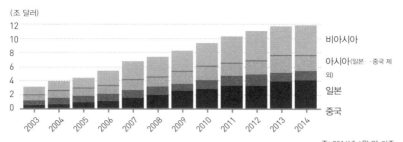

그림 30 | 전 세계 지역별 외환보유액 추이(한국금융연구원, 2014)

(조 달러)

주: 2014년 6월 말 기준
자료: Thomson Reuters, J. P. Morgan, Citigroup

미국 국채 등 달러화 표시 자산에 투자했다.

아시아 국가들의 중앙은행들이 쌓아놓은 외환보유액은 2014년 6월 말 기준으로 7조4,700억 달러에 달했다. 2003년에 비해 거의 4배로 늘어난 것이다.그림 30 전 세계 외환보유액 11억9,000억 달러의 62.8%를 아시아 국가들이 차지하고 있는 셈이다(한국금융연구원, 2014). 이 가운데 대부분은 미국 국채 등 달러화 표시 자산이다.

아시아 국가들의 외환보유액이 급증한 것은 달러화를 사들여 자국 통화의 가치를 낮춤으로써 수출 경쟁력을 유지하는 전략을 썼다는 것을 의미한다. 최근에도 선진국들의 양적완화정책에 따른 투기성 자금 유입과 급격한 통화 가치 상승(환율 하락)을 억제하기 위해 외환보유액을 늘렸다. 국제금융협회IIF의 추산 결과, 2014년 상반기에만 미국 연준이 양적완화를 통해 푼 돈 3,530억 달러 가운데 1,500억 달러가 주로 아시아 신흥국가들에 유입된 것으로 나타났다(Arnold & Brown, 2014).

미국은 이처럼 막대한 경상수지 적자와 양적완화를 통해 준비자산인 달러를 공급해왔다. 이는 미국이 달러의 세뇨리지 효과를 이용해 과잉 소비와 투자를 해왔다는 것을 뜻한다. 대신 아시아 국가들, 특히 중국은 미국의 과잉 지출을 메워줄 자본을 공급해주는 대가로 자국 통화의 약세를 통한 수출 증대 효과를 톡톡히 누려왔다. 세계의 금융 '중심부'인 미국과 '주변부'인 아시아 국가들 사이에 이해가 맞아떨어져 불안정한 균형이 유지돼온 셈이다.

이를 가리켜 일부 전문가들은 아시아 국가들이 '제2의 브레튼 우즈 체제'라 불리는 사실상의 반고정semi-fixed 환율제도를 통해 불안정한 균형을 지속해오고 있다고 혹평해왔다. 이들은 미국의 소비자들과 아시아의 수출업체들에겐 불안정한 균형을 조정하는 과정이 매우 고통스러울 것이지만, 너무 늦기 전에 제2의 브레튼 우즈 체제를 종료시키는 것이 모두에게 이로울 것이라고 경고했다(Mukherjee, 2004).

달러 지키기 '카르텔'

미국 달러화 가치가 떨어지면 가장 많은 피해를 입는 대상은 아시아의 대미 채권국들이다. 자국 통화로 환산한 달러화 표시 자산의 가치가 하락하는 만큼, 엄청난 자본 손실을 입게 될 것이기 때문이다.

2004년 뉴욕연방은행의 연구 결과, 위안화가 달러 등 준비 통화에 대해 10% 절상되면 중국은 GDP의 약 3%에 달하는 자본 손실을 입게될 것으로 나타났다. 또 싱가포르는 자본 손실 규모가 GDP의 10%, 대만은 GDP의 8%에 이를 것으로 분석됐다. 한국도 원화가 달러에 대해 10% 상승할 경우 중국과 비슷한 GDP 대비 약 3%의 자본 손실을 입게 될 것으로 예측됐다(Economist, 2004). 10년이 지난 지금 이들 국가의 달러화 표시 자산은 크게 늘어났다. 따라서 달러 가치가 하락하면, 손실 규모는 더 커질 것이다.

이는 아시아 중앙은행들이 달러화 하락을 중단시키기 위해 노력해야 할지, 아니면 달러화 급락의 여파로부터 벗어나기 위해 애써야 할지 딜레마에 빠져 있다는 것을 의미한다. 아시아 중앙은행들이 자국 통화의 절상을 막기 위해선 더 많은 달러화 보유액을 축적해야만 한다. 그렇지만 달러화 보유액이 많으면 많을수록 향후 달러 가치가 떨어질 경우 그만큼 더 큰 자본 손실을 감수해야 한다. 반면, 아시아 중앙은행들이 달러화 하락의 영향을 피하기 위해 유로화 등 다른 통화로 보유외환을 다각화하는 방안을 모색할 경우 달러화 가치는 더 가파르게 떨어질 수 있다.

실제로 2005년 2월 22일 한국은행이 보고서를 통해 보유외환을 다변화하겠다고 밝히자 국제 금융시장에서 달러화가 급락한 적이 있다. 이날 하루 동안 달러화 가치는 유로화 및 엔화에 대해 각각 1.3% 떨어지고 원화에 대해서는 1.8% 하락했다. 그러나 다음 날 한국은행이 보유외환 다변화가 달러화 매도를 의미하는 것은 아니라고 밝힌 후 달러화 가치는 반등했다. 결과적으로 이 같은 해프닝은 달러화 가치가 막대한 외환보유액을 관리하는 아시아 국가들의 중앙은행과 정부 관계자들의 말 한마디에 의해서도 요동칠 수 있다는 사실을 일깨운 계기가 됐다.

이런 현상에 대해 뉴욕대 경제학 교수 누리엘 루비니Nouriel Roubini는 "현재의 국제 금융 체제는 아시아 국가들의 중앙은행들이 일종의 카르텔처럼 움직이면서 미국 달러로 보유한 외환보유고를 유지할 때만 지속될 수 있다"고 말했다. 하지만 공식적인 카르텔이 아니기 때문에, 아시아 국가들의 중앙은행은 달러가 하락할 경우 각자 자국의 달러 자산을 방어할 수밖에 없다. 루비니 교수는 "외환보유 수단을 다각화하려는 은행이 생기지 않는 한, 현재의 국제 금융 체제는 모든 아시아 국가들의 중앙은행에 이로울 것이지만, 달러 가치가 하락할 위험이 증가하고 있어 각국의 중앙은행은 대열에서 이탈해 자산 손실을 방지하려는 유인을 느끼게 된다"고 지적했다(Mukherjee, 2004).

꺼지지 않은 유동성 버블

아시아 국가들이 직면하고 있는 또 하나의 문제는 대규모 달러화 매입으로 자국 통화량이 늘어나면서 유동성 버블이 갈수록 심각해지고 있다는 점이다. 모건 스탠리^{Morgan Stanley}의 아시아 담당 이코노미스트 앤디 시에^{Andy Xie}는 2005년 저금리와 과잉 투자, 그리고 금융 사고 등으로 인한 유동성 버블의 붕괴 가능성을 지속적으로 경고했다. 시에는 당시 "미국의 금리 인상에도 불구하고 아시아 시장으로의 투자 자금이 계속 유입된 덕분에 저금리 기조가 유지되고 있고, 이를 통한 경기 부양 효과는 다시 아시아에 대한 투자매력을 높이는 '동화 같은 선순환'이 지속되고 있다"고 말했다. 특히 중국의 경우 2003년부터 2004년 사이 약 6,560억 달러 규모의 투기자금이 유입돼 주로 부동산 투기 쪽으로 몰린 것으로 진단했다. 시에는 "이 같은 중국 부동산시장과 헤지펀드를 양대 핵심으로 하는 글로벌 유동성 버블은 미국 연준이 급격하게 금리를 인상하거나 과잉 생산량이 투기적 수요를 압도할 경우 결국 붕괴할 수 있다"고 주장했다. 그는 또 "상품시장과 신흥시장의 국채시장이 위기에 노출돼 있다며 유동성 버블의 붕괴를 통해 금융시장이 위기에 직면할 수 있다"고 경고했다(Xie, 2005).

시에는 2005년 당시 미국 연준의 통화정책과 중국의 거시정책이 유동성 버블을 일으켰다고 보았다. 미국의 연준이 저금리 기조를 유지하면서 미국의 부동산시장이 부양되자 이를 배경으로 소비가 증가했고, 이 때문에 중국의 수출산업이 부양되고 투자가 확대돼 상품가격 상승으로 이어졌다는 것이다. 사태가 악화되자 중국은 신속하게 긴축정책을 구사했지만, 이미 상황은 정책 당국의 손에 좌우되는 상태를 벗어났다고 시에는 지적했다. 그는 미국의 경우에도 유동성 버블이 끝날 조짐이 없고, 저인플레이션으로 인해 저금리 기조가 유지될 수 있는 데다가 1~2분기 정도 소비 관련 지표들이 약화될 경우 연준이 금리 인상을 중단할 가능성이 높아졌다고 분석했다.

당시 가장 큰 문제는 미국과 영국, 호주 등 주요 영미 경제권의 무역수지 적자 확대에서 비롯된 유동성 버블이었다. 미국과 영국, 호주 등 영미 경제권은 2004년 7,000억 달러 규모의 무역수지 적자를 기록했다. 반면, 중국 등 아시아 국가들은 대규모 무역수지 흑자와 함께 통화의 평가절상을 노린 투기자금 유입으로 달러가 넘쳐났다.

시에는 '마샬 플랜'의 창시자이자 저명한 경제사학자 찰스 킨들버거의 유동성 버블에 대한 진단을 주목했다. 킨들버거는 그의 저서 『광기, 패닉, 붕괴: 금융위기의 역사 Manias, Panics, and Crashes: A History of Financial Crises』에서 "소비에트연방의 붕괴 및 중국의 세계 경제 편입과 함께 이른바 '인플레의 시대'는 막을 내리고, 이제부터 디플레이션과 자산버블의 시대가 열리고 있다"고 진단했다. 그는 "이러한 상황에서 중앙은행들이 여전히 '인플레이션 타깃팅 inflation targeting'이라는 별로 쓸모없는 정책을 유지하고 있다"고 비판했다. 그는 "이러한 무지 때문에 오히려 오늘날의 거대한 버블이 창출됐다"고 보았다. 그는 "아직 버블이 최대 수준에 도달하지 않았지만, 그 종착점도 여전히 불투명한 상황"이라며 "거품을 잡기 위한 노력은 지금도 늦지는 않았다"고 주장했다 (Kindleberger, 2006). 그가 보기에 당시의 유동성 버블은 먼저 금리를 충분히 높은 수준으로 올려야 꺼질 수 있으며, 과잉 생산을 통해서도 조정될 가능성이 있었다. 마치 인터넷 거품처럼 과잉 설비가 조정을 이끌수 있다는 것이었다. 시에는 '금융사고'를 통해서도 거품이 붕괴될 수 있다고 경고했다. 그는 글로벌 금융시장의 레버리지leverage[1] 비율이 워낙 높기 때문에 금융사고에 의한 위기 가능성도 작게 보아서는 안 된다고 지적했다.

시에의 예상은 적중했다. 그의 경고가 있은 지 3년 반 후 실제로 리먼 브라더스의 파산을 계기로 미국발 금융위기가 일어났다. 그로부터 다시 6년의 세월이 흘렀다. 그러나 상황은 근본적으로 달라지지 않았다. 오히려 악화됐다고 표현하는 편이 맞다. 미국의 양대 적자는 다소 줄어들었지만, 여전히 해결되지 않은 과제로 남아 있다. 미국 경제는 다른 경제권에 비해 경기 회복 움직임이 더 뚜렷하게 나타나고 있으나, 아직 안심할 만한 수준은 아니다. 그럼에도 불구하고 양적완화를 끝내고 금리 인상 시기를 저울질하고 있다. 반면, 중국 등 아시아 국가들은 미국과 일본의 양적완화로 풀린 자금의 유입으로 자산시장의 버블이 형성된 상태다. 하지만 실물경기는 기대만큼 살아나지 않고 물가 상승률도 낮아지는 현상이 나타나고 있다.

이는 2000년대 중반에 형성된 자산시장의 버블과 세계 경제의 불안정한 균형(사실상의 불균형)이 2008년 글로벌 금융위기 이후에도 조정되지 않은 것과 무관치 않다. 미국을 시작으로 주요 경제권은 버블 정리와 불균형을 시정하려는 노력보다는 양적완화를 통해 당장의 고통을 벗어나려 했다. 그 결과 세계 경제는 미국의 금리 인상을 앞두고 위기가 재연될지 모른다는 불안에 휩싸여 있다.

굼뜬 위안화 절상 속도

2000년대 들어 미국 경제계와 정계는 미국 경제가 직면한 어려운 상황이 중국 때문이라고 비난해왔다. 중국이 환율 조작을 통해 불공정한 경쟁우위를 유지해왔으며, 이로 인해 미국의 무역 적자가 늘어나고 일자리가 줄어들어왔다는 것이 그들의 시각이었다. 이 때문에 미국 경제계와 정계는 중국이 변동환율제로의 전환과 함께 현저하게 저평가된 위안화 가치를 절상시켜야 한다고 촉구해왔다. 그들은 그렇지 않을 경우 중국산 제품에 대해 높은 관세를 부과하는 등 무역 보복 조치를 취할 것이라고 위협해왔다.

미국 경제계와 정계의 주장은 일견 맞는 말이다. 중국 정부가 몇 차례 환율제도를 변경해왔음에도 불구하고 사실상 외환시장에 강력하게 개입해왔기 때문이다. 중국은 1981년 개방정책을 채택한 이후 1993년까지 이중환율제도를 운용해왔다. 중국인민은행이 결정하는 공식환율인 공정환율과 외환조절센터에서 기업 간 외환거래로 형성된 조절환율을 병용해온 것이다. 그러나 1990년대 들어 공정환율과 조절환율 간의 격차가 지나치게 확대되면서 이중환율제가 흔들리기 시작했다. 이에 따라 중국 정부는 1994년 1월 1일부터 이중환율제도를 폐지하는 대신, 시장의 수급상황을 일부 반영할 수 있도록 관리변동환율제를 채택했다. 이 제도 하에서 1일 환율 변동폭은 ±0.3%까지 허용됐다. 관리변동환율제의 도입으로 달러에 대한 위안화 환율은

그림 31 | 달러 대비 위안화 환율 추이

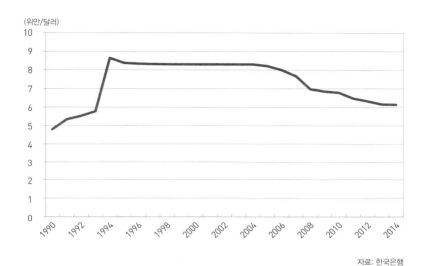

(위안/달러)

자료: 한국은행

1993년 말 1달러에 5.81위안에서 1994년 1월 25일에는 8.73위안으로 급등했다. 이후 점차 안정을 되찾아 1997년 9월에는 8.28위안대에서 안정됐다(서정민, 2005).

그러나 1997년 아시아 외환위기가 발생하자 중국 정부는 다시 외환시장에 강력히 개입하기 시작했다. 이로써 관리변동환율제는 환율 변동이 극히 미미해지면서 사실상의 고정환율제로 변질됐다. 이후 2005년 중반까지 환율은 1달러에 8.28위안으로 미국 달러에 고정됐다.그림 31

이 시기에 중국은 막대한 무역 흑자를 내면서 외환보유액이 급증하기 시작했다. 그러자 미국을 비롯한 중국의 교역상대국들로부터 위안화 가치를 절상하라는 압력이 거세졌다. 이에 따라 중국 정부는 2005년 7월 21일 위안화 가치를 2.1% 절상하는 동시에 환율제도를 복수통화바스켓² 관리변동환율제로 전환했다.

이 제도는 명칭에서 보듯이 이전의 관리변동환율제와는 달리 미국 달러화만이 아니라 주요 교역국들의 통화를 바스켓에 포함시켜 환율 결정에 반영하는 것이 특징이다. 이후 중국 정부는 환율의 1일 변동폭도 세 차례 확대해 2014년 3월 17일부터 ±2%까지 허용하고 있다. 이 같은 단계적 환율 변동폭 확대로 위안화의 가치는 미흡하나마 중국의 무역흑자를 반영해 꾸준히 절상돼왔다. 그 결과 복수통화바스켓제도 도입 당시 1달러에 8.1위안대였던 환율은 6.1위안대까지 떨어졌다.

미국의 '중국 때리기'

2000년대 들어서 미국의 대중국 무역 적자가 크게 확대되자 두 나라의 관계는 매우 불편해지기 시작했다. 미국의 무역 적자는 2001년 한해 줄었다가 계속 늘어나 2004년에는 6,548억 달러에 이르렀다. GDP 대비 비중으로도 그때까지 사상 최고치인 5.7%를 기록했다. 그 가운데 중국에 대한 적자가 1,623억 달러로 미국 전체 무역 적자액의 약 4분의 1을 차지했다. 그러자 미국 경제계와 정계는 대중국 무역 적자 확대의 원인이 사실상 고정환율제로 운용해온 중국의 환율정책에 있다고 비난했다.

물론 중국의 환율정책이 두 나라 간의 무역 불균형을 심화시켜왔다는 것은 부인할 수 없는 사실이다. 그러나 그것만이 원인은 아니다. 자신들의 능력 이상 돈을 써온 미국의 탓도 있다. 아니 그것이 더 큰 원인이라고 해도 틀린 말은 아니다. 미국 국민과 정부가 과잉 소비와 투자, 즉 수입을 넘어서는 지출을 해왔기 때문이다.

당시 이 같은 문제를 가장 잘 지적한 사람이 모건 스탠리의 수석 이코노미스트 스티븐 로치Stephen Roach다. 그는 2005년 5월 「타임」지에 '중국 때리기Blaming China'라는 칼럼을 썼다. 로치는 이 글에서 "미국의 막대한 무역 적자를 불러온 직접적인 원인은 사상 유례없이 저축률이 떨어졌기 때문"이라고 지적했다(Roach, 2005). 당시 미국은 개인저축 증가율이 거의 0%로 떨어졌고 연방정부의 재정수지도 4년간의 반짝 흑자에서 3년째 적자로 돌아선 상태였다.

로치의 말마따나 '중국 때리기'의 경제적 측면은 미국 경제계나 정계에서 생각하는 것만큼 중요하지 않다. 엄밀히 말해 미국이 중국과의 무역에서 일방적으로 손해를 보는 것도 아니다. 미국은 어차피 과잉 소비와 투자로 인한 저축 부족을 상쇄하기 위해 다른 국가와 교역을 해야만 하는 상황이다. 그렇다면 상대적으로 값이 싼 중국 제품을 수입하는 것이 미국 소비자에게 이득이 된다. 그럼에도 불구하고 미국 정부나 의회는 끊임없이 중국에 대해 위안화 가치를 절상하라는 압력을 넣어왔다. 미국의 공세가 겉으로 드러난 것처럼 경제적 이익을 위한 행동이라기보다는 의회의 보호주의자들을 의식한 정치적인 행위라는 측면이 강한 것도 그 때문이다.

이 같은 미국의 속내는 미국의 대중국 무역 적자 추이에서도 드러나고 있다. 미국의 대중국 무역 적자는 금융위기 직후인 2009년을 제외하고는 지속적으로 증가해왔다. 중국이 2005년 7월 복수바스켓 관리변동환율제를 도입한 것을 기점으로 위안화가 달러화에 대해 25% 가량 평가절상됐다는 점을 감안하면, 위안화 절상이 미국의 대중국 무역역조 개선에 별 도움이 되지 않았음을 알 수 있다. 반면에 미국의 전체 무역 적자는 2012~2013년 연속 오히려 감소했다. 그 결과 미국 전체 무역 적자에서 대중국 무역 적자가 차지하는 비중도 2004년 24.8%에서 2013년엔 46%로 크게 높아졌다.그림 32

이런 추세는 2014년에도 이어졌다. 2014년 9월 미국의 대중국 무역 적자는 356억 달러를 기록했다. 1970년 미국 상무부가 무역수지 집계를 시작한 이후 사상 최대치다. 중국과의 교역에서 수입은 13% 늘어난 반면, 수출은 3% 줄었기 때문이다. 이에 따라 대중국 무역 적자는 미국 전체 무역 적자의 51.3%에 이르게 됐다. 이는 미국의 경우 경기가 살아나면서 수입 수요가 급증한 데 비해 중국은 경기 둔화로 수입 수요가 위축된 결과다.

2014년 7월 이후 가속화되고 있는 달러 가치의 상승은 미국의 수입 수요를 더 부추길 것으로 예상된다. 하지만 미국의 수출은 높은 생산성에도 불구하고 가격 경쟁에서 불리한 여건에 놓여 있다. 그렇다

그림 32 | 미국의 무역 적자 추이

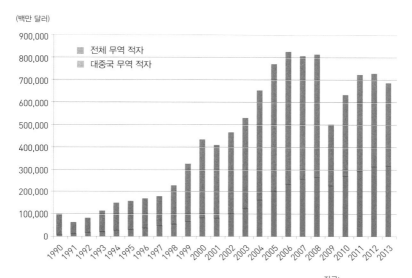

(백만 달러)

전체 무역 적자
대중국 무역 적자

자료: www.census.gov

고 중국의 제조업 여건이 더 이상 좋은 것만은 아니다. 중국 제조업
역시 가격 측면에서 적지 않은 어려움에 처하기 시작했다.

　보스턴 컨설팅 그룹의 최근 보고서는 "미국의 제조업은 노동자들
의 높은 생산성이 미국을 감당할 수 있는 생산기지로 만들고 있기 때
문에 장래가 밝다"고 주장했다. 반면 "중국 제조업은 노동 비용의 증
가로 인해 가격 경쟁력이 서서히 떨어지고 있다"고 이 보고서는 지적
했다(Coy, 2014). 그러나 이 같은 여건이 아직까지 두 나라 간의 무역역
조 개선으로 이어지지는 않고 있다. 이 때문에 위안화 절상을 억제하
고 있는 중국 정부의 환율정책이 문제라는 미국 정부와 의회의 공식

적 입장은 바뀌지 않고 있다. 미국 수출의 가장 큰 걸림돌은 의심할 바 없이 중국의 환율 개입 등 무역 장벽이며, 그런 면에서 중국은 여전히 세계에서 가장 폐쇄적인 보호무역주의적인 나라라는 것이다. 그렇다고 위안화 가치의 절상이 모든 것을 해결해줄 수는 없다. 위안화 값이 오르더라도 미국의 대규모 무역 적자를 줄이는 데 한계가 있다는 사실은 이미 입증됐다.

겉과 속이 다른 미국

미국이 중국에 대해 위안화 절상을 요구해온 것은 어제오늘의 얘기가 아니다. 특히 세계 경제 현안과 관련한 국제회의를 앞두고는 미국과 중국 간에 환율정책에 대한 탐색전이 벌어지곤 했다. 2014년 10월 9~10일 워싱턴에서 열린 G20 재무장관 회의를 앞두고도 그랬다.

제이콥 류Jacob Lew 미국 재무장관은 10월 7일 피터슨 국제연구소에서 열린 토론회에서 "성장 촉진을 위한 환율 경쟁은 잘못된 것"이라며, "중국이 외환시장에 개입해온 환율정책을 버리고 환율을 시장에 맡겨야 한다"고 말했다. 미국 정부와 의회가 때때로 그래왔듯이 위안화를 절상하라고 중국을 압박한 것이다.

그러나 곧바로 이어진 그의 발언은 미국의 속뜻이 정말 그럴까 하는 의구심을 갖게 만든다. 그는 "강한 달러가 미국에 도움이 된다고 믿는다"면서 "다른 나라들이 무엇보다 먼저 미국 경제의 펀더멘털을 주목해야 할 것"이라고 강조했다. 중국 등 다른 나라들이 미국의 경제적 힘과 달러 강세를 인정하라는 뜻이다.

그렇다면 어느 말이 미국 정부의 속뜻일까. 후자일 가능성이 높다. 미국의 궁극적인 목표는 강한 달러에 기반을 둔 '팍스 달러리움'의 유지다. 설사 위안화의 절상을 원한다 하더라도, 급격한 절상을 바라지는 않는다. 위안화 가치의 급등은 달러 값의 급락으로 이어질 가능성이 크기 때문이다.

위안화 가치의 절상으로 달러 값이 떨어지면, 미국 채권과 주식에 대한 투자 수요는 줄어들게 된다. 경상수지 적자를 자본수지 흑자로 메워온 미국 경제에는 좋지 않은 현상이다. 뉴욕대의 누리엘 루비니 교수가 경고했듯이, 중국 등 아시아 국가들의 중앙은행들이 미국 채권에 대한 투자를 대폭 축소할 경우 미국에서 달러 가치 급락, 물가 상승, 금리 급등, 주택가격 하락, 개인파산 급증, 경기 침체 등의 경제적 동요가 일어나는 것을 피할 수 없다. 이는 위안화 가치의 절상이 미국 경제에 부메랑이 되어 돌아올 가능성이 크다는 의미다(Wolf, 2005).

미국 경제는 막대한 경상수지 적자를 내면서도 지금까지 잘 버티어왔다. 달러 가치도 폭락하지 않고 그런대로 유지돼왔다. 이른바 '달러 리사이클링dollar recycling' 구조 덕분이다. 달러 리사이클링 구조란 미국의 대규모 경상수지 적자로 해외로 빠져나갔던 달러가 미국 내 자산을 매입하기 위해 다시 미국으로 유입되는 구조를 말한다(권순우,

그림 33 | 외국의 미국 재무부 채권 보유액 및 비중

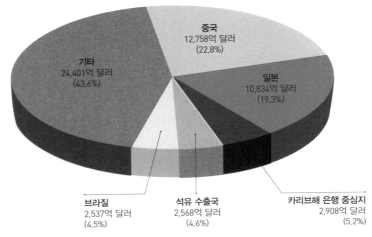

중국
12,758억 달러
(22.8%)

기타
24,401억 달러
(43.6%)

일본
10,834억 달러
(19.3%)

브라질
2,537억 달러
(4.5%)

석유 수출국
2,568억 달러
(4.6%)

카리브해 은행 중심지
2,908억 달러
(5.2%)

주: 2013년 6월 말 기준
자료: 미국 재무부, Major Foreign Holders of Treasury Securities Holdings, August 15, 2013.

2007). 이 구조가 유지될 수 있는 것은 미국과의 교역에서 흑자를 낸 나라들이 벌어들인 달러로 미국 내 자산에 투자해왔기 때문이다. 이를 통해 흑자국들은 자국 통화의 절상을 억제함으로써 수출 경쟁력을 유지해왔다. 동시에 미국은 경상수지 적자를 메워왔다. 이것을 뒷받침하고 있는 주요 국가가 바로 대미 무역에서 가장 큰 흑자를 내고 있는 중국이다.

미국 의회가 낸 연구보고서(Morrison & Labonte, 2013)를 보면, 2013년 6월 현재 외국인이 보유하고 있는 미국 재무부 채권은 5조6,006억 달러에 이른다.그림 33 이 가운데 56.4%인 3조1,605억 달러를 중국과 일본, 카리브해 은행 중심지, 석유수출국, 브라질 등 5대 경제권이 갖고 있다.

그림 34 | 중국의 미국 재무부 채권 보유액 및 비중 추이

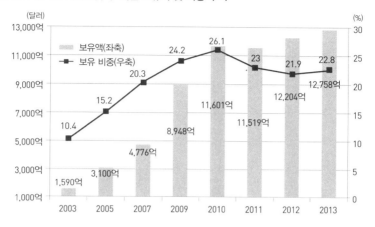

주: 연말(2013년 5월 말) 잔액 기준
자료: 미국 재무부, Major Foreign Holders of Treasury Securities Holdings, August 15, 2013.

특히 중국의 보유액은 22.8%인 1조2,758억 달러로 가장 많다.

외국이 보유한 미국 재무부 채권 가운데 중국이 갖고 있는 비중은 2010년 26.1%까지 높아졌다가 이후 증가세가 다소 주춤한 상태다. 그러나 금액은 여전히 해마다 늘고 있다. 10년 전과 비교하면 금액은 80배로 늘었고, 보유 비중은 배 이상으로 높아졌다.그림 34

주목할 점은 미국의 금리가 높을수록 미국으로의 자본 유입이 늘어난다는 사실이다. 그만큼 달러 리사이클링 구조가 더 튼튼해진다. 미국이 경기 상승세가 주춤하고 경상수지 적자가 늘어날 가능성에도 불구하고 금리 인상을 주저하지 않을 것으로 예상되는 이유도 여기에 있다.

그러나 위안화 가치가 급등하기 시작하면, 달러 리사이클링 구조는 흔들리게 된다. 위안화 표시 자산에 대한 수요가 증가하는 대신, 달러 표시 자산에 대한 수요는 감소하기 때문이다. 이럴 경우 미국 내 자본 유입이 줄어들고 달러 가치는 떨어지는 역逆리사이클링 구조가 만들어지게 된다. 이것은 미국 경제에 대한 신뢰가 추락하고, 동시에 '팍스 달러리움'도 위태로워진다는 의미다. 그러니 미국의 속내는 위안화 가치가 오르더라도 달러의 위상을 위협하지 않는 범위 안에서 서서히 절상이 이뤄지는 것이다.

중국도 달러 값 폭락이 두렵다

중국의 외환보유액은 2014년 9월 말 현재 3조8,877억 달러에 이른다. 거의 4조 달러에 이르렀다가 줄기는 했지만, 여전히 세계 최대 외환보유국이다.그림 35 이 때문에 중국이 마음만 먹으면, 달러를 대규모로 매각해 미국을 흔들 수 있다고 생각하는 사람이 적지 않다. 중국이 세계 경제를 혼란에 빠뜨릴 수도 있다는 것이다. 전혀 불가능한 일은 아니다.

미국 의회의 연구보고서(Morrison & Labonte, 2013)에서도 그런 우려의 일단을 엿볼 수 있다. 미국의 일부 정책당국자들은 중국이 미국의 최대

그림 35 | 주요국의 외환보유액

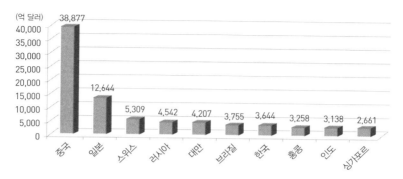

주: 2014년 9월 말 기준
자료: IMF 및 각국 중앙은행 홈페이지

대외 채권국이라는 사실을 걱정한다. 예컨대, 중국이 미국 채권을 대규모로 매각하기로 결정할 경우, 다른 외국 투자자도 덩달아 미국 채권을 팔아치우게 된다는 우려다. 또 다른 당국자들은 중국이 미국과의 협상을 유리하게 이끌기 위한 카드로 최대 채권자의 지위를 이용할 수도 있다고 주장한다. 이들은 그렇게 되면 미국 경제는 물론 세계 경제가 불안해질 수 있다고 걱정한다.

반면에 정반대의 주장을 하는 전문가들도 있다. 역시 미국 의회 보고서(Morrison & Labonte, 2013)에 나오는 일부 정책당국자들은 중국이 보유한 미국 채권이 미국을 압박하는 수단이 될 가능성은 거의 없다고 주장한다. 중국이 달러화에 대한 위안화의 통화 가치를 낮게 유지하려고 하는 한, 미국 달러 자산에 대한 투자 이외의 다른 선택의 여지가 거의 없다는 것이다. 더욱이 중국은 달러 자산을 대규모로 매각할 경

그림 36 | 중국의 외환보유액 및 미국 채권 보유액 추이

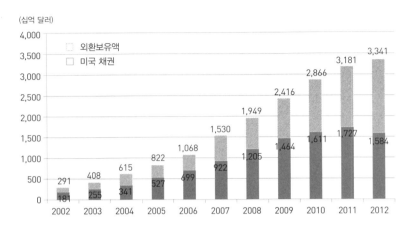

주: 전체 외환보유액은 연말 기준, 미국 채권 보유액은 6월 말 기준
자료: 미국 재무부, Report on Foreign Portfolio Holdings of U.S. Securities as of April 30, 2013.

우, 나머지 달러 자산의 가치도 떨어지는 것을 감수해야 한다.

중국은 2011년까지 외환보유액의 절반 이상을 미국 채권에 투자해 왔다. 2012년에 그 비중이 다소 낮아지기는 했지만, 여전히 1조5,000억 달러 이상의 미국 채권을 보유하고 있다.그림 36 달러 가치가 10%만 떨어져도 단순 계산으로 1,500억 달러가 넘는 환차손이 발생한다. 다른 쪽에서 이것을 뛰어넘는 이익이 생기지 않고서는 중국이 이 손실을 감수할 리 만무하다.

중국의 손실은 여기서 그치지 않는다. 중국의 달러 투매로 달러 가치가 일시에 폭락하면, 미국 경제와 세계 경제도 연이어 충격을 받게 된다. 그럴 경우 미국의 구매력 감소로 중국 수출품에 대한 수요가 줄어들 수밖에 없다.

　달러 가치의 폭락은 이처럼 중국에도 상당한 부담이 된다. 가장 큰 문제는 수출 위축으로 경제 성장률이 떨어지는 것이다. 이로 인한 실업자의 증가는 세계 최대의 인구를 가진 중국에 경제적·사회적 문제를 불러오게 되는 것은 물론 정치적 불안으로 이어질 가능성이 높다. 이런 상황은 중국에게 재앙과도 같은 총체적 체제 위기를 의미한다.

중국의 '그림자 금융' 주의보

　중국 경제가 안고 있는 불안 요인 중 하나는 '그림자 금융'이다. 규모가 커서가 아니라 증가 속도가 워낙 빠르기 때문이다. 통계를 보면 중국의 그림자 금융 증가 속도는 가히 폭발적이라 해도 과언이 아니다. FSB의 자료를 보면, 2013년 중국의 그림자 금융 규모는 2조9,990억 달러에 이른다. 절대 액수로 보아서는 별로 문제될 것이 없을 것 같다. 미국의 8분의 1에 불과하다. 그러나 2009년만 해도 겨우 3,000억 달러를 약간 웃돌던 것이 겨우 4년 만에 거의 10배로 늘어났다.그림 37공식 통계가 그렇고, 사실 중국의 통계를 믿지 못하는 전문가들은 훨씬 규모가 클 것으로 추산하고 있다.

　중국에서 그림자 금융이 급증한 것은 은행 대출 등 전통적 금융에

그림 37 | 중국의 그림자 금융 규모 추이

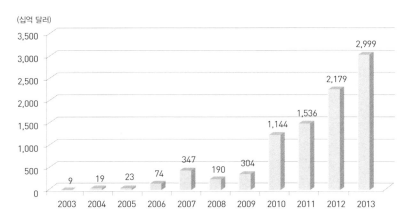

(십억 달러)

자료: FSB

대한 금융 당국의 규제 때문이다. 중국 당국은 대규모 경기 부양 정책으로 물가 급등과 자산 버블 등 후유증이 나타나자 2010년부터 은행의 대출을 제한하고 지방정부의 채무를 철저히 관리하기 시작했다. 중앙은행인 인민은행은 은행들의 지방정부에 대한 융자와 부동산에 대한 대출을 엄격히 제한했다. 여기에 맞춰 중국 은행업 감독관리위원회는 은행의 자기자본비율과 유동성 확충비율을 높이는 등 건전성 규제를 강화했다. 이에 따라 은행에서 대출을 받기 어려운 중소기업과 부동산 개발회사들의 자금 조달이 어려워졌다. 지방정부도 금융위기 이후 경기 부양을 위한 대규모 사업 시행 자금 조달에 차질을 빚게 됐다.

여기에 대한 반작용으로 나타난 것이 그림자 금융의 확대다. 자금의 공급자인 은행들은 대출자산을 유동화해 조달한 자금으로 대출 규제를 피했다. 예컨대, 은행들은 규제가 강화된 직접 대출 대신 신탁회사나 증권회사와 연계해 위탁대출을 늘렸다. 자금의 수요자인 지방정부나 중소기업, 부동산 개발회사 입장에서도 그림자 금융은 돌파구 역할을 했다. 은행 대출과는 달리 제한을 거의 받지 않고 자금을 융통할 수 있기 때문이다. 정부의 금리 통제로 은행 예금의 기대 수익은 낮은 반면, 물가 상승률이 높은 상황에서 고수익 투자처를 찾는 투자자들로서도 그림자 금융은 매력적인 투자 대상이었다.

그러나 높은 수익을 기대할 수 있다는 것은 그만큼 위험이 크다는 것을 의미한다. 우선 조달 자금과 대출 자금 간의 만기 불일치에서 오는 위험이 상존한다. 그림자 금융의 조달 자금 만기는 대부분 1년 안쪽이다. 이에 비해 대출 자금 만기는 상당수가 3~10년 정도로 회수 기간이 길다. 만기가 돌아온 자금의 재조달이 어떤 변수로 인해 원활하게 이뤄지지 않으면, 유동성 위기가 일어날 수 있다.

조달 자금과 대출 자금의 수익률 불일치도 위험 요인이다. 조달 자금의 수익률은 은행의 예금 금리보다 평균 4% 포인트 높은 수준이다. 물론 대출을 받은 대상이 그보다 높은 이자를 지급할 수 있으면 아무런 문제가 생기지 않는다. 그러나 그림자 금융의 주요 융자 대상인 지방정부와 중소기업, 부동산 개발회사 중에서 경영난을 겪고 있는 곳이 적지 않다. 이런 상황에서 조달 이자보다 높은 이자를 지급할 수 있을지 의문이다.

물론 중국 내에서는 그림자 금융의 위험성이 과장돼 있다고 보는 전문가도 많다. 대표적인 사람이 판강 중국경제개혁연구기금회 국민경제연구소장이다. 그는 그림자 금융은 특별히 문제될 금융 분야가 아니라 비전통적 금융일 뿐이라고 주장한다. 그를 포함해 그림자 금융을 긍정적으로 보는 전문가들은 그림자 금융이 오히려 중국의 전통 금융 시스템에서 소외받아온 민간의 자금 조달 창구로서 금리의 시장화에도 일정 부분 기여하고 있는 측면이 있다고 강조한다.

그렇지만 중국의 그림자 금융이 안고 있는 구조적 문제를 가볍게 볼 수는 없다. 미국의 소로스 펀드 매니지먼트 회장 조지 소로스George Soros는 2013년 4월 중국 하이난섬에서 열린 보아오 포럼에서 "중국 그림자 금융의 빠른 성장이 글로벌 금융위기의 원인이었던 미국의 서브프라임 모기지론과 비슷한 면을 보이고 있다"고 경고했다. 이와 때를 맞춰 국제신용평가사인 피치는 중국 위안화 표시 채권의 신용등급을 'AA-'에서 'A+'로 한 단계가 내렸다. 그 이유 가운데 하나가 그림자 금융의 급성장에 대한 우려였다. 특히 중국 그림자 금융의 50~60%는 버블이 심하다는 지적을 받아온 부동산과 직·간접적으로 연결돼 있다. 게다가 그림자 금융과 관련된 각종 통계마저 매우 불확실하다. 이런 상황에서 폭증하고 있는 중국의 그림자 금융 규모는 금융 부실화, 금융위기로 이어지는 뇌관이 될 수도 있다.

갈 길이 먼 위안화의 국제화

중국은 기회가 있을 때마다 위안화의 국제화를 강조해왔다. 국제화는 위안화를 기축통화로 만들기 위한 계획 중 하나다. 중국 당국도 굳이 이러한 사실을 부인하지 않는다. 그동안의 고도성장 성과와 외환보유액 축적을 바탕으로 중국이 스스로 제2의 경제대국에 걸맞은 역할을 하겠다는 뜻이다.

이는 기축통화로서 미국 달러화가 누리는 독점적 지위를 낮춰 그로부터 발생하는 부담과 폐해를 줄이려는 중국의 의도와도 부합하는 계획이다. 그러나 중국의 궁극적인 목표는 위안화를 미국 달러화를 뛰어넘는 세계 기축통화로 만드는 데 있다.

그림 38 | 국가별 명목 GDP 순위

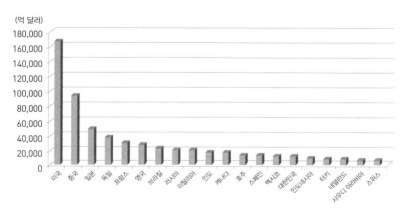

자료: IMF

그림 39 | 세계 결제통화 순위 및 비중

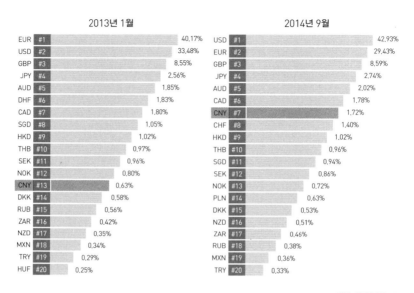

자료: SWIFT Watch

그렇다면 중국은 위안화를 기축통화로 만들 수 있는 조건을 갖춰가고 있는가? 먼저 외형적 경제 규모를 따져보자. IMF가 조사해 발표한 2013년 중국의 GDP는 9조1,800억 달러다. 미국의 16조7,997억 달러에 이어 단일국가로는 세계에서 두 번째다. 이미 세 번째로 많은 일본의 2배에 가깝다.그림 38 IMF는 구매력 평가PPP 기준으로 계산하면, 중국의 GDP가 2016년부터 미국을 앞지를 것으로 예상하고 있다. 일단 경제 규모에서는 조건을 갖췄다고 말할 수 있다.

다음으로 위안화의 국제화 정도를 보자. 위안화의 결제 비중은 빠르게 높아지고 있다. 국제은행간통신협회SWIFT의 자료를 보면, 2014년

그림 40 | 국제무역 결제통화 순위 및 비중

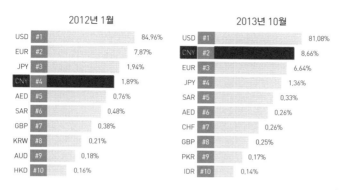

자료: SWIFT Watch

9월 현재 전 세계 결제통화 가운데 위안화의 비중은 1.72%를 차지하고 있다. 비중이 2년도 채 안 되는 사이 거의 3배로 높아졌다. 순위도 세계 13번째에서 7번째로 상승했다.그림 39 그러나 비중이나 순위 모두 미국 달러화는 물론 유로화에 비해서도 아직 한참 뒤처진다.

무역결제만 놓고 보면, 위안화의 비중은 2013년 10월 현재 8.66%에 이른다. 2년도 안 되는 사이 4.5배로 높아졌다. 아직 미국 달러화의 81.08%에 비해서는 턱없이 낮은 비중이지만, 유로화를 이미 뛰어넘었다.그림 40

위안화 무역결제는 다음과 같은 이점이 있다. 우선 중국 업체와 거래하는 업체로서는 무역거래에서 위안화를 사용함으로써 달러 환전 시 발생하는 환차손과 수수료를 줄일 수 있다. 또한 위안화를 보유함으로써 위안화 가치의 절상에 따른 이익도 기대할 수 있다. 실제로 위안화 가치는 2005년 이후 극히 짧은 기간을 제외하고는 지속적으로 상승해왔다. 중국이 무역 흑자를 내고 주변국보다 높은 경제 성장률을 달성하는 한 이런 추세는 쉽게 바뀌지 않을 것이다.

위안화 표시 자산에 대한 투자를 통해 운용 자금의 수익률을 높일 수 있는 것도 위안화를 사용하여 얻을 수 있는 이점이다. 중국의 금리가 주요 선진국에 비해 높은 만큼 상대적으로 높은 수익을 기대할 수 있기 때문이다(최필수, 2012).

반면, 위안화 무역결제에 따른 비용 부담도 적지 않다. 첫 번째, 환위험을 상쇄시킬 수 있는 헤지hedge[3] 시스템을 이용하기가 어렵다. 은행들이 달러와 같은 위안화 환 헤지 시스템을 제대로 갖추고 있지 않을 뿐만 아니라, 설사 시스템을 도입한다 하더라도 달러처럼 자유로운 거래를 하는 데 한계가 있기 때문이다.

두 번째, 위안화를 상시 보유할 필요가 없는 무역업체의 경우 위안화를 취득하고 처분하는 과정에서 오히려 환차손과 수수료가 발생할 수 있다. 이 때문에 위안화 무역결제는 아직까지 90% 이상이 중국(59%)과 홍콩(21%), 싱가포르(12%) 등 중화권을 중심으로 이뤄지고 있다. 나머지 지역의 위안화 무역결제는 매우 제한적이다. 이 점을 감안하면 위안화의 국제화는 크게 진전됐다고 보기 어렵다.

위안화 통화스왑currency swaps[4] 계약도 중국이 위안화의 국제화를 진전시키기 위해 추진하고 있는 방안 가운데 하나다. 2014년 9월 현재 중국은 25개 나라 또는 경제권과 모두 2조7,282억 위안 규모의 위안화 통화스왑 계약을 맺었다.표 6 위안화 통화스왑은 중국과 계약 상대국

표 6 중국의 통화스왑 계약 체결 현황(대외경제정책연구원, 2014)

국가 및 경제권	금액(십억 위안)
벨라루스	20
인도네시아	100
아르헨티나	70
아이슬란드	3.5
뉴질랜드	25
우즈베키스탄	0.7
카자흐스탄	7
한국	360
홍콩	400
태국	70
파키스탄	10
아랍에미리트연합	35
말레이시아	180
터키	10
몽골	10
호주	200
우크라이나	15
싱가포르	300
브라질	190
영국	200
헝가리	10
알바니아	2
유럽연합	350
스위스	150
스리랑카	10
총 금액 2조7,282억 위안	

주: 2014년 9월 17일 현재
자료: 중국인민은행

그림 41 | 주요 통화의 국제화지수(대외경제정책연구원, 2014)

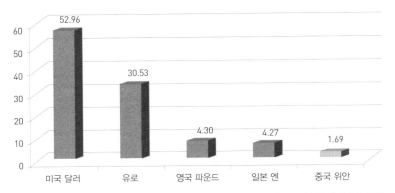

자료: 2014년 위안화 국제화 보고서

의 금융 협력과 교류를 강화한다. 또한 무역 상대국의 위안화 사용 범위를 확대하고 사용 빈도를 증가시킴으로써 중국 무역의 달러 의존도를 낮추게 된다. 뿐만 아니라 달러 보유 유인이 줄어 달러 환율 변동으로 인해 발생하는 환율 리스크를 보다 효과적으로 관리할 수 있게 한다.

이처럼 통화스왑이 위안화의 국제화에 어느 정도 기여하는 것은 사실이다. 그러나 통화스왑 계약이 위안화의 국제화를 실질적으로 진전시키는 데는 한계가 있다. 통화스왑 계약은 통화위기에 대비한 일종의 안전장치에 불과할 뿐, 실제 이행되는 경우는 매우 드물기 때문이다.

위에서 살펴보았듯이 위안화의 국제화는 중국 정부의 의욕적인 환경 조성에도 불구하고 분명히 한계가 있다. 중국 당국 스스로가 발표하는 위안화의 국제화지수를 봐도 위안화의 국제화가 빠른 속도로 진전되고 있는 것은 사실이지만, 그 수준은 여전히 낮다. 중국인민대학 국제화폐연구소와 중국교통은행이 공동으로 발표하는 위안화 국제화지수[5]는 2012년 0.87에서 2013년 1.69로 급등했다. 그러나 미국 달러화(52.96)나 유로화(30.53)에 비해서는 아직도 현저히 낮은 수준에 머물러 있다.그림 41

중국은 괄목할 만한 경제성장을 보이고 세계 최대의 무역규모를 가지고 있음에도 불구하고 국제 사회에서의 전체적 영향력은 아직 미미하다. 이런 현실을 반영한 것이 바로 위안화의 국제화지수다. 그리고 여전히 낮은 수준에 머물러 있는 위안화 국제화지수는 위안화가 세계 기축통화가 되기까지 아직 갈 길이 멀다는 것을 의미한다.

위안화는 왜 기축통화가 될 수 없나?

중국 위안화가 세계 기축통화 역할을 하기 어려운 이유는 낮은 국제화 수준만은 아니다. 한 나라의 화폐가 기축통화가 되기 위해서는 유동성, 안정성, 신뢰성, 태환성, 보편성을 갖추는 것이 필수적이다(오정근, 2011). 그러나 위안화는 이런 필수조건들을 아직까지 갖추지 못하고 있다.

그림 42 | 중국의 경상수지 흑자 추이

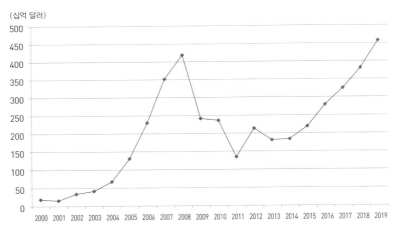

(십억 달러)

주: 2014년 이후는 예상치
자료: IMF, World Economic Outlook Database, October 2014

　먼저 유동성 측면에서 살펴보자. 한 나라의 화폐가 기축통화 역할을 하려면 해당 화폐가 국제 금융시장에 충분히 공급돼야 한다. 그래야 유동성 경색을 초래하지 않고 결제, 투자, 준비통화로서의 기능을 원활하게 수행할 수 있다.

　유동성은 주로 기축통화국의 국제수지 적자를 통해 공급된다. 즉 무역과 무역 외 거래, 자본 유출입을 모두 합친 국제 거래에서 기축통화국에 들어온 돈보다 나간 돈이 많아야 한다는 뜻이다.

　그러나 중국은 무역수지와 무역 외 수지를 합한 경상수지는 물론 자본수지도 흑자를 내고 있다. 흑자는 유동성을 공급하는 것이 아니라 흡수하는 것이다. 이는 위안화가 유동성 측면에서 기축통화가 되는 데 걸림돌이 되고 있다는 것을 의미한다.

국제수지 중에서도 경상수지 적자는 기축통화국의 유동성 공급에 매우 중요하다. 미국 달러화가 기축통화 역할을 하고 있는 것은 미국이 경상수지 적자를 통해 세계 경제의 성장에 필요한 유동성을 공급해 왔기 때문이다. 그러나 중국은 그동안 지속적으로 경상수지 흑자를 내왔을 뿐만 아니라 앞으로도 그런 추세가 바뀔 가능성은 거의 없다. 그림 42

그렇다면 중국이 이와 같은 정책방향을 바꿔 의도적으로 경상수지 적자를 낼 가능성이 있는가? 아마도 그러한 가능성은 희박하다. 특히 중국이 막대한 흑자를 내고 있는 무역에서 적자가 난다고 가정해보자. 수출을 주도하여 끌어올렸던 성장률이 떨어질 것이다. 그렇게 되면 농촌에서 도시로 대거 유입되고 있는 농민공 등 인력의 고용이 줄어 가뜩이나 높은 실업률이 심각한 사회문제로 등장할 것이다.

뿐만 아니라 성장률 하락과 실업률 상승은 사회·경제적 문제로 그치지 않는다. 공산당 일당 지배 하의 중국 정치체제마저 흔들리게 된다. 중국 당국이 위안화를 기축통화로 만들기 위해 이런 위험을 무릅쓸 수 있겠는가? 그건 생각할 수조차 없는 일이다.

기축통화가 되려면 그 돈이 가진 안정성도 매우 중요하다. 한 나라의 화폐를 다른 나라들이 마음 놓고 거래에 활용하고 보유하기 위해서는 그 돈의 가치가 안정돼 있어야 하기 때문이다. 물론 현재 위안화 가치는 안정돼 있다. 중국 당국이 관리변동환율제로 여전히 환율을 엄격하게 관리하고 있는 데다가 동시에 자본거래도 제한하고 있기 때문에 오히려 가치가 불안하면 그것이 더 이상한 것이다. 이는 역설적으로 중국이 자본자유화의 폭을 확대하고 환율변동폭을 늘릴 경우에 위안화의 안정성이 보장된다고 확신하지 못한다는 것을 의미한다.

비록 위안화의 가치가 안정돼 있다고 해도 위안화는 세계 경제에서 신뢰를 얻고 있다고는 말할 수 없다. 현재 위안화의 위상이 그렇다. 현재 중국의 경제 펀더멘털, 금융 시스템 등은 아직도 선진국 수준에 이르지 못한 상황이다. 국제 금융시장에서 위안화 표시 채권이 미국 달러화나 일본 엔화, 유로화 표시 채권만큼 대우를 받지 못하는 것도 그 때문이다. 그런 점에서 위안화는 아직 신뢰성이 크게 부족하다.

기축통화는 자유롭게 거래하고 교환할 수 있는 태환성이 보장돼 있어야 한다. 그러나 위안화는 여전히 중국 내 금융시장에서 완전히 자유롭게 거래할 수 없다. 홍콩 등 역외 금융시장에서 거래가 자유롭다고 해도 중국 내에서 거래의 제약을 받는다면, 기축통화에 필요한 태환성을 가졌다고 볼 수가 없다.

한 나라의 화폐가 기축통화 지위를 얻으려면, 다른 나라들이 그 나라의 경제적 영향력을 거부감 없이 받아들여야 한다. 이는 그 나라 경제의 펀더멘털을 반영하는 통화가 상징적으로도 보편성을 인정받았다는 것을 의미한다.

그러나 동아시아의 주변 나라들조차 중국의 영향력 확대를 패권주의로 인식하는 한 위안화의 보편성 획득은 쉽지 않을 것이다. 이처럼 위안화는 세계 기축통화가 되기 위한 필수 조건을 갖추지 못하고 있다.

Dollar's
Paradox

CHAPTER 7

흔들리는 유로존

유로존 위기의 근원

유로존 위기는 흔히 재정 적자에서 비롯됐다고 한다. 그래서 재정위기라고도 부른다. 위기의 발단은 그리스였다. 2009년 10월 그리스의 파판드레우^{Papandreou} 정부는 그해 재정 적자 예상액이 GDP의 12.7%에 이를 것이라고 발표했다. 이는 종전의 예상액 6%의 2배를 넘는 비율이었다. 예상을 훨씬 뛰어넘는 재정 적자는 그리스 재정에 대한 불신으로 이어졌다. 급기야 채권은행들이 그리스에 대한 채무 연장을 꺼리면서 구제금융이 불가피해졌다. 2010년 5월 EU와 IMF는 그리스에 1,100억 유로의 구제금융을 제공하기로 합의했다. 이후 위기는 재정상태가 좋지 않은 아일랜드와 포르투갈, 스페인, 이탈리아, 키프로스 등으로 번져나갔다. 이들 나라 중 이탈리아를 제외한 5개국이 구제금융을 받았다.^{표 7}

표 7 | EU · IMF의 구제금융 지원 현황

대상국	승인 시점	지원 금액
그리스	2010년 5월	1,100억 유로
	2012년 3월	1,300억 유로
아일랜드	2010년 12월	675억 유로
포르투갈	2011년 5월	780억 유로
스페인	2012년 7월	1,000억 유로
키프로스	2013년 3월	100억 유로

자료: EU 집행위원회

그렇다면 유로존 위기를 촉발시킨 재정 적자의 원인은 무엇인가? 한국 언론들이 주로 언급했던 원인은 과잉 복지 지출이다. 전혀 틀린 말은 아니지만, 직접적인 위기 촉발의 원인도 아니고, 근본적인 원인은 더더욱 아니다.

남유럽 국가들의 재정위기가 발생하기 직전 2008년 복지비 지출 현황을 보자. 포르투갈, 스페인, 이탈리아, 그리스의 복지비 지출은 GDP의 21~25% 수준이다. 이는 미국, 영국, 호주의 16~21% 수준에 비해서는 높은 편이지만, 스웨덴, 노르웨이, 덴마크, 프랑스, 핀란드, 독일, 오스트리아 등 북·중유럽 국가들의 20~29%에 비해서는 낮은 편이다. 그림 43

물론 위기를 맞은 남유럽 국가들이 재정상태가 취약한 상태인 점을 감안하면, 복지비 지출 비중이 결코 낮다고 볼 수만은 없다. 이 점은 GDP 대비 국가 부채 비율에서 확인된다. 유로존 위기 직후 2010년 남유럽 국가들의 GDP 대비 국가 부채 비율은 스페인(66.1%)을 제

그림 43 | 주요국의 GDP 대비 복지비 지출 비중

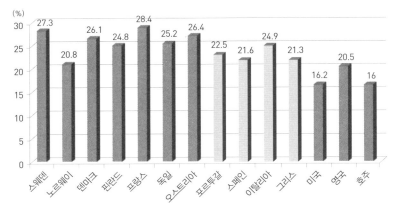

주: 2008년 기준
자료: OECD

외하고 103~148%에 이른다. 평균 67% 수준인 북·중유럽 국가들에 비해 훨씬 높은 수준이다.^{그림 44}

　여기서 생각해봐야 할 것이 있다. 남유럽 국가들은 재정 적자를 줄이기 위해 복지비 등 지출을 줄이는 동시에 세수를 늘리기 위한 노력을 했어야 했다. 그럼에도 불구하고 이들 국가는 세금을 더 거두기 위한 세제 개혁 노력을 소홀히해왔다. 뿐만 아니라 해외자본의 투자 유치라는 명분으로 세율 인하 경쟁에 뛰어들었다.

　이런 상황에서 남유럽 국가들의 재정수지를 결정적으로 악화시킨 것은 2008년 글로벌 금융위기였다. 자본시장 개방과 함께 유입됐던 해외자본이 빠져나가면서 자산시장의 거품이 붕괴됐다. 금융기관들은 연쇄적으로 파산위기에 직면했다. 이들 나라 정부는 은행 등 금융

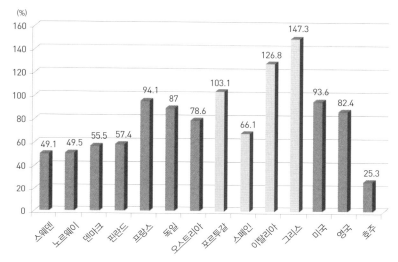

그림 44 | 주요국의 GDP 대비 국가 부채 비율

(%)

- 스웨덴 49.1
- 노르웨이 49.5
- 덴마크 55.5
- 핀란드 57.4
- 프랑스 94.1
- 독일 87
- 오스트리아 78.6
- 포르투갈 103.1
- 스페인 66.1
- 이탈리아 126.8
- 그리스 147.3
- 미국 93.6
- 영국 82.4
- 호주 25.3

주: 2010년 기준
자료: OECD

기관을 살리기 위해 재정을 쏟아부었다. 그 결과 금융권의 부실이 정부로 이전되면서 가뜩이나 좋지 않던 재정수지를 더욱 악화시켰다.

이렇게 보면 유로존 국가들의 재정위기는 금융권에 대한 구제금융으로 재정 적자가 큰 폭으로 늘어난 것이 직접적인 원인이라고 할 수 있다. 여기에다 재정 형편에 비해 낮지 않은 복지비 지출과 그것을 뒷받침해줄 세제 개혁의 실패 또는 지연 등 잠재된 요인들에 의해 확대된 측면이 있다.

그러나 보다 근본적인 원인은 유로존이라는 통화동맹이 갖는 구조적 한계에 있다. 그 가운데 가장 큰 문제는 역내에서 환율 조정 메커니즘이 사라졌다는 것이다. 단일통화를 쓰면 역내의 환율이 고정돼 환율 조정에 따라 경상수지를 개선할 수 있는 기능이 작동하지 않는다. 이에 따라 단일 통화권의 경쟁력을 확보한 핵심 국가는 역내 무역과 서비스 거래 등에서 경상수지 흑자가 지속적으로 누적된다. 반면, 주변 국가는 경상수지 적자가 계속 쌓이게 된다.

유로존으로 통합되기 전후의 독일과 그리스 간의 관계를 예로 들어보자. 통합 전 독일은 '마르크', 그리스는 '드라크마'라는 화폐를 각각 사용했다. 자연히 두 나라 통화 간에는 환율이 존재했다. 제조업에 경쟁력이 있는 독일은 그리스에 주로 공산품을 수출했다. 반면, 농업과 관광업에 경쟁력이 있는 그리스는 농산품 수출과 관광객 유치로 돈을 벌었다. 두 나라 간의 교역에서 독일은 흑자가 나고 그리스는 적자가 나면, 독일의 마르크화 가치는 오르고 그리스 드라크마화 가치는 내려가게 된다. 즉, 마르크에 대한 드라크마의 환율이 올라가서 그리스 제품의 가격 경쟁력이 높아진다. 이렇게 되면 그리스는 독일에 농산품을 더 많이 수출할 수 있게 되고 독일 관광객을 더 많이 받아들일 수 있게 되는 대신, 독일로부터의 수입은 줄어들게 된다. 유로존 통합 전에는 이런 순환구조에 따라 두 나라의 경상수지가 자동조절돼 균형점을 찾아가게 돼 있었다.

하지만 유로존으로 통합된 이후에는 이런 자동조절 메커니즘이 작동하지 않게 됐다. 그 결과 독일은 막강한 제조업 경쟁력을 바탕으로 계속 경상수지 흑자를 내왔다. 반면, 그리스는 경상수지 적자가 지속적으로 누적돼왔다. 경상수지 적자 확대는 그리스의 경제를 더욱 곤경에 빠뜨렸다. 경제가 위축되면서 세수 확대가 어려워지고, 그 결과

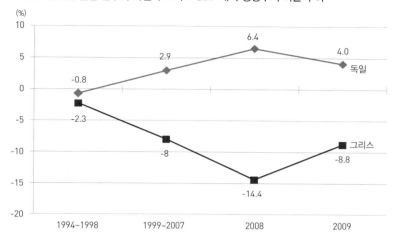

그림 45 | 유로존 출범 전후의 독일과 그리스 GDP 대비 경상수지 비율 추이

주: 기간 중 연 평균 비율
자료: International Financial Statistics

재정수지는 갈수록 악화됐다. 이는 유로존 출범 전후 독일과 그리스의 GDP 대비 경상수지 추이에서도 입증된다. 유로존 출범 전 적자를 나타냈던 독일의 경상수지는 1999년 유로존 출범 이후 흑자로 돌아서 GDP 대비 흑자 비율이 뚜렷하게 높아졌다. 반면, 그리스는 적자폭이 커져 GDP 대비 적자 비율이 눈에 띄게 상승했다.그림 45

이 같은 환율 조정 메커니즘의 상실을 거론하지 않고 유로존 재정위기의 원인을 설명하는 것은 설득력이 떨어진다. 다른 요인들이 중요하지 않은 것은 아니다. 그렇다 하더라도 근본적인 원인은 환율 조정 기능이 작동하지 않으면서 생긴 구조적 불균형의 심화에 있다.

CHAPTER 7 흔들리는 유로존 · 229

통화동맹의 성공 조건

유로존의 장래가 어떻게 될 것인가를 예상하기는 쉽지 않다. 하지만 과거 역사에서 통화동맹이 어떤 길을 걸었던가를 살펴보면, 유로존의 장래를 가늠해 보는 데 도움이 될 것이다. 물론 통화동맹의 역사에는 성공한 사례도 있고 실패한 사례도 있다. 하지만 역사적 경험은 통화동맹이 보다 높은 차원의 재정적, 정치적 통합으로 진전됐을 때 비로소 성공했다는 사실을 보여주고 있다.

통화동맹은 다수의 국가가 일정한 통화를 공통의 법정통화로 사용하고 통화금융정책에 대해서도 협력관계를 구축할 것에 합의하는 것을 말한다. 가입국들이 동맹을 통해 얻고자 하는 이익은 우선 화폐 교환에 따른 거래 비용을 절감하는 것이다. 나아가 단일 법정통화를 국제통화로 자리 매김하고 경제 통합을 촉진함으로써 정치, 경제적 영향력을 강화하려는 데 목적이 있다(기획재정부, 2011).

통화동맹이 성공한 사례로는 미국에서 달러 단일통화 도입과 연방준비제도 Federal Reserve System 의 출범으로 이어진 각 주 간의 통화동맹을 꼽을 수 있다. 미국의 각 주들은 독립전쟁 직후인 1785년에 열린 대륙회의에서 달러를 기준통화로 도입할 것을 만장일치로 의결했다. 그 이전까지만 해도 각 주들은 영국과 프랑스, 스페인의 화폐와 자체적으로 발행한 주화를 혼용했다. 그러나 독립전쟁 이후 각 주들은 전쟁비용을 조달하기 위해 발행한 채권으로 심각한 부채문제에 직면했다.

이에 따라 각 주들은 부채문제를 해결하기 위해 1789년 연방헌법에 따라 의회에 유일한 화폐 주조권을 부여했다. 여기에는 연방은행을 통해 부채문제를 해결하고 표준통화를 통용시키려는 알렉산더 해밀턴Alexander Hamilton 초대 재무장관의 구상이 결정적인 영향을 미쳤다. 이것이 미국 통화동맹의 시발점이 됐다. 이후 1791년 미합중국 제1은행이 출범하고, 1792년 화폐주조법Coinage Act에 근거해 화폐 주조소가 설립되면서 실질적인 통화동맹이 결성됐다.

그러나 미국의 통화동맹은 분권을 지향하는 각 주 정부의 강력한 저항에 부딪혔다. 이에 따라 1811년 미합중국 제1은행이 해체되고, 1816년 설립된 미합중국 제2은행마저 1836년 폐지됐다. 대신 연방준비제도가 출범할 때까지 미국 재무부가 통화 당국의 역할을 수행하며 화폐의 태환성을 보장했다. 그러다가 1913년 마침내 연방준비제도의 설립으로 미국에서도 실질적인 중앙은행 체제가 작동하기 시작했다.

미국에서 분권적 성향이 강했던 각 주 간의 통화동맹이 달러 단일통화와 연방준비제도로 뿌리내릴 수 있었던 것은 정치적 통합 의지가 있었기 때문이다. 미국의 각 주들은 통화동맹 이전에 정치동맹을 먼저 결성하고 영국으로부터 독립하고자 했다. 이 같은 정치적 결속력이 통화동맹을 성공으로 이끄는 핵심 요인으로 작용했다.

또 다른 성공 사례는 이탈리아의 통화동맹과 독일의 통화동맹이다. 이탈리아에서는 1861년 사르디냐Sardinia 왕국의 주도로 통화동맹이 결성됐다. 이에 따라 1862년 각 주가 독자적으로 발행하던 법정화폐는 사르디냐의 리라^{lira}로 통일됐다. 하지만 통화 단일화에도 불구하고 화폐 주조권은 각 주 은행으로 분산돼 있었다. 이후 1893년 사르디냐 왕국의 국립은행 등 각 주의 은행들이 합쳐져 중앙은행인 이탈리아 은행이 탄생했다. 이탈리아 은행은 화폐 주조권도 유일하게 행사하게 됨으로써 비로소 통화동맹이 완성됐다. 여기서 주목할 것은 사르디냐 왕국이 다양한 군소 주를 정치적으로 통합한 후 통화동맹을 성공으로 이끌었다는 점이다.

독일에서는 39개 군소 도시의 관세동맹이 통화동맹의 기초가 됐다. 프로이센이 프랑스와의 전쟁에서 승리한 것을 계기로 탄생한 독일제국은 1871년 제국은행을 발권력을 가진 유일한 중앙은행으로 삼았다. 이어 화폐단위도 탈러^{taler}에서 마르크^{mark}로 변경했다. 독일의 경우도 역시 전쟁 승리 이후의 정치적 통합이 통화통합으로 발전하는 데 결정적인 역할을 한 셈이다.

통화동맹의 붕괴 원인

통화동맹의 역사는 실패의 사례도 보여주고 있다. 먼저 1865년 프랑스가 주도해 만든 라틴통화동맹^{Latin Monetary Union}의 사례를 살펴보자. 라틴통화동맹은 당시 프랑^{franc}화를 쓰던 프랑스와 프랑에 연계된 통화를 사용하던 벨기에, 이탈리아, 스위스 4개국이 창설했다. 이후 1868년 스페인과 그리스가 참여했다. 이어 1889년에는 루마니아, 오스트리아-헝가리 제국, 불가리아, 세르비아, 몬테네그로, 산마리노, 바티칸시국(로마 교황청)이 가입했다. 라틴통화동맹은 중앙은행제도를 채택하지 않고 금·은 본위제를 바탕으로 운영됐다. 그러나 금의 확보가 어려워지자 은화의 발행비율을 높였다. 나중에는 은도 부족해 프랑스가 은 함량을 줄이면서 주조 차익을 얻는 등 시장왜곡이 발생했다. 이에 따라 각국이 은화를 경쟁적으로 매도하면서 은화 가치가 하락하고, 금과 은의 함량 차이를 이용한 환투기가 성행했다. 게다가 로마 교황청과 이탈리아는 방만한 재정 운영으로 늘어난 적자를 화폐 남발로 충당함으로써 그 부담을 다른 나라에 떠넘겼다. 다른 나라들도 1차 세계대전의 발발로 전쟁 비용을 조달하기 위해 화폐 발행을 급격히 늘렸다. 이 때문에 각국이 발행한 통화 가치의 등가성을 유지할 수 없게 됐다. 결국 라틴통화동맹은 1927년 벨기에의 탈퇴 선언으로 해체의 수순을 밟게 됐다.

19세기에 유럽에서 창설됐다가 해체된 또 하나의 통화동맹은 스칸디나비아 통화동맹Scandinavia Monetary Union이다. 스칸디나비아 통화동맹은 1873년 스웨덴과 덴마크가 설립한 통화 기구로 금 본위제를 바탕으로 출범했다. 2년 후에는 스웨덴과 정치연합을 추진하던 노르웨이가 참여했다. 금 본위제하에서 고정환율제를 채택했으며, 화폐 단위로는 왕관이라는 이름의 크로네krone를 사용했다. 그러나 세 나라 정부는 단일 통화 단위 사용에도 불구하고 화폐를 각자 발행했다. 스칸디나비아 통화동맹도 제1차 세계대전 발발로 화폐 발행이 증가하면서 고정 환율제가 무너지고 금 태환이 정지되자 사실상 해체의 길에 들어섰다.

20세기에 결성됐다가 와해된 동아프리카 3국의 통화동맹도 단일 통화의 사용이 왜 지속되기 어려운지를 잘 보여주는 사례다. 동아프리카 통화동맹은 1919년에 체결된 케냐와 우간다의 관세동맹에서 뿌리를 찾을 수 있다. 두 나라 간의 관세동맹은 1927년 탄자니아가 추가로 가입한 데 이어 1967년에는 3국의 공동체로 발전하면서 경제는 물론 정치 통합의 초기 단계까지 진전됐다. 이에 따라 3국은 공동화폐로 실링shiling을 채택했으나 단일 중앙은행을 설립하지는 못했다. 이후 동아프리카 통화동맹은 제조업이 발달한 케냐가 무역수지에서 대규모 흑자를 기록하고 경제력에서 우위를 차지하자 균열이 생기기 시작했다. 여기에 3국 간 정치적 갈등까지 겹치면서 1977년 공동체 해체와 함께 단일 화폐 사용도 끝났다(기획재정부, 2011).

실패의 사례로 든 통화동맹은 모두 통합된 중앙은행을 두지 않고, 각국이 명칭만 같은 화폐를 발행해 썼다는 점에서 출발부터 한계를 가지고 있었다. 그렇다 보니 통화 발행량을 통제할 수 없게 됐고, 그에 따라 통화 가치의 안정이나 고정환율제의 유지도 불가능했다. 또 무역수지를 둘러싼 이해관계와 그에 따른 경제력 격차를 조정할 수 있는 정치력도 없었다. 이는 동맹국들 사이에 어떤 이유로 경제력에 차이가 생기면, 높은 수준의 정치적 결속 없이 통화동맹을 유지하기가 어렵다는 사실을 보여준다. 결국 통화동맹의 성공 여부는 각각의 사례에서 증명됐듯이 동맹국들의 정치적 의지에 달려 있다.

유로존의 한계

통화동맹은 경제력 격차와 그에 따른 갈등을 조정할 장치가 마련되지 않으면 유지하기가 어렵다. 이는 역사적 교훈이다. 경제사학자인 영국 옥스퍼드대학의 니얼 퍼거슨^{Niall Ferguson}은 『The Cash Nexus: Money and Power in the Modern World, 1700-2000』라는 저서에서 "회원국 간의 재정 불균형 문제가 정치적으로 독립적인 국가들 간의 통화동맹을 빠르게 해체시킨 원인이었다"며, "이것을 해소하지 않는 한 통화동맹은 오래 지속될 수 없다"고 지적했다(Ferguson, 2002). 그의 말대로 현재 유로존이 안고 있는 문제도 회원국 간 재정 불균형과 밀접히 관련돼 있다.

그러나 보다 근본적인 원인을 따져보면, 유로존의 위기는 재정 불균형을 심화시키면서도 그것을 해소할 수 있는 장치가 없는 통화동맹 자체의 한계에서 비롯됐다. 앞서 살펴봤듯이, 통화동맹 내에서는 환율 조정 메커니즘이 작동하지 않는다. 이 때문에 경상수지의 불균형이 심화되고, 그에 따라 재정수지의 불균형이 확대된다. 이런 상황에서 재정 적자 누적으로 위기에 빠진 국가가 취할 수 있는 가장 부담 없는 정책 수단은 인플레이션정책이다. 돈을 찍어내 풀면, 화폐 가치가 떨어져서 실질적인 빚 부담이 줄게 된다. 이른바 '부채의 화폐화'다. 수출품의 가격 경쟁력도 높아져서 경상수지 적자가 줄고, 경기도 나아지면서 재정수지도 개선된다. 사실 2008년 글로벌 금융위기 이후 미국과 일본 등 주요 선진국들이 쓰고 있는 양적완화도 이런 효과를 노린 것이다. 그러나 유로존에 속한 국가들에게는 독자적으로 이런 정책을 쓸 권한이 없다. 재정 적자를 줄이려면 오직 긴축에 의존해야 한다. 문제는 긴축이 경제를 더욱 수축시키는 악순환을 부를 수 있는 데 있다(정의길, 2012).

1999년 1월 1일 유로존 출범 이후 독일 등 핵심국들은 경상수지 흑자가 지속적으로 쌓여갔다. 경쟁력이 있는 핵심국의 입장에서는 유로화가 독자적인 화폐를 쓸 때보다 저평가된 것이나 마찬가지였기 때문이다. 반면 경쟁력이 약한 그리스' 등 주변국들은 자국 화폐를 사용할 때보다 고평가된 유로화를 쓰는 셈이 됐다. 그렇다 보니 경상수지 적자가 지속되고, 그 때문에 재정수지까지 계속 악화됐다.

부작용은 그뿐만이 아니었다. 핵심국 가운데도 주도적인 역할을 하는 독일 위주의 통화정책으로 주변국에 저금리의 자금이 대거 유입됐다. 그 결과 자산시장에 거품이 끼게 됐다. 2008년 글로벌 금융위기를 계기로 이 거품이 꺼지자 경기가 급속도로 나빠졌다. 은행 등 금융기관들은 파산위기에 직면하고 그동안 누적된 정부의 재정 적자 문제도 수면 위로 올라왔다.

주변국들은 2008년 글로벌 위기 이전 저금리 자금의 유입으로 경기가 과열되면서 물가마저 급등했다. 독일 등 핵심국은 엄격한 재정정책과 지속적인 구조개혁으로 물가를 안정적으로 관리한 반면, 주변국들은 물가 수준이 핵심국의 2배 이상을 기록했다(기획재정부, 2011). 게다가 일부 국가들은 인플레이션을 억제하기 위해 재정 적자를 일정

수준 이하로 줄이도록 하는 규정[2]을 어긴 것으로 드러났다.

유럽연합이 재정위기로 구제금융을 받은 국가들에게 요구한 조치는 강력한 긴축이었다. 그러나 이는 해당국 국민들의 강력한 반발을 불러일으켰다. 뿐만 아니라 긴축을 집행하는 과정에서 주변국의 경기는 더 나빠졌다. 그 결과 그나마 상대적으로 경기가 좋았던 독일까지 경기가 부진해지면서 유로존 전체가 디플레이션에 빠지는 것이 아니냐는 우려를 낳고 있다.

그리스 등 남유럽 국가들의 재정위기 처리과정에서 드러났듯이, 유로존은 통화동맹으로서 분명한 한계를 갖고 있다. 첫째, 단일 통화 사용으로 역내 환율이 고정돼 있어 수출 경쟁력이 떨어지는 회원국이 환율 조정을 통해 수출을 늘릴 수 없다. 이 때문에 무역수지를 포함한 경상수지의 불균형 해소가 불가능하다. 둘째, 회원국 간에 재정 정책을 조율하거나 감시하는 장치가 미흡해 특정 회원국은 재정이 건전한 반면, 다른 회원국은 재정이 악화되는 문제가 발생한다. 또한 이런 재정 불균형 문제가 위기로 불거져도 적자국에 긴축 말고는 별다른 대책을 요구할 수 없다. 셋째, 금융시장의 통합으로 금융 시스템의 상호 연관성이 커지면서 위기가 발생할 때 전이될 위험성이 높다(Norte Europe, 2012; 이정환, 2012에서 재인용). 그럼에도 불구하고 사전에 금융 기관의 부실을 막고 위기 발생 시 효율적으로 대처할 수 있는 단일 감독 기구[3]조차 없었다가 최근에야 겨우 출범했다.

재정동맹이냐, 동맹 해체냐?

최근 유럽에서 2014년 10월 30일 첫 방송된 프랑스 TV 'France 4'의 드라마 '애너키Anarchy'가 화제다. 큰 줄거리는 프랑스가 경제위기로 인한 국가 부도 사태를 피하기 위해 유로화를 버리고 프랑화로 다시 되돌아간다는 내용이다. 시나리오 구성에는 시청자들이 참여했다(KBS 방송문화연구소, 2014). 이 드라마에서 비록 가정이지만 프랑스가 통화동맹을 탈퇴하고 다시 자국 화폐를 사용한다는 설정을 한 것은 가볍게 넘길 일이 아니다.

유로존은 존폐의 기로에 서 있다. 실제로 그리스 등 남유럽 국가들의 재정위기를 계기로 유로존 장래를 둘러싼 논의가 활발해졌다. 구제금융을 통해 위기를 넘겼지만, 통화동맹의 구조적 문제가 드러난만큼 앞으로의 진로를 고민하지 않을 수 없게 됐다. 통화동맹의 해체까지 거론하지 않더라도 갈림길에 놓인 것만은 분명하다.

이러한 유로존 위기에 대한 문제 해결 방안은 크게 두 가지로 생각해 볼 수 있다. 하나는 경상수지 적자를 감당할 수 없는 그리스 등 주변국 일부가 탈퇴하는 방안이다. 현실적이기는 하지만, 단기적인 후유증을 감수할 각오가 있어야 가능한 일이다. 다른 하나는 적자 문제를 근본적으로 해결할 수 있는 보다 높은 차원의 동맹으로 진화하는 방안이다. 어려운 과정을 거쳐야 하지만 이탈을 막으려면 이 길밖에는 없다.

먼저 일부 가맹국이 탈퇴했을 경우 벌어질 일을 생각해보자. 탈퇴는 유로화를 버리고 다시 독자적인 화폐로 돌아가는 것이다. 빚이 많은 탈퇴국은 환율이 급등하고 금리도 뛰게 된다. 당연히 물가도 치솟고 채무 부담도 무거워진다. 단기적으로 엄청난 비용을 감수해야 하고 국민들의 생활도 팍팍해질 것이다. 잔류국들이 져야 할 부담도 적지 않다. 탈퇴국이 연착륙하려면 지원이 불가피하기 때문이다. 비용을 감수하고라도 탈퇴국이 파산을 모면할 수 있다면 그나마 다행이다. 그렇지 않을 경우에는 잔류국들까지 연쇄적으로 금융 시스템이 불안해질 수 있다.

단기적인 후유증만 극복할 수 있다면, 탈퇴는 중장기적으로 문제 해결의 실마리가 될 수 있다. 탈퇴국은 우선 통화 증발을 통해 부채 부담을 줄일 수 있다. 통화 가치 하락에 따른 환율 상승으로 수출품의 경쟁력을 회복하고 경상수지 적자와 재정수지 적자도 개선할 수 있다. 잔류국들도 회원국 간 경제력 차이에서 오는 불균형 때문에 생기는 위기의 파장으로부터 한층 자유로워질 수 있다.

그러나 적자국이 탈퇴한다고 해서 유로존이 갖는 통화동맹의 근본적인 문제가 해결되지는 않는다. 궁극적인 해결의 실마리는 은행동맹, 재정동맹으로 이어지는 금융관리감독기구의 통합과 재정 불균형 조정 제도에서 찾아야 한다. 유럽연합도 이런 구상을 갖고 있지 않은 것은 아니다. 오히려 정책 통합, 정치 통합으로 이어지는 보다 원대한 계획을 천명해 놓고 있다(European Council, 2012; 이정환, 2012에서 재인용).

재정위기 이후 은행동맹은 구체화되고 있다. 유럽연합은 2012년

12월 정상회의에서 유로존 내 금융안정을 위해 은행동맹을 추진하기로 결정했다. 은행동맹은 단일 감독규정을 만들고, 이를 바탕으로 유럽중앙은행 산하에 단일 감독기구, 단일 정리기구, 단일 예금보험기구 등 세 가지 관리감독장치를 단계적으로 설치하는 것이 핵심 내용이다.그림 46 이 가운데 은행의 거시건전성, 자기자본, 유동성 조달 등을 전반적인 은행 감독권을 행사할 단일 감독기구SSM는 1단계로 2014년 11월 4일 이미 출범했다. 이 기구는 유로 안정화 기금이 투입됐거나 자산규모가 300억 유로 이상인 130개 대형은행을 우선적으로 감독하게 된다. 유럽연합 내 나머지 6,000여 개 은행들에 대해서는 상황에 따라 감독 권한을 부여받게 된다.

2단계 장치인 단일 정리기구Single Resolution Mechanism는 2015년 1월 설립됐다. 이 기구는 부실화된 은행에 대해 구제금융 지원 여부를 결정하고 회생안을 만드는 권한을 갖는다. 이를 위해 8년 동안 은행들로부터 분담금을 받아서 550억 유로의 단일 정리기금Single Resolution Fund을 조성하게 된다.

3단계 장치인 단일 예금보험기구Single Deposit Insurance Mechanism는 아직 구체적인 설립 방안과 일정이 나오지는 않았으나 중장기 과제로 추진될 예정이다. 은행 파산 시 예금자를 보호하고 공적자금 투입을 최소화하기 위해 주주는 물론 채권자에 대해서도 손실을 분담시키기 위한 장치지만, 현재까지 합의된 것은 예금보험 지침을 개선하기로 한 것뿐이다.

앞서 출범한 단일 감독기구 및 정리기구와는 달리 단일 예금보험

그림 46 | 유럽연합의 은행동맹 3단계 추진 구상

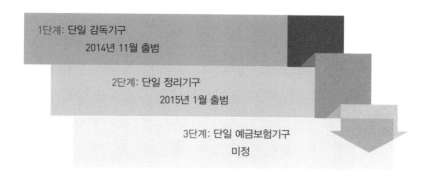

1단계: 단일 감독기구
2014년 11월 출범

2단계: 단일 정리기구
2015년 1월 출범

3단계: 단일 예금보험기구
미정

기구 설립이 지체되고 있는 것은 보험기금 분담을 놓고 회원국 간 이해가 충돌하고 있기 때문이다. 현재 유럽연합 국가들의 은행 건전성과 예금보험기금 규모는 각국의 경제상황에 따라 뚜렷한 차이를 보이고 있다. 특히 재정위기나 금융위기를 겪고 있는 나라들은 은행의 건전성이 낮고 예금보험기금도 부족하다. 그렇다 보니 독일처럼 은행의 건전성이 높고 기금도 많이 쌓아놓은 나라들은 부실한 나라들과 기금을 합쳐 예금보험을 공동으로 운영하기를 원하지 않는다. 예컨대, 단일 예금보험기구하에서는 그리스나 스페인처럼 은행파산으로 예금자를 구제해야 할 경우, 그 가운데 상당액을 독일 납세자들이 부담하는 셈이 된다. 독일과 같은 나라가 단일 예금보험기구 설립을 꺼리는 것도 그 때문이다. 결국 은행동맹의 성공여부도 재정 분담 문제를 어떻게 해결하느냐에 달려 있다.

이처럼 재정동맹은 유로존의 근본 문제를 해결하기 위해 반드시 이뤄야 할 과제이다. 유럽연합 회원국들도 이 점을 충분히 인식하고 있다. 2012년 3월 영국과 체코를 제외한 유럽연합 25개 회원국은 '신 재정협약'에 서명했다. 각국이 재정규율을 보다 엄격하게 적용하도록 기존의 '안정과 성장에 관한 협약SGP'을 강화한다는 내용이다. SGP는 재정적자와 국가 채무가 각각 GDP의 3%와 60%를 넘어서지 않도록 하고 있었다. 그러나 이를 위반하는 회원국들이 적지 않았다. 신재정 협약은 이처럼 유명무실해진 규정을 엄격하게 적용하도록 했다. 그리고 실천을 담보할 수 있는 방안의 하나로 각 회원국이 재정 적자 상한선을 국내법으로 규정하기로 했다. 재정규율이 지켜질 수 있도록 유로존 내 정책협력도 강화하기로 했다.

재정규율의 강화는 재정동맹으로 가는 첫 걸음이다. 그러나 실질적인 재정동맹에 한 걸음 더 다가서기 위해서는 공동자금을 조달하고 지출하는 것과 재정 이전 제도를 도입하는 것이 필수적이다. 하지만 이에 필요한 공동 유로본드 발행과 부채상환기금 조성, 공동 실업보험 설립 등에는 합의에 이르지 못했다. 독일 등 일부 핵심 국가들의 반대가 심했기 때문이다.

이렇듯 유로존이 통화동맹의 한계를 극복하고 재정동맹으로 발전해 실질적인 경제 통합을 이루기는 쉽지 않다. 정치 지도자들이 의지를 갖고 있어도 납세를 통해 비용을 분담해야 하는 국민 대다수가 꺼린다. 결국 문제는 돈이다. 비교적 부담이 적은 은행동맹조차 구체화되기가 어려운데, 하물며 더 직접적으로 국민의 세금이 들어가는 재정동맹은 오죽 어렵겠는가. 그렇다고 전혀 불가능한 것은 아니지만,

시간이 많이 남아 있는 것도 아니다. 그리스 등 남유럽의 재정위기에서 보듯이 역내 불균형이 심화되고 위기가 되풀이될수록 정치적 결단을 촉구하는 목소리는 더욱 커질 것이다.

Dollar's Paradox

CHAPTER 8

미국 앞에만 서면 작아지는 일본

Dollar's
Paradox

아베노믹스의 명과 암

일본의 아베노믹스^{Abenomics[1]}가 수렁에 빠졌다. 시작한 지 채 2년도 지나지 않아서 역효과와 부작용이 만만치 않다. "윤전기를 돌려 돈을 무제한 찍어내서라도 경제를 살리겠다"는 아베 총리의 말이 무색해졌다.

2012년 12월 아베 정권 출범 이후 2년 동안 일본은행의 통화공급량은 132조 엔에서 275조 엔으로 두 배 이상 늘어났다. 같은 기간 달러화에 대한 엔화의 환율은 1달러에 82엔 선에서 118엔대로 치솟았다.그림 47 일본은행의 양적완화에 힘입어 엔화 가치가 달러 대비 45% 하락한 것이다. 엔화 값을 떨어뜨리기 위한 돈 풀기는 일단 소기의 목적을 달성했다.

디플레이션에서 탈출하려는 시도 역시 어느 정도 성공을 거뒀다.

그림 47 | 달러화에 대한 엔화의 환율 추이

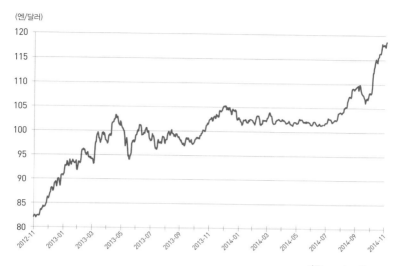

자료: www.investing.com

그림 48 | 일본의 소비자물가(CPI) 상승률 추이(한국은행 도쿄 사무소, 2014)

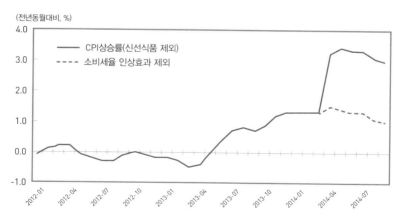

자료: 일본은행(BOJ)

그림 49 | 일본 닛케이지수 추이

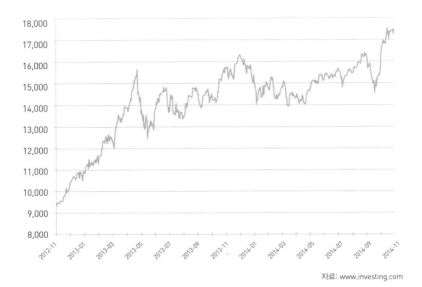

자료: www.investing.com

2014년 4월 이후 소비자물가 상승률이 3%대를 유지하고 있다. 그러나 5월 3.4%를 정점으로 상승률이 점차 둔화되는 모습을 보이고 있다. 게다가 4월 1일부터 5%에서 8%로 오른 소비세율 인상 효과를 제외하면 상승률은 1%대로 낮아진다.그림 48 수치상으로 보면 디플레이션을 벗어난 것이지만, 만족할 만한 수준은 아니다.

주가의 부양에도 효과를 나타냈다. 일본 닛케이 주가지수는 2년 동안 86% 상승했다.그림 49 이는 엔저에 힘입어 수출 기업 중심으로 실적이 호전된 것을 반영한 것이기도 하지만, 양적완화로 풀린 풍부한 유동성이 주식시장으로 몰린 데 크게 힘입었다.

그러나 디플레이션 탈출 신호와 주가 급등에도 불구하고 아베노믹

그림 50 | 일본의 분기별 실질 GDP 성장률 추이

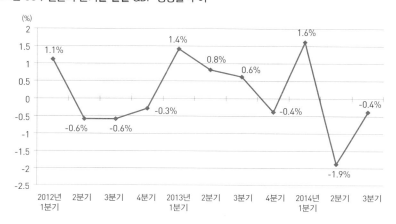

자료: www.tradingeconomics.com, 일본 내각부

스가 성공 가도를 달리고 있다고 보는 전문가는 거의 없다. 오히려 역
효과와 부작용을 걱정하는 목소리가 갈수록 커지고 있다.

역효과와 부작용은 여러 가지 지표에서 나타나고 있다. 한때 아베
노믹스의 성공 가능성을 보여줬던 경제 성장률은 2분기 연속 마이
너스를 기록했다. 2014년 1분기에 전 분기 대비 1.6% 상승했던 실질
GDP 성장률은 2분기에 마이너스 1.9%를 기록한 데 이어 3분기에도
예상을 뒤엎고 마이너스 0.4%를 나타냈다.그림 50 경기 침체recession2를
벗어난 지 1년도 채 안 돼 다시 침체에 빠진 셈이다. 2014년 4월 소비
세를 올린 것이 영향을 미쳤다고는 하지만, 예상보다 소비와 투자 위
축이 심각한 것으로 드러났다.

2분기 연속 마이너스 성장으로 아베노믹스에 대한 회의적 여론이

확산되자 아베 신조 총리는 2차 소비세 인상 시기를 연기하기로 결정했다. 추가로 올리지 않는 것이 아니라 2017년 4월까지 1년 6개월 늦춘다는 것이다. 아베 정권은 당초 2014년 4월 1차 소비세 인상에 이어 2015년 10월 2차로 소비세를 8%에서 10%로 올릴 계획이었다. 아베 정권이 소비세를 두 차례나 인상하기로 한 것은 급증하는 재정적자가 자칫 일본 경제를 파국으로 몰고 갈 가능성이 있기 때문이다. 그러나 증세정책은 아베 정권이 경제 부활을 위해 사용하고 있는 이른바 '세 개의 화살'의 효과를 반감시킬 수 있다.

아베 정권은 두 마리의 토끼를 쫓고 있다. 한편으로는 재정과 통화 확대정책으로 돈을 풀어 경기를 부양하려 한다. 다른 한편으로는 빚더미에 올라선 국가의 재정위기를 막기 위해 증세로 돈을 거둬들이려 하고 있다. 이건 이율배반적인 딜레마다.

위태로운 아베의 도박

양적완화의 확대냐, 소비세 추가 인상이냐? 아베 정권은 결국 전자를 먼저 선택했다. 당분간 재정 적자가 늘어나는 것을 감수하고라도 경기 부양에 온 힘을 쏟겠다는 선언이다. 이로써 아베 정권의 두 번째 모험이 시작됐다. 정권의 진퇴뿐만 아니라 나라의 명운이 걸린 도박

그림 51 | 일본의 무역수지 추이

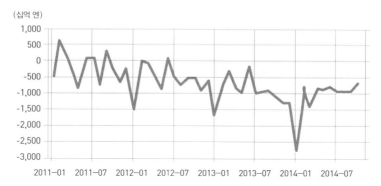

자료: www.tradingeconomics.com, 일본 내각부

이다.

양적완화 확대를 선언한 이후 엔저는 가속화되고 있다. 하지만 엔저가 무역수지를 개선하는 데 얼마나 효과가 있는지는 아직도 의문이다. 일본의 무역수지 적자는 2014년 1월 2조7,899억 엔으로 불어났다. 엔저 효과에도 불구하고 사상 최대 규모의 적자였다. 이후에도 적자가 계속되고 있지만 규모는 크게 줄어들었다.그림 51 물론 수출에 어느 정도 엔저 효과가 있는 것은 사실이다. 아베노믹스가 시작되기 전 1달러어치를 수출하면 82엔을 벌어들이는 셈이었지만, 2014년 11월 말 환율로는 118엔을 손에 쥘 수 있다. 환율 상승으로 그만큼 수출품의 가격 경쟁력이 생겼으니 수출이 늘어나는 것은 당연하다.

그러나 2014년 1월 이후 무역수지 개선을 이것만으로 설명하는 데는 한계가 있다. 무역수지 개선에는 수입액이 줄어든 것도 큰 몫을 했다. 급증했던 에너지 수입 비용이 최근 가격 하락으로 감소하고 있는 덕분이다. 일본은 2011년 동일본 대지진 이후 한때 에너지 수입 비용이 급증했다. 후쿠시마 원전사고를 계기로 원자력 발전소의 가동을 대부분 중단하면서 해외로부터 에너지 수입을 크게 늘렸기 때문이다. 하지만 세계적인 불황으로 최근 원자재, 특히 원유 등 에너지 가격이 급락하면서 수입 비용이 줄었다. 앞으로도 상당기간 에너지 가격이 급반등할 가능성이 없다는 것은 아베 정권에게는 다행스런 일이다. 엔저 효과로 수출이 기대만큼 늘어나지 않더라도 무역수지가 크게 악화되는 일은 거의 없을 테니까 말이다.

아베노믹스의 성공여부에 결정적인 영향을 미칠 수 있는 중요한 변수는 금리다. 일본은행의 양적완화는 채권을 사들이는 방식으로 돈을 푸는 것이다. 반면, 일본 정부의 재정 확대는 국채 발행이나 세수 증대를 통해 마련한 돈을 푸는 것이다. 양적완화로 채권을 사들이면 채권 값이 오른다. 이는 채권의 유통수익률, 즉 시장금리가 떨어지는 것을 의미한다. 하지만 일본 정부가 세수를 늘리지 못해 대신 국채 발행 물량을 확대하면 채권 값이 떨어진다. 이는 채권의 유통수익률, 즉 시장금리가 오른다는 뜻이다. 금리가 오르면 투자와 소비가 위축된다. 이렇게 되면 아베노믹스는 순항하지 못한다. 이건 아베노믹스에 대한 시장의 반격이다.

2013년 5월 실제로 이 같은 시장의 반격이 일어났다. 아베노믹스가 시작된 지 겨우 반 년이 지난 시점이었다. 아베 정권의 돈 풀기 정책으로 떨어지던 금리가 갑자기 치솟기 시작했다. 2013년 3월 연

그림 52 | 일본의 10년 만기 국채 수익률 추이

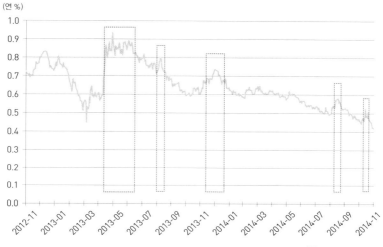

자료: www.investing.com

0.451%까지 하락했던 10년 만기 국채 수익률이 5월 들어 급등하기 시작해 한때 연 1% 가까운 수준까지 뛰었다.그림 52 일본 정부의 공격적인 재정확대정책이 재정 적자를 확대시켜 국채 발행 규모를 늘릴 수밖에 없을 것이라는 우려가 주된 원인이었다. 여기에다 일본은행의 양적완화 또한 인플레이션에 대한 기대를 높임으로써 금리 상승을 부추겼다. 시장금리가 급등하자 일본 기업들이 자금 확보를 위해 계획했던 회사채 발행을 늦추는 사태가 잇따랐다.

국채 금리가 상승할 경우 가장 직접적으로 피해를 보는 것은 국채 발행자인 일본 정부와 최대 보유자인 일본의 금융기관들이다. 일본 정부는 채권을 신규로 발행하는 이자 부담이 늘어나고, 금융기관들은 보유 채권의 값이 떨어져 손실이 확대되기 때문이다.

다행히 시장의 반격은 일본 은행이 시장에 개입하면서 일시적인 해프닝으로 끝났다. 하지만 일본 정부가 세수 확보에 대한 대책 없이 재정을 확대할 경우 아베노믹스가 순항할 수 없다는 교훈을 남겼다. 정도는 약해졌으나 비슷한 상황은 이후에도 간헐적으로 나타나고 있다. 이는 아베노믹스가 앞으로도 만만치 않은 도전에 직면할 것이라는 우려가 기우가 아니라는 사실을 보여준다. 2분기 연속 마이너스 성장으로 2차 소비세 인상 시기를 2017년 4월까지 늦췄지만, 그때까지 아무 일도 없을 것이라고는 누구도 장담하지 못한다.

일본의 아킬레스건은 국가 채무

2014년 12월 1일 국제신용평가사 무디스Moody's가 일본의 국가신용 등급을 'Aa3'에서 'A1'으로 한 단계 내렸다. 무디스가 일본의 신용등급을 하향 조정한 것은 2011년 8월 이후 3년 4개월만이다. 피치Fitch는 2012년 5월 이미 일본의 신용등급을 'AA'에서 'A+'로 두 단계나 강등했다. 이로써 국제 3대 신용평가사 가운데 S&P만 일본의 신용등급을 한 단계 높은 'AA-'로 유지하고 있다.그림 53 게다가 피치와 S&P는 전망조차 '부정적negative'으로 보고 있다.

그림 53 | 일본의 신용등급 추이

무디스(Moody's)

[검색기간 : 1981-10-01~2014-12-01]

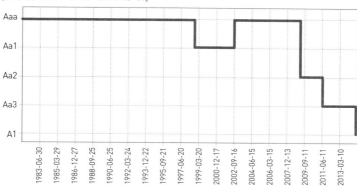

피치(Fitch)

[검색기간 : 1994-08-10~2012-05-22]

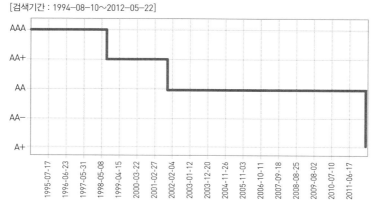

S&P

[검색기간 : 1975-02-28~2011-04-26]

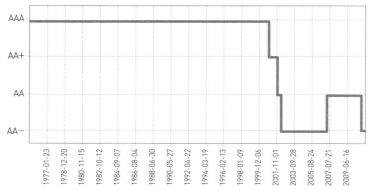

주: 장기신용등급표

Moody's	Aaa	Aa1	Aa2	Aa3	A1	A2	A3	Baa1	Baa2	Baa3	Ba1	Ba2	Ba3	B1	B2	B3	Caa	Ca	C
Fitch	AAA	AA+	AA	AA-	A+	A	A-	BBB+	BBB	BBB-	BB+	BB	BB-	B+	B	B-	CCC	CC	C
S&P	AAA	AA+	AA	AA-	A+	A	A-	BBB+	BBB	BBB-	BB+	BB	BB-	B+	B	B-	CCC	CC	C

자료: 국제금융센터

무디스가 밝힌 신용등급 강등의 가장 큰 이유는 우선 소비세 인상 연기 등의 여파로 일본 정부가 제시했던 재정 적자 감축 목표 달성이 불확실해졌다는 것이다. 무디스는 여기에다 디플레이션 상황에서 경기를 부양하기 위한 조치들이 효과를 발휘할 수 있는 시기도 명확하지 않다고 지적했다. 이런 여건을 감안하면 일본의 국채 금리가 오르고 중기적으로 국채 상환 여력도 떨어질 수 있다는 게 무디스의 평가다. 무디스는 앞으로 재정의 대대적인 구조조정을 단행하면 경제기초 여건이 개선될 여지가 있는 만큼 등급 전망은 '안정적stable'으로 본다고 밝혔다.

그림 54 | 일본의 총국가채무 및 GDP 대비 비율 추이

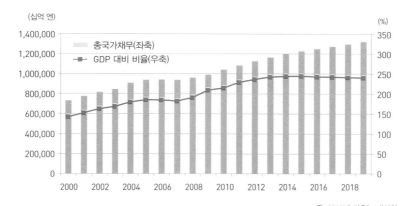

(십억 엔)

- 총국가채무(좌축)
- GDP 대비 비율(우축)

주: 2013년 이후는 예상치
자료: IMF, World Economic Outlook Database, October 2014

무디스 등 신용평가사들이 하나 같이 언급하고 있듯이, 일본 경제의 최대 아킬레스건은 급증하는 국가 부채다. 일본의 총국가채무규모는 2014년 기준으로 1,197조 엔을 넘어섰다. GDP의 245%에 이른다. 2010년 재정위기를 겪을 당시 그리스(147.3%)나 이탈리아(126.8%)에 비해서도 100% 포인트 안팎 높은 수준이다. 부채가 늘어나는 것은 재정 적자 탓이다. 일본 정부의 2014년도 예산규모는 95조8,823억 엔이다. 이 가운데 조세 수입 등으로 충당할 수 있는 비중은 57% 정도다. 나머지 43% 가량은 국채를 발행해 메워야 한다. IMF는 이런 추세라면 2019년 일본의 총국가채무규모가 1,324조 엔을 웃돌고, GDP 대비로도 240%선 밑으로 떨어지기는 힘들 것으로 예상하고 있다.그림 54

그럼에도 불구하고 일본 정부는 2015년까지 GDP 대비 재정 적자

그림 55 | 일본의 GDP 대비 재정 적자 비율 추이

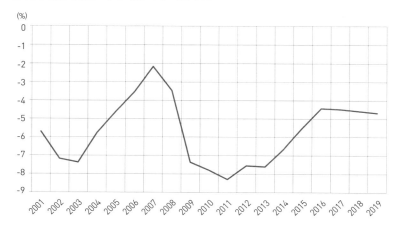

주: 중앙정부 및 지방정부 합계, 2015년 이후는 예상치
자료: IMF, World Economic Outlook Database, October 2014

비중을 2010년의 절반 수준으로 줄이고, 2020년에는 흑자로 전환한다는 계획을 세워놓고 있다. 하지만 현재의 여건으로 봐서 재정 투입을 확대하면서 재정 건전성을 높이는 것은 상당한 어려움이 따를 수밖에 없다. 당장 2013년만 해도 긴급 경제대책으로 편성한 10조3,000억 엔의 추가경정예산으로 인해 재정수지 적자가 GDP의 7.6% 수준으로 늘어났다. 2014년에는 소비세 인상으로 어느 정도 세수 증대 효과를 거뒀다. 하지만 그에 따른 반작용으로 경제 성장률이 뒷걸음질치면서 재정 지출을 늘려야 했다. 이 때문에 적자가 기대했던 만큼 줄지는 않았다. 이런 추세라면 IMF의 자료그림 55에서 보듯이 일본 정부의 재정 건전화 목표는 달성하기 어려울 것으로 예상된다.

그림 56 | 일본 국채 보유 비중[3]

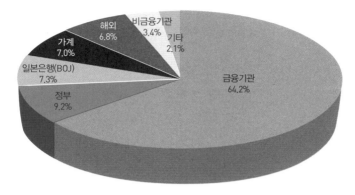

해외
6.8%
비금융기관
3.4%
가계
7.0%
기타
2.1%
일본은행(BOJ)
7.3%
금융기관
64.2%
정부
9.2%

주: 2013년 말 기준
자료: 일본은행(BOJ)

이런 상황에서 금리가 상승한다고 가정해 보자. 사실 가정이 아니라 그럴 가능성이 크다. 물론 대대적인 양적완화는 일시적으로 금리를 낮출 수 있다. 하지만 통화 가치 하락과 물가 상승을 유발하기 때문에 국채 금리를 포함한 중장기 금리 상승으로 이어질 가능성이 크다. 금리 상승은 채권 값이 그만큼 떨어진다는 의미다. 따라서 금리가 오르면 국채의 3분의 2 가까이를 보유하고 있는 일본 내 금융기관들이 타격을 받게 된다.그림 56 그럴 경우 손실이 늘어나 부실화된 금융기관이 생기고, 금융기관의 국채 매입 여력도 약화된다(구본관, 2013). 당연히 일본 정부의 국채 발행이 차질을 빚게 되고 금리는 더 오르는 악순환이 발생하게 된다.

국채 금리 상승은 일본 정부의 부담을 가중시킬 것이다. GDP의 250%에 가까운 빚을 떠안고 있는 일본 정부가 해마다 갚아야 하는 이자만 재정 지출액의 10%를 웃도는 규모다(황나영, 2013). 원금 상환액까지 합치면 2014년의 경우 정부 예산의 24.3%를 빚을 갚는 데 썼다. 여기서 빚이 더 늘어나면 빚을 얻어 빚을 갚아야 하는 곤혹스런 상황이 올 수 있다. 이럴 경우 일본의 국가 신인도가 추락하고, 재정위기가 발생할 가능성이 커진다. 일본 경제가 차지하고 있는 비중을 감안하면, 일본발 경제위기는 전 세계를 충격에 빠뜨릴 것이다.

버블 붕괴와 '잃어버린 20년'

지나친 부의 축적은 때때로 재앙이 될 수도 있다. 이 말은 '주식회사 일본'의 침몰을 설명하기에 적절하다. 1980년대 말까지 일본 경제는 그들의 표현대로 '욱일승천旭日昇天'의 기세로 성장했다. 국부는 막대한 무역흑자를 바탕으로 쌓여갔다. 1985년 일본의 GDP는 미국의 3분의 1수준까지 성장했다. 세계 제2의 경제 대국이 됐다. 일본은 야심을 드러내기 시작했다. 엔화를 국제화하고 기축통화로 만들어 세계 경제를 지배하겠다는 구상을 구체화하기 시작했다.

미국은 일본의 부상이 두려웠다. 자신들은 엄청난 대일 무역 적자로 어려움을 겪는 데 반해, 일본은 대미 무역에서 얻은 흑자를 바탕으로 자신들을 위협하고 있으니 그런 생각이 들 만도 했다. 미국은 마침

그림 57 | 일본 니케이지수 추이

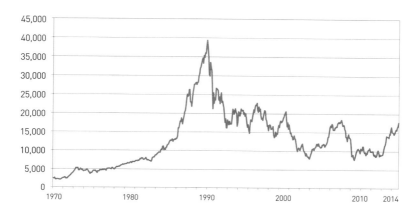

자료: Nikkei Industry Research Institute

내 일본에 대해 엔화의 절상을 강력하게 요구했다. 그 결과는 1985년 9월 플라자 합의로 나타났다. 엔화 가치는 급등했다. 달러화에 대한 엔화의 환율은 플라자 합의 직전 1달러에 239엔 수준에서 1987년 말에는 121엔까지 떨어졌다.

엔화 값의 상승은 일본 경제의 구조를 바꿔놓았다. 수출 주도 경제가 내수 병행 경제로, 그리고 은행 저축 위주의 자금 운용이 주식과 부동산 투자 중심으로 변했다. 주식과 부동산 가격은 천정부지로 치솟기 시작했다. 1989년 말 니케이지수는 38,900을 넘어섰다. 10년 만에 6배로 치솟았다. 그림 57

부동산 가격도 급등했다. 땅값 상승은 토지 용도로는 상업지에서 주거지로 번졌고, 지역으로는 도쿄 도심에서 도쿄권, 대도시권, 지방

그림 58 | 일본과 미국의 국토 면적 및 1989년 말 토지 가치 비교

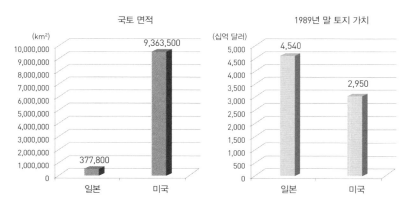

자료: Banks, R. ed. (1989)

권으로 이어졌다. 그 결과 일본 전 국토의 땅값은 면적이 25배에 이르는 미국 전체 땅값의 2.5배나 될 정도였다.그림 58

일본 기업과 일본인들의 자산 투자는 국내에 국한되지 않았다. 특히 미국의 부동산과 기업들은 일본 자본의 매력적인 투자 대상이었다. 일본 수출기업의 대명사였던 소니가 할리우드의 컬럼비아 픽처스를 사들이고 미쓰비시가 미국 경제의 심장부 뉴욕 록펠러센터의 주식 51%를 인수한 것은 상징적인 사건이었다. 이러는 사이 일본의 은행들은 주식과 부동산 투자에 나선 기업과 개인들을 대상으로 돈 놀이에 나섰다. 그 결과 1980년까지 만해도 GDP의 200%에 미치지 못했던 일본 은행들의 국내 신용창출규모는 1989년 GDP의 260%에 근접했다.

뒤늦게 버블의 위험을 감지한 일본은행은 금리를 올리기 시작했다.

1989년에만 5월과 10월, 12월 세 차례에 걸쳐 금리를 인상했다. 그러자 1990년 1월 마침내 주가가 급락하고, 부동산 가격도 오름세가 멈췄다. 일본은행은 1990년에도 3월과 8월 두 차례 더 금리를 올렸다. 이런 상황에서 미국 경제마저 저축대부조합 파산으로 불황에 직면했다. 안팎으로 어려워진 경제 상황 속에서 일본의 자산시장은 급격한 버블 붕괴를 피할 수 없게 됐다.

주가와 부동산 가격의 급락으로 위기에 몰린 것은 일본의 금융기관들이었다. 일본은행의 추산으로는 1990년대 초 버블 붕괴 이후 주가와 땅값 하락으로 인한 손실이 1,300조 엔에 이르고, 이 가운데 은행에 남겨진 부실채권이 100~120조 엔 가량이다.

무분별한 신용 확장은 과잉 투자와 소비를 낳는다. 그리고 주식과 부동산 가격 등 자산 가치의 급격한 상승, 즉 버블로 이어진다. 그러나 어느 순간 버블을 받쳐줄 수요가 충분하지 않게 되는 순간 모든 신용 버블은 디플레이션으로 종결된다. 버블이 꺼지기 시작하면 채무자들은 부채에 대한 이자를 더 이상 감당할 수 없게 된다. 결국 파산이 뒤따르고 신용은 위축되며 경기는 침체에 빠진다. 일본의 자산 버블 역시 이런 방식으로 끝났다(Duncan, 2005).

한때 혼자만의 승리에 도취해 버블을 키운 일본의 도박은 결국 '잃어버린 20년'이라는 참담한 결과를 낳았다. 물론 가장 큰 원인은 일본 정부와 중앙은행의 정책 실패에 있다. 하지만 그 이면에는 통화전쟁을 일으킨 기축통화국 미국이 자리하고 있다. 통화팽창을 통해 성장률을 끌어올리는 것은 어렵지 않지만, 그로 인해 버블이 생겼을 때 그것을 다른 나라에 전가시키는 일은 아무 나라나 할 수 있는 일이 아니다. 오직 기축통화국만이 자신의 고통을 남에게 떠넘길 수 있다. 플라자 합의와 루브르 합의로 이어지는 대일본 압박을 통해 미국은 통화 전쟁의 승자가 됐고, 일본은 패자가 됐다. 이것이 바로 통화전쟁의 교훈이다.

미국이 엔저円低를 용인하는 이유

일본의 엔저정책은 수출을 늘려 경기를 부양하겠다는 게 가장 큰 목적이다. 전 세계를 향해 사실상 통화전쟁을 선언한 것이나 다름없다. 수출시장에서 일본과 경쟁해야 하는 다른 나라들은 달가워할 수가 없다. 미국도 마찬가지다. 1985년 플라자 합의 때는 오히려 일본에 엔고를 압박해 관철시켰다.

그 후 27년 반이 지난 시점에서 일본의 엔저에 대한 미국의 태도는 달라졌다. 2013년 3월 12일 영국 런던에서 열린 G7 재무장관과 중앙은행 총재 회의는 공동성명을 발표했다. 핵심 내용은 "환율은 시장원리로 결정돼야 한다"면서도 동시에 "각국의 경제 목표를 달성하기 위한 통화정책의 정당성을 인정한다"는 것이었다. 얼핏 보면 모순된 내용이었다. 그러나 인위적인 환율정책은 곤란하다는 원칙만 밝혔을 뿐

사실상 엔저를 묵인하는 것이나 다름없었다. 이는 미국의 입김이 강하게 작용한 결과였다.

그렇다면 플라자 합의 당시와는 달리 이번에는 왜 미국이 엔저에 거부반응을 보이지 않는 걸까? 한 걸음 더 나아가 엔저를 용인하는 태도를 보이는 이유는 뭘까? 그거야 엔저가 미국의 국익에 나쁜 영향을 주지 않을 것이기 때문이라고 짐작할 수 있다. 오히려 장기적으로 득이 된다고 생각할 수 있다. 우선 경제적 득실을 따져보자. 엔저는 일본 기업과 경쟁해야 하는 미국 기업에게는 달갑지 않은 현상이다. 당연히 미국 경제에도 득이 되지 않는다. 그러나 적정선에서 조정만 된다면, 엔저가 미국 기업, 미국 경제에 이익을 가져다 줄 수도 있다. 물론 엔저로 일본 경제가 살아난다는 전제가 있긴 하지만, 그럴 경우 미국 기업의 대일본 수출도 늘어날 수 있으니 그런 기대가 틀린 것은 아니다.

미국이 엔저를 받아들이는 또 하나의 이유는 미국의 양적완화 종료 후 나타나는 후유증을 일본의 양적완화로 보완할 수 있다고 보기 때문이다. 미국의 양적완화 종료는 유동성 축소에 대한 우려로 시작 전부터 전 세계 금융시장을 불안하게 만들었다. 이런 상황에서 일본의 양적완화는 유동성을 공급함으로써 불안을 덜어주는 데 도움이 된다. 그런 만큼 미국이 일본의 양적완화로 인한 엔저를 굳이 반대할 이유가 없다.

그러나 미국이 엔저를 용인하는 속셈은 단기적인 이익보다는 중장기적인 이익을 확보하려는 데 있다. 미국의 중장기적인 세계 지배전

략은 최대의 경쟁상대로 떠오른 중국을 견제하는 것이다. 미국이 최근 환태평양 경제 동반자 협정Trans-Pacific Partnership(이하 TPP)에 일본을 적극적으로 끌어들인 것도 그 때문이다. 일본의 입장에서도 약해진 경제력을 만회하기 위해서는 미국의 도움이 필요하다. 아베 정권이 들어서면서 미국과 일본 사이에는 이런 전략적 이해관계가 어느 때보다도 맞아떨어졌다. 미국은 일본에 엔저 용인 이외도 셰일 오일 수출이라는 선물을 안겨주었다. 대신 일본은 경제뿐만 아니라 정치, 군사적으로 미국에 더욱 밀착하고 있다.

사실 재정 적자에 시달리고 있는 미국으로서는 일본 경제의 부활이 정치, 군사적으로도 반드시 필요하다. 일본이 미국을 대신해 아시아에서 중국을 견제하는 데 한몫을 해줄 수 있기 때문이다. 그러나 일본의 군사 대국화는 동북아에서 새로운 긴장을 조성할 가능성이 크다. 그런 상황은 미국의 중장기적 이익 확보에도 결코 도움이 되지 않는다. 그렇다 하더라도 지금까지 드러난 미국의 입장이 일본의 엔저를 용인하는 것이라는 데 이의를 제기하는 전문가는 별로 없다. 미국 재무부가 2014년 11월 발표한 환율정책 보고서에서도 엔저를 묵인하겠다는 속내가 감지된다. 이 보고서는 자국 통화의 저평가를 통해 수출경쟁력을 유지하는 국가로 중국, 일본, 한국을 포함시켰다. 그러나 이 가운데 중국, 한국에 대해서는 외환시장 개입을 자제하라고 직접적인 압박을 가한 데 비해 일본에 대해서는 주시하겠다며 형식적인 경고에 그쳤다.

미국의 이 같은 엔저 용인은 미국 경제가 그래도 경쟁국에 비해 회복 속도가 빠르고 여건이 낫다는 자신감에서 비롯된 것일 수도 있다. 게다가 이미 30년 전 통화전쟁에서 쓴 맛을 본 일본 경제가 양적완화를 통해 회생하더라도 이제 미국의 기축통화국 지위를 위협할 가능성도 없다. 결국 미국의 엔저 용인은 미국의 입장에서 철저히 미국의 이익을 위해 계산된 전략의 하나일 뿐이다. 이는 미국의 경제 상황이 변하면, 언제든 엔저에 대한 미국의 입장도 바뀔 수 있다는 것을 의미한다. 이제 주목해야 할 것은 미국이 금리를 인상하는 시점이다. 금리 인상을 계기로 달러화의 강세가 지나치면 미국의 무역 적자는 다시 확대될 수 있다. 이 경우에도 미국이 고통을 감내하면서 계속 엔저를 용인할 가능성은 거의 없다.

Dollar's
Paradox

안전한
국제 금융 질서의 모색

더 이상 미룰 수 없는 개혁

앞서 살펴본 대로 자본자유화와 시장개방을 근간으로 하는 금융세계화는 위험의 세계화를 수반한다. 또한 한 나라가 자본자유화와 금융시장 개방을 추진한다는 것은 국제적 금융 네트워크에 편입됨으로써 금융위기에 쉽게 전염될 수 있는 위험에 노출된다는 것을 의미한다. 1990년대 이후 회수가 잦아지고 규모가 커지고 있는 금융위기는 금융세계화가 안고 있는 이 같은 문제를 극명하게 보여주고 있다.

그럼에도 불구하고 IMF 등 기존의 국제 금융 기구들은 위기 예방과 관리를 위한 역할을 제대로 하지 못했다는 지적을 받고 있다. 국제 금융 기구들은 경제위기 예방은커녕 사후 처리조차 버거운 실정이다. 게다가 2008년 금융위기에서 보듯이, 이제는 기축통화국 미국조차 세계 경제위기의 진원지가 될 수 있다는 사실이 드러났다.

미국의 재정 및 경상수지 적자 확대로 세계 경제는 위기를 맞고 있으며 이로 인해 세계 기축통화인 달러의 역할에 대한 의구심이 갈수록 커지고 있다. 이는 달러 제국 미국의 경제가 최근 다른 경제권에 비해 상대적으로 회복세를 타고 있음에도 불구하고 세계 경제와 국제 금융시장의 잠재적 불안 요인으로 여겨지는 이유다.

그렇다면 이런 불안 요인이 세계 경제의 파국적 위기로 번지는 것을 예방하고 관리할 수 있는 새로운 국제 금융 질서를 만들어낼 수 있을까? 현재로선 그리 밝은 전망이 보이지는 않는다. 물론 많은 전문가들은 달러 기축통화에 지나치게 의존하는 현재의 국제 금융 질서를 개편해야 한다고 말해왔다. 또한 국제 금융시장의 위기 관리에 필요한 국제 금융 규제장치와 최후 수단으로서의 국제 대부기관, 국제 파산법정 등 새로운 국제 기구를 만들 것을 제안해왔다. 기존 제도의 범위 내에서 개선 방법을 찾아야 한다고 생각하는 사람들조차도 국제 금융시장을 감독하고 관리하는 방법에 변화가 불가피하다는 것을 인정하고 있다(Eichengreen, 2002). 그러나 논의만 무성할 뿐 국제적 차원에서 아직까지 새로운 국제 금융 체제 도입 논의가 본격적으로 이뤄지지는 않고 있다. 국제 금융 질서에 근본적인 변화가 일어나고 있다는 조짐도 별로 없다.

새로운 질서가 구축되기에는 대다수의 전문가들이 예상하는 것보다 시간이 많이 걸릴 것이다. 앞서 살펴본 대로 여러 가지 불합리와 모순에도 불구하고 달러 기축통화체제가 생각보다 단단하게 자리 잡고 있기 때문이다. 그렇다고 철옹성처럼 영구히 유지될 수 있는 것도 아니다. 역사적 경험에서 보듯이 예기치 않은 위기가 새로운 국제 금융 질서를 만들어낼 수도 있다. 그러나 그것은 어디까지나 가능성일 뿐이다. 분명한 것은 달러의 시대가 끝난 것이 아니라 여전히 강고하게 지속되고 있다는 것이다. 2008년 금융위기와 그 이후의 양적완화의 시작과 종료, 그리고 달러 가치 상승과 앞으로 예상되는 금리 인상 등으로 이어지는 일련의 과정이 이를 입증해주고 있다.

그렇다고 달러 기축통화로 대변되는 현재의 국제 금융 질서에 대한 개편의 필요성이 사라지는 것은 아니다. 문제가 많은 기존 체제 하에서의 불안한 균형, 더 정확히 말해 불균형을 바로잡지 않으면, 위기는 훨씬 자주, 큰 규모로 다가올 수밖에 없다. 새로운 질서의 구축까지 시간이 걸리고 달러 기축통화를 전면 대체할 대안이 없다면, 현재의 국제 금융 질서가 갖고 있는 문제라도 최대한 보완, 개선해야 한다. 그런 관점에서 이 장에서는 현재까지 거론되고 있는 국제 금융 질서 개혁을 위한 논의에는 어떤 것이 있는지 살펴보고자 한다.

과도한 외환보유의 비효율성 제거

1997년 동아시아 외환위기 이후 아시아 국가들은 외화자금의 급격한 유출로 인한 외환위기를 방지하기 위해 경쟁적으로 외환보유고

축적에 나섰다. 그것은 수출경쟁력을 유지하기 위한 환율 방어라는 또 다른 목적도 있었다. 환율 방어를 위해 외환시장에서 외화를 지속적으로 매입하다 보니 외환보유고가 과도하게 늘어났다.

그 결과 외환위기의 가능성은 줄었지만 과도한 외환보유고는 또 다른 문제를 불러왔다. 우선 과도한 외환보유고는 외화 매입과 관리비용을 증가시킨다. 나아가 외환보유고의 대부분을 차지하고 있는 달러 가치가 하락할 경우 투자 위험에 노출된다. 또한 그와 같은 위험을 회피하기 위해 이들 국가의 중앙은행들이 경쟁적으로 달러 투매에 나설 경우 달러 가치는 더 빠르게 폭락할 수도 있다. 이럴 경우 세계 경제와 국제 금융시장은 일대 충격에 빠질 가능성이 크다.

따라서 보유외환을 활용하는 방법과 함께 불필요한 외환보유를 억제할 수 있는 국제적 금융협력이 모색돼야 한다. 우선 보유외환을 활용하는 방안으로 기존의 싱가포르 투자청GIC과 최근 한국 정부가 설립한 한국투자공사KIC를 예로 들 수 있다. 이들 국가의 중앙은행들은 보유 외화자산의 일부를 이들 자산운용사에 위탁함으로써 위험을 최소화하고 수익률을 극대화하는 동시에 자산을 다각화하고자 했다. 보유외환이 늘어날수록 GIC나 KIC와 같은 국영투자회사 설립 등을 통해 수동적 외환운용의 틀에서 벗어나는 것이 필요하다(Shameen & Moon, 2005). 실제로 싱가포르와 한국 이외도 말레이시아와 태국, 대만 등 대부분의 신흥시장 국가들이 미국 국채에 대한 자신들의 의존도를 줄이는 방안으로 보유외환 운용기구를 설립했거나 설립을 모색하고 있다.

그러나 보다 근본적인 해결책을 마련하기 위해선 달러 자산에 대한 의존도를 줄이고 불필요한 외환보유를 억제할 수 있는 국제적 금융협력이 추진돼야 한다. 이와 관련해 아시아·태평양 국가들은 중요한 진전을 이뤄냈다. 동아시아 국가들은 2000년 5월 태국 치앙마이에서 열린 '아세안ASEAN+3 재무장관회의' 때 외환위기 재발방지를 위해 양자 간 통화스왑협정을 체결하기로 합의했다. 이른바 '치앙마이 이니셔티브CMI; Chiang Mai Initiative'라고 불리는 이 협정은 두 나라가 자국 통화를 상대국 통화와 맞교환하는 방식이다. 즉 외환위기가 발생하면 자국 통화를 상대국에 맡기고 외국 통화를 단기 차입하는 중앙은행 간 신용계약이다. 예컨대, 통화스왑협정을 체결한 어느 한 쪽이 외환위기에 빠질 경우 다른 한 쪽이 미국 달러화 등 외화를 즉각 융통해준다.

이를 근거로 한국은 2001년 중국, 일본, 태국 등과 통화스왑협정을 체결했다. 2005년 5월에는 중국과 40억 달러, 일본과는 30억 달러의 단기 유동성을 지원할 수 있도록 통화스왑협정을 갱신했다. 이에 앞서 같은 해 4월 아시아 재무장관들은 아시아개발은행ADB 연차총회에서 전체 통화스왑 규모를 400억 달러에서 800억 달러로 확대하기로 합의했다. 2009년에는 통합스왑 규모를 1,200억 달러로 늘리는 동시에 양자 통화스왑을 다자간 공동기금으로 전환하기로 결의했다. 이어 2013년에 다자간 공동기금을 2,400억 달러로 확대했다. 동시에 위기 발생 이전이라도 금융지원이 가능하도록 위기예방기능을 도입했다. 이로써 동아시아 국가들의 역내 금융위기에 대한 독자적인 대응능력은 대폭 강화됐다.

아시아 국가들은 채권시장을 발전시키기 위한 방안도 모색해왔다. 2003년 아세안+3 재무장관회의에서 한국의 제안으로 나온 이 방안은 '아시아 채권시장 이니셔티브 ABMI; Asian Bond Market Initiative'로 불린다. 이 제안은 미국 국채에 집중돼 있는 보유외환의 투자처를 아시아의 금융권이나 기업들로 확대하기 위해 역내 채권시장 인프라를 구축하는 데 목적이 있다.

그 첫 번째 결실로 2003년 6월 아시아 채권기금 ABF[1]을 설립하기로 했다. 특히 2005년 5월 20억 달러 규모로 출범한 ABF 2호는 달러화 표시 채권이 아닌 역내 통화 표시 채권에 투자하도록 했다. 이는 역내 국가들의 달러에 대한 의존도를 점차적으로 줄이자는 의도를 직접 실행에 옮긴 것이었다.

2009년 5월 인도네시아 발리에서 열린 아세안+3 재무장관회의는 아시아 채권시장 이니셔티브 ABMI를 발전시키기 위해 신용보증투자기구 CGIM; Credit Guarantee Investment Mechanism를 설립하는 방안을 논의했다. 이 기구가 설립될 경우 신용등급이 낮은 아시아 채권에 대한 신용보증을 통해 역내 저축의 역내 투자를 활성화하는 안전장치 역할을 할 것으로 기대된다.

중·일 주도권 싸움과 미국의 견제

한국과 태국, 인도네시아 등 아시아 국가들은 외환보유액이 바닥나 혹독한 대가를 치른 경험이 있다. 이들 국가는 1997년 외환위기 때 IMF로부터 돈을 빌렸다. 대신 구조조정이라는 명분 아래 초긴축정책을 통해 허리끈을 졸라매고, 외국자본에 부실자산을 헐값에 팔아야 했다. 글로벌 스탠다드를 도입한다는 구실로 자본시장의 문도 활짝 열어줬다. 그 결과 이들 나라의 경제는 사실상 신자유주의 혹은 금융자본주의의 먹잇감이 됐다. 이 때문에 IMF는 구제금융을 내세워 미국 월가의 초국적 자본의 이해를 대변해왔다는 비판을 받았다.

이 같은 아픈 경험은 동아시아 국가들이 금융안정을 위한 협력을 강화하는 계기가 됐다. 금융위기의 극복과 재발 방지를 위해 역내 국가 간의 긴밀한 협력이 필요하다는 공감대가 형성됐다. 이에 따라 1999년 11월 아세안+3 정상회의에서 '동아시아 역내 지원 메커니즘 강화'라는 원칙에 합의가 이뤄졌다. 이를 바탕으로 금융위기가 발생했을 때 IMF와 별도로 서로 자금을 지원해주는 방안이 구체적으로 논의됐다. 그리고 마침내 2000년 5월 태국의 치앙마이에서 열린 아세안+3 재무장관 회의에서 결과를 이끌어냈다. 이것이 앞서 말한 다자간 공동기금으로 발전한 '치앙마이 이니셔티브'다.

일부에서는 출범 초기부터 치앙마이 이니셔티브가 궁극적으로 아시아판 IMF인 '아시아 통화기금AMF; Asian Monetary Fund'으로 발전할지도 모른다는 기대를 해왔다. 실제로 일본을 비롯한 일부 아시아 국가들은 1997년 동아시아 금융위기 이후 아시아 통화기금 창설을 제안했다. 1998년에는 일본의 미야자와 기이치 재무성 장관이 '미야자와 플랜'을 통해 그 같은 구상을 밝혔다. 이어 2005년 5월 일본의 전직 관료이자 세계은행 이코노미스트인 마사히로 카와이는 ADB 연차총회에서 "역내 금융위기 발생에 공동 대응하기 위한 동아시아 국가들의 통화 스왑협정이 아시아 통화기금으로 발전할지도 모른다"고 말했다(Mallet, 2005).

그러나 아시아 통화기금 설립 구상은 시작부터 난관에 부딪혔다. 가장 큰 걸림돌은 미국의 반대였다. 표면적 이유는 IMF와 업무가 중복된다는 것이었다. IMF 역시 같은 이유로 거부감을 나타냈다. 그러나 미국이 반대하는 가장 큰 이유는 IMF를 전면에 내세워 구축해온 세계 경제 질서 내에서 자국의 주도권이 상실되는 것에 대한 우려였다. 일부 아시아 국가들도 소극적인 입장을 보였다. 중국과 일본의 주도권 경쟁과 역내 국가 간 경제수준 및 소득 격차, 다양한 정치 체제 등 극복해야 할 문제가 많다는 이유에서였다.

실제로 중국과 일본의 주도권 다툼은 치앙마이 이니셔티브 다자간 공동기금의 분담금을 나누는 과정에서도 일어났다. 두 나라는 서로 많은 지분을 차지하기 위해 신경전을 벌였다. 중국은 외환보유액을 기준으로 분담 비율을 결정하자고 주장한 반면, 일본은 GDP 기준에 따라야 한다고 맞섰다. 결국 치앙마이 이니셔티브가 출범한 지 9년이 지나서야 합의가 이뤄진 것도 이 같은 의견 대립 때문이었다. 진통 끝

표 8 | CMI 다자간 공동기금 분담금 합의 당시 한 · 중 · 일 경제지표 비중

	GDP	외환보유액	수출입액
한국	9%	7%	18%
중국	43%	61%	55%
일본	48%	32%	27%

주: GDP와 수출입액은 2008년 말 기준, 외환보유액은 2009년 3월 말 기준

에 2009년 합의된 다자간 공동기금의 분담금은 형식상 각국의 GDP 와 외환보유액, 수출입액 등을 반영해 결정됐다(오용협·오승환, 2009).표 8

하지만 속내를 들여다보면 중국과 일본의 견해차를 한국이 중재한 타협의 산물이었다. 그에 따라 분담금은 중국과 일본이 각각 32%, 한 국이 16%, 그리고 아세안 10개국이 20%를 내는 것으로 비율이 정해 졌다. 이 같은 비율은 다자간 공동기금의 규모를 2,400억 달러로 확대 한 지금까지도 유지되고 있다(기획재정부, 2005).표 9

동아시아 국가들은 치앙마이 이니셔티브가 다자간 공동기금으로 진전됨에 따라 IMF 이외의 금융안전판을 하나 더 갖게 됐다. 글로 벌 금융위기 이후 경제 불안이 지속되고 있는 상황에서 치앙마이 이 니셔티브의 다자화는 동아시아 지역의 금융위기 대응능력을 한 단계 진전시켰다는 점에서 의미가 크다. 하지만 치앙마이 이니셔티브 다자 간 공동기금은 사무소와 감독 체계를 갖춘 상설기구가 아니다. 역내 한 국가에 금융위기가 발생할 때만 지원 규모를 정하고 분담 비율에 따라 지원하는 형태로 운용된다.

달러화에 대한 지나친 의존에서 비롯되는 비효율적 환율관리제도

표 9 | CMI 다자간 공동기금 분담금 및 수혜 한도

구분		분담금		수혜 한도	
		분담금 (억 달러)	비중 (%)	인출배수 (배)	최대수혜금액 (분담금×인출배수) (억 달러)
한국		384	16.0	1	384
중국		768	32.0		
중국(홍콩 제외)		684	28.5	0.5	342
홍콩		84	3.5	2.5	63[1]
일본		768	32.0	0.5	384
한 · 중 · 일 합계		1,920	80.0	–	1,173
Big	인도네시아	91.04	3.79	2.5	227.6
	말레이시아	91.04	3.79	2.5	227.6
	태국	91.04	3.79	2.5	227.6
	싱가포르	91.04	3.79	2.5	227.6
	필리핀	91.04	3.79	2.5	227.6
	계	455.2	19.0	–	1,138
Small	브루나이	0.6	0.02	5	3
	캄보디아	2.4	0.10	5	12
	라오스	0.6	0.02	5	3
	미얀마	1.2	0.05	5	6
	베트남	20.0	0.83	5	100
	계	24.8	1.0	–	124
아세안 합계		480	20.0	–	1,262
총계		2,400	100	–	2,435

1) 홍콩은 IMF 회원국이 아니므로 IMF와 연계 없이 지원할 수 있는 비중(30%)만큼만 인출 가능
  (84억 달러×2.5×30%=63억 달러)

를 개선하기 위해 동아시아 국가들 간의 상호 의존과 협력은 앞으로

도 계속 진전될 것이다. 그러나 앞서 살펴봤듯이 달러 기축통화체제

와 IMF가 존속하는 한, 치앙마이 이니셔티브가 아시아 통화기금으로 발전할 가능성은 거의 없다. 미국과 IMF의 견제뿐만 아니라 중국과 일본의 주도권 다툼이 사라질 리가 없기 때문이다.

국제 투기자본에 대한 규제

1997년 아시아 금융위기 이후 국제 금융 질서의 개혁을 논할 때 빼놓지 않고 등장하는 것이 국제 자본 이동에 대한 규제 문제다. 자본의 자유로운 이동을 규제해야 하느냐, 아니면 어느 정도 부작용을 감수하더라도 자유로운 자본 이동을 보장해야 하느냐에 대해서는 아직도 논란이 계속되고 있다. 그러나 투기적인 단기자본의 이동에 대해서는 어떤 형태로든 제한을 하는 것이 바람직하다는 점에서는 공감대가 형성돼 있다. 급격한 자본의 유출입이 국가 경제를 교란시키는 요인으로 작용할 수 있기 때문이다.

세계적으로 유명한 금융투자자인 조지 소로스(George Soros, 1998)나 세계은행 부총재를 지냈던 조셉 스티글리츠(Joseph Stiglitz, 1998)조차도 국제 금융시장의 교란방지와 소규모 개방경제의 안정을 위해서는 자본 이동에 대한 제한이 불가피하다는 점을 인정했다. 한때 미국과 EU의 금융감독 당국도 대표적인 투기자본인 헤지펀드의 급성장에 따른 금융 불안을 줄이기 위해 헤지펀드에 대한 규제방안 마련에 나설 움직임을 보였다(Tett & Buck, 2005).

2008년 글로벌 금융위기 이후 한때 논의가 보다 활발해졌다. 2010년 11월 열린 G20 서울 정상회의에서는 급격한 자본 이동으로 환율 변동성이 심해진 신흥국에 대해 거시건전성 규제 도입을 허용하는 '서울선언'을 채택했다. 물론 여기에는 전제조건이 붙었다. 우선 과도한 조정부담을 겪는 상황이어야 하며, 해당 국가가 적정 수준의 외환보유액을 갖고 있어야 한다. 아울러 변동환율제 하에서 환율의 고평가가 심화되고 있는 신흥국이어야 한다. 이로써 제한적이긴 하지만, 투기자본의 유출입을 규제할 수 있는 길이 열렸다. 이 같은 규제 허용을 가장 강하게 요구한 나라는 브라질이었다. 브라질은 2010년 10월 투기성 단기자본이 유입됐을 때 부과하는 금융거래세를 두 차례에 걸쳐 2%에서 6%로 올렸다.

그러나 자본 이동에 대한 규제의 필요성에도 불구하고 어떤 수단을 사용해야 하는가 하는 문제는 여전히 논란의 여지가 많다. 다만 지금까지 거론돼온 것을 종합해보면, 자본의 유출보다는 유입을 규제하는 것이 효과적이고, 위기 해결책보다는 예방책으로 사용해야 하며, 수량 접근보다는 가격 접근이 더 바람직한 것으로 정리된다. 이러한 조건에 잘 부합한다고 여겨지는 대안이 토빈세Tobin Tax[2]다.

토빈세는 자본유출입에 대해 소정의 단일세율로 세금을 물리는 일종의 자본 거래세다. 목적은 매입과 매도를 반복하는 단기투기거래의 거래 비용을 높여 투기적 거래를 줄이려는 데 있다. 토빈세의 가장 큰 특징은 단기투자일수록 세금부담이 커지게 함으로써 장기투자는 장려하고 부작용이 큰 투기적 단기거래를 억제하는 데 효과가 있다는 점이다.

자본 이동을 규제해야 한다고 믿는 학자들은 더 이상 투기자본을 규제하지 않는다면 금융 불안을 막을 수 없다고 보고 있다. 2011년 4월 전 세계 53개국 경제학자 1,000여 명이 G20 재무장관들에게 토빈세 도입을 촉구하는 공동 서한을 보냈다. 이들은 "토빈세 도입은 기술적으로 문제가 없으며 도덕적으로도 옳은 방안"이라고 강조했다. 물론 이들의 제안은 1차적으로 투기자본의 무분별한 유출입으로 인한 금융위기를 예방하자는 데 목적이 있다. 2차적으로는 토빈세를 거둬 확보한 재원으로 빈곤 국가를 지원하도록 한다는 뜻도 담고 있다. 이들의 추산으로는 글로벌 금융거래에 0.05%의 토빈세만 물리더라도 연간 수천억 달러의 세수를 확보할 수 있다는 것이다.

그럼에도 불구하고 토빈세는 여러 가지 기술적 문제와 이해관계의 상충으로 인해 아직까지 국제적 차원에서 도입 논의가 이뤄지지는 않고 있다. 현재 자본 이동 규제와 관련한 국제적인 논의도 아직 뚜렷한 합의점을 찾지 못하고 있다. 미국과 IMF, 그리고 시장의 규율을 신뢰하는 학자들은 통화위기의 원인이 금융시장 자체의 결함보다는 위기를 겪은 국가 자체의 취약성에 있다고 보고 있다. 따라서 자유로운 자본 이동의 이점이 큰 만큼 자본 이동의 자유화와 세계 금융시장의 통합을 더 진전시킬 필요가 있다고 주장하고 있다. 물론 이들도 현 국제 금융구조의 개편이 필요하고 투기적인 단기자본의 규제가 어느 정도 필요하다는 사실은 인정한다. 그러나 이들은 투기적인 자본 거래를 외환규제나 자본규제와 같은 직접적인 방식보다는 금융의 건전성 규제와 같은 금융감독 기능의 개선을 통해서 간접적인 방식으로 규제해야 한다고 지적한다.

자본자유화, 금융세계화를 지속적으로 추구해온 미국과 IMF가 생각을 바꾸지 않는 한, 국제적 차원의 토빈세 도입은 불가능하다. 그러나 IMF는 다소 완화된 태도를 보이고 있다. 2011년 '자본 통제'에 대한 가이드라인을 마련한 것이 대표적인 예다. 핫머니에 대해서는 유출입을 규제할 필요성이 있다는 것을 인정한 셈이다. IMF로서도 더 이상 제어할 수 없는 대형 위기가 발생한다면, 어쩌면 자본 통제에 대한 국제적 합의는 의외로 쉽게 이뤄질 수도 있다. 하지만 그것을 기다리기에 앞서 브레튼 우즈 체제가 자유로운 자본 이동을 제한했던 이유에서 답을 찾아야 한다. 우리가 경험한 역사적 경험, 특히 1930년대 대공황과 1980년대 이후 금융위기의 역사는 자본자유화가 위기의 근원이라는 사실을 분명하게 보여준다.

현실성 없는 '경상수지 목표제'

미국의 달러화는 브레튼 우즈 체제 붕괴 이후에도 세계 기축통화 역할을 해왔다. 오늘날 미국 경제가 재정수지 및 경상수지의 막대한 적자 누적에도 불구하고 지탱할 수 있는 것은 '세뇨리지 효과'라 일컫는 세계 기축통화 또는 준비통화로서의 달러의 특권 때문이다. 미국은 이 특권에 의지해 수입収入보다 많은 지출을 해왔다. 그 결과 미국의 부채가 쌓이고 세계 경제의 불균형은 심화됐다. 이 불균형이 지속되도록 도와준 것은 다름 아닌 미국의 주요 교역상대국들이었다. 이들은 미국과 교역에서 벌어들인 흑자surplus를 미국에 투자해 적자를 메워줬다. 이처럼 세계 경제의 불균형은 미국에 편중된 세계 경제의 단극적 성장 역학의 산물이다. 즉 수출한 것보다 많이 수입하고 벌어들인 소득보다 많이 소비하는 미국이 세뇨리지 효과에 의존해 문제를 키워온 결과다.

경상수지 적자를 다른 나라가 미국에 투자하는 자본수지 흑자로 메우는 구조는 무한정 지속가능한 것이 아니다. 다른 나라가 미국의 국채 및 회사채를 사주지 않을 경우 결국 달러 가치의 추락은 물론 세계 금융 시스템의 붕괴를 불러올 수밖에 없다. 이는 세계 경제의 파국을 의미한다. 이 때문에 미국의 경상수지 적자가 수출을 통해 자국의 성장 동력이 되는 대미 경상수지 흑자국들의 운명은 미국과 맞물려 돌아갈 수밖에 없는 상황이다.

물론 이 같은 글로벌 불균형으로 인한 불안을 역시 글로벌한 접근을 통해 해소할 수 있는 방안이 없는 것은 아니다. 적자를 내는 미국과 같은 선진국과 흑자를 내는 중국과 같은 신흥국이 각각 재정 지출 축소정책과 내수확대정책을 통해 상호 균형점을 찾아가면 된다. 결국 선진국은 소비를 줄이고 신흥국은 소비를 늘리면 어느 정도 불균형 해소의 효과를 거둘 수 있다는 의미다. 문제는 이 같은 정책을 어떻게 실행에 옮기느냐는 점이다.

한때 G20 차원에서 정책 실행을 뒷받침할 방안을 검토한 적이 있다. 2010년 11월 G20 서울 정상회의에서 논의했던 '경상수지 목표제'가 바로 그것이다. 경상수지 목표제는 경상수지 흑자 또는 적자 규모를 GDP의 일정 범위 이내로 제한하는 방안이다. 이 안이 시행되면 경상수지 흑자국은 통화 절상을 통해 흑자폭을 줄이고, 적자국은 통화 절하를 통해 적자폭을 줄이게 돼 자연스럽게 글로벌 불균형이 축소된다. 경상수지 목표제는 원래 1944년 브레튼 우즈 체제 논의 당시 케인즈가 제안했다. 그러나 미국의 거부로 채택하지 못했다. 이를 60년이 훨씬 지나 미국이 앞장서 다시 끄집어낸 것은 역사의 아이러니다. 미국으로서도 심화되고 있는 글로벌 불균형을 더 이상 방치해서는 안 된다고 판단하고 있기 때문일 것이다.

G20 서울 정상회의에서는 경상수지 목표제가 매우 구체적으로 논의됐다. 흑자폭 혹은 적자폭을 GDP의 4% 이내로 제한하자는 안까지 나왔다. 형식적으로는 한국이 제안했으나 적자국인 미국이 적극적으로 지지했다. 흑자국인 중국도 굳이 반대하지는 않았다. 반면, 역시 흑자국인 독일은 완강히 반대하는 입장을 보였다. 결국 경상수지 목표제는 '서울선언'에 포함되지 못했다.

사실 경상수지 목표제가 채택되더라도 소기의 목적을 달성하기 위해서는 몇 가지 해결해야 할 문제가 있다. 우선 국가별로 경상수지 격차가 큰 유로존과 같은 단일통화권의 경우 개별 국가에 목표를 제시하는 것이 사실상 불가능하다. 흑자가 나는 나라는 통화 가치를 끌어올려야 하고, 적자가 나는 나라는 반대로 통화 가치를 떨어뜨려야 하는데, 단일통화로는 동시에 두 가지를 할 수 없기 때문이다. 이런 문제를 해결하려면, 유로존 전체에 대해 단일 목표를 제시하고, 국가별 목표는 지역 내에서 해결하도록 해야 한다.

또 하나의 문제는 환율 조정으로 목표를 달성하지 못했을 때 대안이 마땅치 않다는 점이다. 무역수지를 포함한 경상수지는 대부분 민간 부문의 경제활동과 관련돼 있다. 예컨대, 무역수지가 흑자가 난다고 해서 환율 이외의 방법으로 민간기업의 수출을 강제로 축소하도록 하는 것은 현실적으로 쉽지 않다. 물론 각종 규제를 동원하면 흑자를 줄일 수도 있다. 반대로 무역수지 적자도 관세 및 비관세 장벽을 통해 보호무역을 강화하면 어느 정도 줄일 수 있다. 하지만 물가나 성장 측면에서 또 다른 문제가 일어나는 것을 감수해야 한다.

마지막 문제는 목표 범위를 넘어섰을 경우 어떻게 대처하느냐 하는 것이다. 목표 범위를 지키도록 강제하자면, 어길 경우 제재 수단이 있어야 한다. 그렇지 않으면 경상수지 목표제는 유명무실한 제도로 전락할 수밖에 없다. 이것을 막기 위해서는 브레튼 우즈 체제 설립 논의 당시 케인즈가 주장한 바와 같이 목표 범위를 넘어서는 흑자와 적자에 대해서는 그 액수만큼 국제기구에 준비자산으로 예치하는 방법을 생각해볼 수 있다(신민영·이창선·이근태, 2010).

'기축통화국' 미국의 책임 강화

국제적인 조정과 협력 차원에서 불균형을 해소하는 것과는 별도로 미국은 보다 책임 있는 자세를 보여줘야 한다. 기축통화국으로서 혜택을 누리고 있는 만큼 세계 경제와 금융 시스템의 안정에 기여해야 할 책무가 있기 때문이다. 그렇다면 미국이 가장 우선적으로 해야 할 일은 자명해진다. 달러를 찍어내 과잉 소비와 투자를 하는 무책임한 행동을 자제해야 한다. 즉, 스스로 적자를 줄이도록 노력해야 한다.

미국의 경상수지는 달러 가치가 하락할 때조차도 큰 폭의 적자를 쉽게 벗어나기 어려운 구조를 갖고 있다. 이는 '약달러정책'도 미국의 경상수지 적자 개선에 큰 도움을 주지 못한다는 것을 말해준다. 앞서 살펴보았듯이 현재 미국의 경상수지 적자문제는 근본적으로 국내 저축의 부족에서 비롯된 것이다. 그런 만큼 국내 저축을 증가시키기 위해서는 정부가 먼저 세금 인상과 지출 축소를 통해 재정 적자를 줄여나가야 한다.

물론 재정 적자를 줄이기 위한 미국 스스로의 노력이 없었던 것은 아니다. 미국은 국가의 부채 한도액을 법으로 정해놓고 있다. 다른 나라와 비교해 매우 특이한 제도다. 행정부가 지나치게 지출을 늘리는 것을 막고자 하는 측면도 있지만, 기축통화인 달러 가치를 유지하기 위한 안전장치 역할도 한다. 그러나 재정 적자 증가로 미국의 국가 부채는 이미 여러 차례 법정 한도를 넘어섰다. 그때마다 미국 행정부와

그림 59 | 최근 미국의 국가 부채 한도 증액 추이

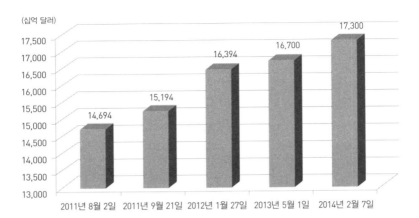

(십억 달러)

자료: 미국 재무부

의회는 협상을 통해 부채 한도를 늘려왔다.그림 59 이는 미봉책에 불과하다. 문제를 근본적으로 해결하자면, 재정 적자를 줄이는 수밖에 없다.

오바마 행정부에서도 2012 회계연도부터 2023 회계연도까지 12년 동안 재정 적자를 4조 달러 감축하는 방안을 추진한 바 있다. 이 계획이 순조롭게 이행될 경우 2015년 재정 적자는 GDP의 2.5% 규모로 줄고, 2020년에는 2% 수준까지 축소된다. 이와는 별도로 미국 의회는 2011년 8월 '시퀘스터sequester3' 조항을 포함한 예산관리법을 통과시켰다. 이에 따라 미국 정부는 2013 회계연도부터 10년 동안 모두 1조 2,000억 달러의 예산을 자동 삭감해야 한다.

그러나 민주당 행정부와 공화당이 장악한 의회의 의견 차이로 재정적자 감축안에 대한 완전한 합의가 아직까지 이뤄지지 않고 있다.

양측 모두 재정 지출 삭감에 대해 동의하지만 세수 증대와 구체적 재정 지출 삭감 분야에 대해서는 견해차를 보이고 있다. 민주당은 부자 증세 등 세수 증대를 통해 재정 지출 삭감폭을 줄이자는 입장을 보이고 있다. 또 지출을 줄이더라도 인적자원 개발이나 의료보험 등 복지 분야보다는 국방비와 농업보조금을 줄여야 한다고 주장하고 있다. 반면, 공화당은 세금 인상을 전제로 한 예산 삭감에 반대하고 있다. 지출 삭감 분야도 민주당과는 정반대로 복지예산을 먼저 줄여야 한다는 입장을 굽히지 않고 있다.

이 같은 의견 대립으로 몇 차례 미국 정부의 예산이 바닥난 적도 있다. 이 때문에 연방정부의 업무가 일시 중단되는 사태가 발생하기도 했다. 이런 상황에서 시퀘스터가 계획대로 발동되면, 갑자기 정부 지출을 줄여야 한다. 이른바 '재정절벽fiscal cliff 4'이 발생한다. 이럴 경우 2008년 금융위기 이후 더디게나마 회복되고 있는 경제에도 좋지 않은 영향을 주게 된다. 미국 정부와 의회가 최근 몇 년 동안 국가 부채 한도를 늘려온 것도 이런 최악의 상황을 피하기 위해서다.

그러나 언제까지 이 같은 미봉책이 통할 수는 없다. 글로벌 불균형을 해소하고 반복되는 위기를 막으려면 미국이 먼저 적자를 줄여야 한다. 그건 기축통화국으로서 혜택을 누려온 미국의 책임이자 의무다.

IMF의 역할과 구조적 문제

브레튼 우즈 협정으로 1946년 창설된 IMF는 지금까지 세계 경제 발전과 국제 금융시장의 안정에 기여해왔다. IMF 출범 초기 국제 금융 체제는 미국이 달러화의 금 태환을 보장하는 대신, 다른 나라들은 자국의 통화 가치를 달러화에 고정시키는 고정환율제를 근간으로 하고 있었다. 그런 만큼 IMF의 주된 임무도 고정환율제를 원활하게 운영하는 데 있었다. 이에 따라 IMF는 일부 회원국의 국제수지 불균형이 심화될 경우 회원국들이 납입한 기금을 재원으로 달러화를 빌려줌으로써 외환시세의 안정을 도모했다. 이는 IMF가 국가 통화 간 국제적 지불 및 환율제도의 핵심적인 기구로서 지불 체제의 위기를 막는 예방적 역할을 해왔다는 것을 의미한다.

그러나 미국이 통화 남발과 금 보유 부족으로 1971년 금 태환 정지를 선언하자 IMF의 역할도 변화했다. 그 후 변동환율제 채택과 자본 시장 개방으로 금융 불안이 잦아졌기 때문이다. 이에 따라 IMF의 역할도 환율 안정을 위한 외화자금 지원에서 금융위기 극복을 위한 구제금융 지원으로 바뀌었다.

IMF의 또 다른 주요 역할은 회원국들의 거시경제정책에 대해 조언하고 자문하는 일이다. 이를 위해 IMF는 개별 국가의 거시경제에 관한 자료 수집과 연구 기능을 수행해오고 있다.

그러나 IMF는 이러한 순기능에도 불구하고 적지 않은 문제점을 노출시켜왔다. IMF가 안고 있는 가장 큰 문제는 비민주적인 지배구조다. IMF는 유럽이 추천하고 미국이 묵인하는 형식으로 총재를 선출해왔다. 양대 세계 금융 기구인 IMF와 세계은행World Bank의 총재는 공식적으로 각각 상무이사회에서 선출하도록 돼 있다. 그러나 두 기구의 출범 이래 SDR⁵ 쿼터quota(출자 지분)의 다수를 양분하고 있는 미국과 유럽은 서로 양해 하에 IMF 총재는 유럽인이 맡고 세계은행 총재는 미국인이 맡도록 관례화해왔다. 이에 따라 EU 회원국들은 합의를 통해 IMF 총재를 지명하고, 미국은 대통령이 세계은행 총재를 지명한다. 게다가 이사회 등 IMF 요직의 상당수는 미국의 월가 출신들이 차지하고 있다.

이와 같은 지배구조의 비민주성은 IMF의 의사 결정에 중대한 영향을 미친다. 그 대표적인 사례가 회원국들의 경제력을 제대로 반영하지 못하는 쿼터 배분이다. 쿼터는 IMF의 회계단위인 SDR로 표시된다. 회원국별 쿼터는 규정상 GDP 50%, 개방성 30%, 경제적 가변성 15%, 국제준비금 5%의 가중 평균치를 바탕으로 산출된다(IMF, 2014). 현재 IMF 주요 회원국의 쿼터는 미국이 17.69%로 가장 많은 지분을 차지하고 있다. 투표권도 16.75%로 미국이 가장 많이 갖고 있다. 단일국가로는 유일하게 거부권을 행사할 수 있는 15%를 넘고 있다. 서유럽 국가들도 독일, 프랑스, 영국, 이탈리아 등을 모두 합하면 30%를 웃도는 쿼터와 투표권을 보유하고 있다.표 10 문제는 이 쿼터와 투표권이 신흥국과 개발도상국의 높아진 위상을 제대로 반영하지 못한다는데 있다. 물론 과거보다 신흥국과 개도국의 쿼터와 투표권이 다소 늘어난 것은 사실이다. 하지만 미국과 서유럽 국가들은 실제 경제력에 비해 여전히 많은 지분을 차지하고 있으면서 세계 경제의 향방을 결정하는 데 막강한 영향력을 행사하고 있다.

집행 이사회 구성도 유럽에 편중돼 있다. 모두 24명의 이사 가운데 5명은 미국, 일본, 독일, 프랑스, 영국이 지명한다. 나머지 19명은 그룹을 대표하는 국가들이 선출한다. 하지만 그 가운데 3명은 중국, 러시아, 사우디아라비아가 각각 단독으로 선출하는 형식이어서 사실상 지명하는 것이나 마찬가지다. 결과적으로 나머지 16명만 4~23개국으로 구성된 선거그룹에서 선출하는 셈이다. 이 때문에 국제적으로 정치·경제적 위상이 높아진 신흥국들과 개도국들을 중심으로 IMF의 지배구조를 개선해야 한다는 요구가 갈수록 커지고 있다.

IMF는 금융위기 예방을 위한 대응력이 미흡하다는 지적도 받아왔다. 앞서 살펴본 대로 1980년대 말부터 민간자본의 이동이 급증하고 이로 인해 환율의 불안정성이 높아지면서 외환위기의 발생 빈도가 높아져왔다. 그럼에도 불구하고 IMF는 금융위기에 대한 조기 경보 등을 통해 위기의 발생을 막기보다는 위기가 발생한 후에 해당국의 정책 결정에 간여하는 형태의 사후개입 위주의 정책을 펴왔다. 이 때문에 IMF는 사실상 세계 중앙은행으로서의 역할을 제대로 하지 못하고 있다는 비판을 받고 있다.

IMF는 국제 경제의 운영에 있어 이념적인 편향도 문제가 되고 있다. IMF는 조직 운영 면에서 미국 정부와 거대 금융자본의 영향 하에 놓이면서 시카고학파 중심의 신자유주의를 핵심적인 이념으로 삼

표 10 | IMF 쿼터 및 투표권 비중

순위	국가	쿼터 (백만 SDR)	쿼터 비중 (%)	투표권	투표권 비중 (%)
1	미국	42,122.40	17.69	421,961	16.75
2	일본	15,628.50	6.56	157,022	6.23
3	독일	14,565.50	6.12	146,392	5.81
4	프랑스	10,738.50	4.51	108,122	4.29
5	영국	10,738.50	4.51	108,122	4.29
6	중국	9,525.90	4.00	95,996	3.81
7	이탈리아	7,882.30	3.31	79,560	3.16
8	사우디아라비아	6,985.50	2.93	70,592	2.80
9	캐나다	6,369.20	2.67	64,429	2.56
10	러시아	5,945.40	2.50	60,191	2.39
11	인도	5,821.50	2.44	58,952	2.34
12	네덜란드	5,162.40	2.17	52,361	2.08
13	벨기에	4,605.20	1.93	46,789	1.86
14	브라질	4,250.50	1.79	43,242	1.72
15	스페인	4,023.40	1.69	40,971	1.63
16	멕시코	3,625.70	1.52	36,994	1.47
17	스위스	3,458.50	1.45	35,322	1.40
18	한국	3,366.40	1.41	34,401	1.37
19	오스트레일리아	3,236.40	1.36	33,101	1.31
20	베네수엘라	2,659.10	1.12	27,328	1.08
21	스웨덴	2,395.50	1.01	24,692	0.98
22	아르헨티나	2,117.10	0.89	21,908	0.87
23	오스트리아	2,113.90	0.89	21,876	0.87
24	인도네시아	2,079.30	0.87	21,530	0.85
25	덴마크	1,891.40	0.79	19,651	0.78
26	노르웨이	1,883.70	0.79	19,574	0.78
27	남아공	1,868.50	0.78	19,422	0.77
28	말레이시아	1,773.90	0.74	18,476	0.73
29	나이지리아	1,753.20	0.74	18,269	0.73
30	폴란드	1,688.40	0.71	17,621	0.70
	나머지 158개국	47,844.90	20.11	594,895	23.59
	총계	238,120.60	100.00	2,519,762	100.00

주: IMF 회원국들의 쿼터와 투표권 비중은 다소 차이가 난다. 그것은 188개 회원국들에게 각각 737개의 기본 투표권을 먼저 주고, 쿼터가 100,000 SDR 증가할 때마다 1개의 투표권을 추가로 배분하기 때문이다.

자료: IMF

CHAPTER 9 안전한 국제 금융 질서의 모색 · 293

고 있다는 비판을 받고 있다. 이는 IMF가 미국과 거대 금융자본의 이익에만 부합하는 정책을 펴왔다는 지적과도 맥을 같이 한다. 실제로 IMF는 그동안 금융위기를 겪은 국가들을 상대로 개별 국가의 특수성을 고려하기보다는 신자유주의적 논리를 교조적으로 적용하는 경향을 보여왔다. 이 같은 이념적 편향은 IMF의 정책 프로그램이 사회·복지·노동·환경·여성 문제에 대해 무기력하다는 비판의 근거가 되고 있다.

IMF 개혁을 위한 몇 가지 제안

IMF 개혁의 출발은 지배구조의 비민주성을 제거하는 데서 출발해야 한다. 이를 위해서는 무엇보다 최근의 국제 정치·경제적 위상에 걸맞은 쿼터와 투표권 배분이 필요하다. IMF가 그동안 지배구조를 개선하기 위한 조치를 전혀 하지 않은 것은 아니다. 비록 근본적인 개혁에 이르지 않았을지라도 그동안 쿼터와 투표권을 변화된 세계 경제 환경에 맞게 조정해왔다.

IMF는 2010년에도 G20 서울 정상회의를 계기로 지배구조 개혁안을 도출해냈다. 이 개혁안은 IMF의 전체 쿼터를 현재의 2배 수준인 4,768억 SDR로 늘리고, 회원국 간의 쿼터 지분도 재조정하도록 설계돼 있다. 쿼터 증액은 위기 발생 시 대응능력을 강화하기 위한 것이다. 지분 재조정은 위상이 높아진 신흥국과 개발도상국을 배려하려는 것이다. 이에 따르면, 6%가 넘는 쿼터 지분이 과다 대표국에서 과소 대표국으로, 그리고 선진국에서 신흥국이나 개도국으로 이전된다. 이럴 경우 중국의 쿼터 지분은 6%대로 높아져 순위가 6위에서 3위로 올라간다. 러시아, 인도, 브라질도 순위가 상향 조정돼 모두 10위 안에 진입하게 된다. 한국의 경우 지분 비중이 1.8% 정도로 높아져 순위가 18위에서 16위로 상승하게 된다. 대신 미국과 독일, 프랑스, 영국은 지분율이 줄어들고, 미국을 제외한 나머지 3개 나라는 순위도 한 계단씩 내려가게 된다. 그렇더라도 미국은 여전히 쿼터 1위를 고수하게 된다. 뿐만 아니라 16.5% 가량의 투표권을 갖게 돼 거부권을 행사하는 데 아무런 지장이 없게 된다.

IMF 개혁안은 이사회 구성 방식도 개선하도록 돼 있다. 쿼터 지분 상위 5개국이 5명의 이사를 지명하던 방식을 없애고 24명 전원을 투표로 결정해 대표성을 강화하도록 하고 있다. 또 선진 유럽국의 이사를 2석 줄이는 대신, 신흥개도국을 대표하는 이사를 2석 늘리도록 돼 있다.

그러나 IMF는 4년이 지난 지금까지도 개혁안을 실행에 옮기지 못하고 있다. 미국 정부가 합의해준 쿼터 조정안을 의회가 반대하고 있기 때문이다. 미국 하원은 2015 회계연도 예산안을 승인할 때도 IMF 쿼터 조정안을 처리하지 않았다. 특히 의회 내 다수파인 공화당은 미국 정부의 영향력이 줄어든다는 이유로 이 안건의 처리를 계속 미루고 있다.

IMF 지배구조의 민주화를 위해서는 총재 선출방식도 개선해야 한다는 목소리가 커지고 있다. 아시아, 아프리카, 라틴 아메리카, 중동을 대표하는 이사진들은 2004년부터 IMF의 총재를 공개적이고 투명한 과정을 거쳐 선출할 것을 요구해왔다. 미국과 유럽 국가들의 타협의 산물인 현행 총재 선출관행을 바꿔야 한다는 것이다. 여기에는 중국과 러시아, 호주, 스위스를 대표하는 이사진들도 동조하고 있다.

총재 선출방식 등 IMF 지배구조의 민주화는 신자유주의에 편향된 IMF 핵심 운영이념의 수정이나 변화와 떼어놓고 생각할 수 없는 과제다. IMF의 조직 운영을 민주화하는 첫걸음은 신흥국과 개도국의 발언권을 확대하고 총재 선출방식을 개선하는 것이다. 그래야 미국 정부와 거대 금융자본의 이해를 대변해온 IMF의 이념적 편향성도 바로잡을 수 있다. 이것은 IMF의 개혁을 요구하는 나라들의 공통된 의견이다.

앞서 살펴본 대로 현재 세계 경제는 미국과 신흥시장 국가 간에 심각한 불균형 구조가 형성돼 있다. IMF 등 국제 경제 기구를 사실상 장악하고 있는 미국은 거대 채무국이고 IMF의 개혁을 요구하고 있는 신흥시장 국가들은 채권국이다. 이는 국제 금융 체제의 변화를 이끌어내기에 전례 없이 좋은 여건이다. 이제는 이들 신흥시장 국가가 보유한 막대한 달러를 바탕으로 미국에 IMF의 지배구조 개선 등 국제 금융 체제의 개혁을 요구해야 한다는 주장이 점차 거세지고 있다.

비트코인은 왜 대체 통화가 될 수 없나?

온라인 가상화폐 비트코인Bitcoin에 대해 사람들의 관심이 커지고 있다. 비트코인으로 지급결제가 가능한 가맹점이 늘고 거래 건수도 증가하고 있다. 일부에서는 성급하게도 비트코인이 법정화폐의 지위를 위협하는 대안화폐가 될 수 있다고 전망하기도 한다. 결론부터 말하면, 그럴 가능성은 없다.

비트코인은 2009년 나카모토 사토시Nakamoto Satoshi라는 필명의 프로그래머가 개발했다고 알려져 있다. 지폐나 동전과 같은 물리적 형태의 화폐가 아니라 온라인 가상화폐다. 비트코인은 컴퓨터가 제시하는 매우 난해한 수학 문제를 풀면 인출할 수 있는 방식으로 발행된다. 이 과정을 '채굴mining'이라고 부른다. 채굴은 누구나 제한 없이 할 수 있다. 전체 발행량은 2040년까지 2,100만 비트코인으로 제한돼 있다. 2014년 말까지 약 1,365만 비트코인이 채굴돼 유통되고 있다. 앞으로 735만 비트코인을 캐내면 더 캐낼 수량이 없다. 사용자들은 인터넷에서 내려받은 전자지갑을 통해 온라인으로 계좌이체를 하듯 비트코인을 주고받을 수 있다.

비트코인은 2013년 4분기 한때 가격이 치솟고 거래량도 급등했다. 2012년 말 1비트코인에 13달러 대에서 2013년 11월 30일 1,132달러 선까지 올랐다. 하루 거래량도 2013년 12월 18일 최고 137,070비트코인에 이른 적이 있다.그림 60 고객 계정과 지급 결제가 가능한 가맹점이

그림 60 | 비트코인 거래량 및 가격 추이

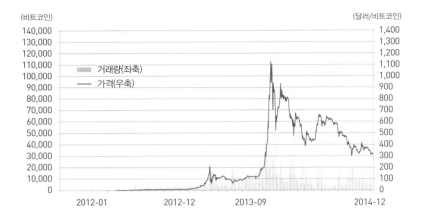

자료: www.bitcoincharts.com

늘어난 이유도 있지만, 투기적 수요가 가세한 것이 가장 큰 원인이다.

그러나 2013년 말 미국과 중국의 고위 통화당국자들이 비트코인의 투기적 수요에 대한 우려를 나타내면서 갑자기 거품이 빠지기 시작했다. 중국 인민은행은 아예 비트코인 거래를 금지했다. 비트코인이 가상화폐에 불과한 만큼 법정화폐처럼 가격 산정과 상품 보증 등을 해서는 안 된다는 이유에서다. 이를 계기로 비트코인의 가격은 하락세를 보여 2014년 말 현재 1비트코인에 320달러 안팎을 유지하고 있다.

그렇다면 비트코인이 화폐 기능을 하는 데 무슨 문제가 있는 것일까? 화폐는 교환 매개, 가치 저장, 가치 척도 등 세 가지 기능을 해야 한다. 비트코인은 이 가운데 교환 매개, 즉 지불 수단으로서는 어느 정도 화폐의 역할을 하고 있다고 볼 수 있다. 지급 결제가 이뤄지는 가맹점의 증가가 그것을 뒷받침한다. 그러나 가치 저장과 가치 척도 기능을 제대로 하고 있다고 보긴 어렵다. 가격의 급등락 때문이다. 일반적으로 법정통화는 가치의 안정성을 지키려는 통화 당국의 정책 의지에 대한 신뢰를 바탕으로 가치 저장의 기능을 한다. 즉, 안정성을 담보할 수 없는 화폐는 가치 저장의 기능을 할 수 없다. 가치 척도의 기능도 마찬가지다. 가치가 불안한 화폐는 누구도 그것을 보유하거나 그것으로 가격을 매기는 것을 꺼리게 된다. 비트코인은 이처럼 화폐로서의 가치를 보장해줄 어떤 법적·제도적 장치도 없다는 게 최대 약점이다.

비트코인이 디플레이션을 유발할 수 있다는 견해도 화폐로서의 한계를 보여준다. 비트코인은 전체 발행물량이 제한돼 있다. 그런 만큼 갈수록 발행량이 줄어들 수밖에 없고, 그렇게 되면 비트코인의 가치는 오르게 된다. 비트코인의 가치 상승은 그것으로 표시되는 상품 가격의 하락, 즉 디플레이션을 의미한다. 디플레이션은 투자보다 현금 수요를 자극한다는 점에서 디플레이션을 조장하는 통화는 화폐로서 치명적인 약점을 갖게 된다.

유럽중앙은행은 2012년 10월 비트코인 등 가상화폐에 대한 연구보고서를 내놓았다. 이 보고서도 가상화폐는 신용 위험 및 거래소 운영 리스크 등 지급결제 위험에 노출돼 있어 금융안정에 부정적인 영향을 미칠 수 있다고 보고 있다. 그런데도 거래 당사자들의 권리와 의무가 명확하지 않고 법적 근거가 부족해서 법정화폐로 인정하기 힘들다는 것이 이 보고서의 결론이다(ECB, 2012).

국제 통화 질서는 하루아침에 형성되는 것이 아니다. 우선 국제 결제, 지불준비통화에 대한 신뢰 구축이 선행돼야 한다. 그것을 뒷받침하는 화폐가 기축통화다. 그리고 기축통화는 발행국이 경제뿐만 아니라 정치·군사적으로 지배적 위치에 있을 때 비로소 국제적으로 인정을 받는다. 이건 역사적으로 입증된 경험이자 쉽게 거부할 수 없는 현실이다. 그렇다면 결론은 자명하다. 신뢰할 만한 발행주체는 물론 제도적·법적 뒷받침도 없는 비트코인이 대체통화가 될 가능성은 없다. 그와는 반대로 금융투기의 역사에서 보듯이 투기광풍 끝에 사라질 또 하나의 금융상품이 될 개연성이 높다.

미국과 중국의 주도권 경쟁: TPP vs. RCEP

기축통화는 국제 거래에서 결제수단으로서, 그리고 다른 나라 중앙은행의 보유자산으로서 인정을 받아야 확고한 지위가 유지된다. 이를 위해 무엇보다 중요한 것이 기축통화국의 정치·경제적 지도력과 영향력, 신뢰성이다. 그런 면에서 중국의 정치·경제적 위상이 높아지는 것은 기축통화국 미국에 위협이 아닐 수 없다. 이 때문에 미국은 중국의 부상에 맞서 아시아·태평양지역에서 계속 지도적 위치를 잃지 않기 위해 전력을 다하고 있다. 그 가운데 하나가 TPP Trans-Pacific Partnership

(환태평양 경제 동반자 협정)의 추진이다.

TPP는 미국과 일본, 캐나다, 오스트레일리아, 뉴질랜드, 칠레, 멕시코, 페루, 브루나이, 말레이시아, 싱가포르, 베트남 등 12개 나라가 협상에 참여하고 있다. 협상 대상은 일반적인 FTA(자유무역협정)의 기본 분야인 상품시장 접근과 서비스교역뿐만 아니라 투자, 경쟁, 지적재산, 정부 조달, 환경, 노동, 금융서비스 등 비관세 분야를 망라한 21개 분야다. 협상은 2006년 3월 싱가포르, 칠레, 뉴질랜드, 브루나이 등 4개국이 시작했으나 2008년부터 참가한 미국이 사실상 주도하고 있다. TPP를 통해 중국을 견제하겠다는 의도에서다.

이에 맞서 중국이 주도하고 있는 협정이 RCEP Regional Comprehensive Economic Partnership(역내 포괄적 경제 동반자 협정)이다. 현재 협상 참여국은 아세안 10개국, 한국, 중국, 일본, 오스트레일리아, 뉴질랜드, 인도 등 16개 나라다. 이 협상도 2011년 11월 아세안이 제안했으나 어느 새 중국이 주도하는 것처럼 돼버렸다. 높은 수준의 무역자유화를 지향하고 있지만, 협상 범위가 TPP에는 미치지 못하고 있다. 협상 분야는 상품교역, 서비스교역, 투자, 경제기술 협력, 지적재산권, 경쟁, 분쟁처리, 기타 등 8개 분야다. 정부 조달, 노동, 환경 분야는 일부 참가국들의 반대로 제외됐다.

RCEP가 체결되면, 전 세계 인구의 약 50%, 전 세계 GDP의 약 30%를 차지하는 광역경제권이 형성된다. 이에 비해 TPP는 전 세계 인구의 7%, 전 세계 GDP의 38%를 포괄하게 된다. 경제 규모로 보면 양쪽 모두 전 세계 GDP의 3분의 1 안팎을 점유하는 셈이다. 이 점을 고려하면, 먼저 타결하는 쪽이 세계 경제의 주도권을 쥐는 데 유리하다고 볼 수 있다.

미국은 TPP가 궁극적으로 자유무역뿐만 아니라 금융안정과 지역안보를 포괄하는 공동체로 발전해나가기를 바라고 있다. 그것이 세계 경제의 주도권뿐만 아니라 기축통화국 지위를 유지하려는 미국의 전략에도 부합하는 것이기 때문이다. 중국의 입장도 비슷하다. RECP를 통해 중국의 경제적 주도권은 물론 정치적 영향력을 확대하겠다는 구상을 갖고 있다. 그것이 위안화의 국제화, 나아가 기축통화화를 촉진하는 길이라고 믿고 있기 때문이다. 중국은 TPP나 RCEP보다 광범위한 FTAAP Free Trade Agreement of the Asia Pacific(아시아·태평양 자유무역협정)에도 적극 관심을 나타내고 있다. FTAAP는 APEC Asia Pacific Economic Cooperation(아시아·태평양 경제협력체)이 목표로 하고 있는 자유무역협정이다. 2004년 APEC 지역 내 기업인들의 협의 및 자문기구에서 제안한 뒤 지금까지 모두 21개 나라가 협상에 참여하고 있다.

미국과 중국은 서로 자기 주도의 지역경제공동체를 만들기 위해 경쟁하고 있다. 그렇다 하더라도 상대방을 봉쇄하거나 배제하려는 목적을 갖고 있는 것은 아니다. 특히 미국의 경우 궁극적으로 TPP에 중국까지 끌어들이려 할지도 모른다. 그래야 중국의 경제를 미국식 기준에 맞게 바꿀 수 있는 여지가 많아지기 때문이다. 중국의 미국화는 달러가 세계의 기축통화 지위를 계속 유지하는 가장 좋은 전략이다. 미국의 의도를 모를 리 없는 중국이 어디까지 버틸 수 있을지, 그건 앞으로의 중국 경제 상황에 달려 있다.

에필로그

'브레튼 우즈 정신'으로 돌아가자

　1990년대 이후 세계 자본시장은 빠른 속도로 변모해왔다. 각국의 금융자유화와 자본시장 개방, 그리고 정보통신 기술의 발달로 대규모 자본이 수시로 국경을 넘어 이동하는 등 세계시장이 급속히 통합됐다. 이에 따라 자본이동성의 증대가 국민경제뿐만 아니라 국가주권에까지 적지 않은 영향을 미치기 시작하면서 이에 대한 논란이 제기돼왔다. 한 축으로는 자본의 자유로운 이동이 궁극적으로 정치의 영역으로부터 시장을 분리해 경제의 효율성이 극대화되고 세계적 규모로 복지가 증대되리라는 낙관론과 복지국가가 소멸하고 부의 편중이 심화될 것이라는 비관론이 맞서왔다. 다른 한 축으로는 금융세계화가 거스를 수 없는 대세라는 운명론과 국제 금융 질서의 파국을 예견하는 위기론이 대립돼왔다.

그렇다면 실제 벌어지고 있는 양상은 어떠한가? 우선 자본의 자유로운 이동은 자본 조달의 선택 폭을 넓혀주고 있다. 이는 상대적으로 낮은 금리의 외국자본을 끌어들일 수 있는 기회를 제공함으로써 일견 금융비용을 줄이고 궁극적으로 경제의 효율성을 증대시킬 것이라는 기대를 낳게 한다. 그러나 자본 이동성의 증대는 거시경제정책을 제약하게 된다. 즉 자본 이동성과 환율 안정, 거시정책의 자율성 등 삼자는 사실상 양립할 수 없다(Cohen, 1993). 예컨대, 자본의 이동이 자유로운 상황에서 통화량을 늘리는 금융정책을 쓰면, 낮은 이자율 때문에 자본의 유출이 생기고, 이는 평가절하의 압력으로 작용한다. 결국 평가절하를 받아들이거나, 통화정책을 포기하거나, 혹은 자본통제를 도입하는 대안만이 존재하게 된다. 자본통제를 선택한다면 국제 경제 질서로부터 고립을 감수해야 한다. 평가절하를 받아들일 경우 급격한 환율의 불안정성과 이로 인한 자본의 대규모 유출을 피할 수 없다. 어느 경우든 그 비용을 감당하기 어렵기 때문에 통화정책을 포기할 수밖에 없다.

이와 같은 논리에 의해 자본이동성의 증대는 개별국가 경제정책의 자율성을 크게 제약한다. 실제로 이러한 현상은 자본이동성이 증대되고 투기자본의 규모가 커진 1970년대 이후 심각한 규모로 빈번히 일어났다. 한 예로 1980년대 초반 프랑스의 미테랑 정부가 경기부양정책을 추진했다가 대규모 자본유출과 프랑화 투매가 벌어졌던 일이 있었다. 미테랑 정부는 결국 자본통제를 포기하고 통화량 감축과 자본시장 개방의 정반대로 정책방향을 바꿨다. 이는 자본이동성이 개별국가의 정책자율성을 얼마나 제약하는지 여실히 드러내준 사건이었다(Helleiner,

1994, p.140-144).

요컨대 자본의 이동성이 증대되고 금융세계화가 진전될수록 거시경제적 자율성은 심각히 훼손될 수밖에 없다. 물론 변동환율제가 이론대로 작동한다면, 환율은 시장의 기능에 따라 자동 조절되고 정책의 자율성은 보장된다. 그러나 1980년대 중반 미국에서 나타났듯이 현실의 변동환율제는 원리대로 움직이지 않는다. 설사 그렇다 하더라도 자동 조정될 때까지의 환율 불안정과 실물보다는 환율에 의해 초래되는 막대한 단기자본의 이동을 견뎌낼 수 있는 국가는 그리 많지 않다. 이와 같은 상황은 1997년 동아시아를 강타한 외환위기 당시에도 입증됐다.

그럼에도 불구하고 동아시아의 외환위기는 오히려 금융세계화를 가속화시키는 계기로 작용했다. IMF를 전면에 내세운 미국은 외환위기를 겪은 아시아 국가들에 대해 전면적인 자본자유화와 금융시장 개방을 강요했다. 그 결과 국제 금융시장은 외견상 안정을 회복했다. 여기에는 구조조정 과정에서 고수익을 노린 외국자본의 유입과 환율 급등으로 인한 대규모 무역수지 흑자에 따른 외환보유고의 대폭적인 증가가 든든한 버팀목 역할을 했다. 그러나 겉보기와는 달리 이들 국가의 경제는 상시적 불안정성에 노출돼 있다. 특히 외환보유고의 대폭적인 증가에도 불구하고 환율관리 비용의 급증 속에 보유한 달러 표시 외화 자산이 또 다른 금융 불안의 요인으로 작용하고 있다.

현재 국제 금융시장의 불안은 1990년대 이후 누적돼온 세계 경제의 불균형이 균형을 찾아가는 과정으로 이해될 수 있다. 문제는 이러한 불안요인들이 자칫 국제 금융시장을 미증유의 위기에 빠뜨릴 수 있다는 데 있다. 이제 시급한 과제는 위기의 가능성을 줄이는 일이다. 그러나 특정 국가 경제단위가 이 같은 과제를 단독으로 수행하기에는 한계가 있다. 국제적 차원의 공조를 통해 국제 통화 질서를 개혁하지 않으면 안 된다.

국제 통화 질서의 개혁을 논의함에 있어서 우선 고려해야 할 과제는 통화체제의 근간이 되는 대외 지불준비 자산을 다각화하고 불안한 환율제도를 개선하는 일이다. 현행 변동환율제도는 주요 환율의 급격한 단기변동과 심각한 균형이탈로 인해 선진국 경제는 물론 세계 경제에 큰 악영향을 미치지 않을 수 없다. 특히 기축통화국인 미국의 경상수지 적자가 누적될 경우에는 더욱 그렇다. 따라서 달러화를 보완할 대외 지불준비 자산을 마련하고 환율의 급격한 단기변동을 제한할 수 있는 장치가 필요하다.

대외 지불준비 자산 다각화 방안의 하나로 제기되고 있는 금의 역할 증대론은 과거 금 본위제에서 드러난 한계로 인해 실현 가능성이 거의 없다. 그보다는 SDR 활용 확대와 복수준비통화제도multi-reserve currency invention 도입이 현실적인 대안으로 떠오르고 있다. 전자는 국제통화 및 국제 준비 자산으로서 중심적인 역할을 할 수 있도록 하는 SDR 기능을 제고하는 것이다. 후자는 달러화를 포함한 복수의 주요국 통화를 대외 지불준비 자산으로 삼는 방안이다.

환율제도 개편 방안으로는 고정환율제로 복귀하는 안과 변동환율제의 근간을 유지하면서 변동환율제가 가지는 문제점을 보완하는 안, 화폐를 통합하는 안이 논의돼왔다. 이 가운데 현실성 있는 대안은 변동환율제의 근간을 유지하면서 문제점을 보완하는 것이다. 여기에 잘 부합하는 안은 이른바 '목표환율권제도target zone exchange rate system[1]'다. 목표환율권제를 시행하기 위해서는 먼저 각국이 대외균형을 달성하기에 적합하고 대내균형을 달성하는 데 장애가 되지 않는 실질 기본 균형환율real fundamental equilibrium exchange rate을 산출해야 한다. 이를 기준으로 목표환율을 정하고 실제환율은 목표환율을 중심으로 일정한 범위 내에서만 변동할 수 있도록 관리하면 된다. 이 범위를 이탈할 때는 각국이 공동으로 외환시장에 개입하는 것이 이 제도의 요체다.

그러나 이른 시일 안에 새로운 국제 통화 체제로 이행하는 것은 거의 불가능하다. 주요 선진국들의 높은 실업률, 경상수지의 불균형, 정부의 재정 적자 및 부채 등 나라마다 쉽게 해결되기 어려운 문제가 적지 않고 경제 여건이 다르기 때문이다. 이를 감안해 브레튼 우즈 위원회The Bretton Woods Committee[2]는 주요 선진국 정부들이 환율의 급격한 단기적인 변동과 심각한 균형이탈을 방지할 수 있도록 우선 다음의 두 단계로 국제통화제도 개편 노력을 기울여야 한다고 제안하고 있다. 먼저 주요 선진국들이 재정 및 통화정책의 협력을 강화해 거시경제 상황을 상호 수렴시켜야 한다는 것이다. 그 다음에 환율의 과도한 균형 이탈과 변동을 방지하기 위해 보다 공식적인 협조체제를 구축하고 적당한 시기에 환율을 조정이 가능한 탄력적인 범위 내에서 유지시키도록 해야 한다는 것이다. 비록 오래 전에 제시된 안이지만, 검토해볼 만한 의견이다.

이 방안이 구체화돼 실현되려면, 국제 통화 질서를 규율할 실질적인 세계중앙은행Global Cetral Bank으로서 IMF의 기능을 확대하고 위상을 높이는 것도 필요하다. IMF는 준quasi 세계중앙은행의 역할을 수행하기 위한 조직과 정책 수단을 가지고 있다. 그러나 국제 통화 질서의 안정을 위해 보다 확실한 역할을 수행하자면 반드시 보완해야 할 과제가 있다. 바로 국제 준비자산으로서의 세계 통화 공급에 대한 통제권을 갖는 일이다(Duncan, 2005).

기축통화를 다극화하는 방안도 지속적으로 거론돼왔다. 미국의 달러화와 함께 중국의 위안화, EU의 유로화가 국제결제통화와 준비자산으로서 주도적인 역할을 담당하도록 해야 한다는 것이다. 이와 같은 방향으로 국제통화제도가 개편될 경우 이들 통화를 기축통화로 하는 3대 통화지역 또는 경제블록이 형성될 가능성이 크다. 그러나 최근 유로존의 위기로 인한 유로화의 기반 약화, 중국 금융산업의 구조적 취약성 및 미국과 일본의 중국 견제 심리 등으로 그 같은 구상이 실현될 가능성은 거의 없다. 그렇다 하더라도 현행 달러화를 기축통화로 하는 변동환율제도의 결함을 보완하거나 대체할 새로운 국제통화제도의 도입이나 국제 금융 질서의 개편에 대한 논의 확산은 불가피할 것으로 보인다. 달러화를 기축통화로 하는 현행 변동환율제도 하에서는 기축통화국인 미국의 대규모 경상수지 적자와 세계 경제의 불균형 심화, 이로 인한 금융 불안과 위기 발생 가능성이 쉽사리 사라지지 않을 것이기 때문이다.

그렇다면 근본적인 원인을 찾아내 해결하는 방안을 모색하는 것이 가장 바람직하다. 2차 세계대전 이후 세계 경제가 안정 성장기를 지나 경기 변동이 심해지고 위기가 잦아지기 시작한 것은 사실상 브레튼 우즈 체제가 붕괴된 미국의 달러화 금 태환 정지 이후다. 최근 겪고 있는 금융 불안과 위기는 금 태환 정지와 함께 고정환율제를 버리고 변동환율제를 도입하면서 자본의 이동을 자유롭게 허용한 데서 온 당연한 결과다. 금융 불안과 위기의 근원은 변동환율제와 자본시장 개방을 근간으로 하는 금융세계화에 있다. 원인을 알았으니 해결 방안은 자명해진다. 브레튼 우즈 체제의 기본 정신으로 돌아가야 한다. 즉 자본의 자유로운 이동을 제한하는 것이다. 물론 자본 이동의 제한은 기축통화국인 미국과 금융자본의 이해에 반한다. 그러나 적어도 투기자본의 이동만은 제한해야 한다. 그것이 세계 경제가 항시적인 금융 불안과 위기로부터 벗어날 수 있는 가장 효과적이고 현실적인 방안이다.

이 책을 시작하며 | '골디락스'에서 '화이트 스완'으로

1   블랙 스완(black swan)은 유럽인들이 18세기 오세아니아 대륙에 진출했을 때 검은색 백조를 처음 발견한 사건에서 비롯된 은유다. 나심 니콜라스 탈레브(Taleb, 2007)가 그의 저서 『The Black Swan: The Impact of the Highly Improbable』에서 과거의 경험에 의존해 미래를 예측할 수 없는 충격적인 상황을 일컫는 의미로 사용했다.

2   화이트 스완(white swan)은 누리엘 루비니와 스티븐 미흠(Roubini & Mihm, 2010)이 그들의 저서 『Crisis Economics: A Crash Course in the Future of Finance』에서 금융위기가 일상화된 상태를 가리키는 뜻으로 사용한 말이다. '블랙 스완'과는 달리 예측할 수 있지만, 제 시기에 적절한 대응책을 마련하지 못해 닥치는 것이 특징이다.

프롤로그 | 대마는 죽지 않는다

1   경상수지(balance of current account)는 외국과 재화나 서비스를 사고파는 거래와 외국에 투자한 대가로 벌어들이는 배당금, 이자 등의 소득거래, 대가없이 주고받는 이전거래를 모두 합한 경상계정의 수지차이를 의미한다. 경상수지는 상품수지, 서비스수지, 소득수지 및 경상이전수지의 4개 세부항목으로 구성되어 있다. 통상 한 나라의 대외적 실물거래의 균형 또는 불균형을 측정하는 데 가장 중요한 척도로 이용된다. 경상수지 적자는 장·단기자본의 도입으로 보전되지만, 국제수지 불균형의 근본적인 원천이 대부분 경상수지의 불균형에서 발생하기 때문에 국제수지정책은 일반적으로 경상수지를 대상으로 하고 있다.

2   재정수지는 정부 예산상의 재정 수입(세입)과 지출(세출)의 차이를 말한다. 수입이 지출보다 많으면 재정 흑자, 반대로 지출이 수입보다 많으면 재정 적자다. 정부가 부족분을 메우기 위해 국채를 발행하면 빚을 지게 된다. 정부 예산은 일반회계, 특별회계, 기금으로 구성되는데, 특히 이를 따로 분리하지 않고 하나로 합쳐 수입과 지출 차이를 따져 보는 것을 통합재정수지라고 한다.

3 양적완화(quantitative easing)는 기준금리 수준이 이미 너무 낮아서 금리 인하를 통한 효과를 기대할 수 없을 때 중앙은행이 다양한 자산을 사들여 시중에 통화공급을 늘리는 비전통적 통화정책(unconventional monetary policy)이다. 중앙은행이 발권력을 동원, 부채를 늘리는 방식으로 경기를 부양하려는 것이다. 중앙은행이 사들이는 자산은 국·공채나 주택저당증권(MBS), 회사채 등 다양하다.

4 유로존(Eurozone)은 유럽연합의 단일화폐인 유로(Euro)를 국가통화로 도입해 사용하는 국가나 지역을 말한다. 1999년 1월 1일 유로가 공식 도입되면서 사용되기 시작했고, 유로에어리어(Euroarea) 또는 유로랜드(Euroland)라고도 불린다. 유로존 가입국은 독일, 프랑스, 오스트리아, 벨기에, 키프로스, 핀란드, 그리스, 아일랜드, 이탈리아, 룩셈부르크, 몰타, 네덜란드, 포르투갈, 슬로베니아, 스페인, 슬로바키아, 에스토니아, 라트비아, 리투아니아 등 총 19개국이다.

5 리먼 브라더스(Lehman Brothers)는 2007년부터 불거진 미국 부동산가격 하락에 따른 서브프라임 모기지론(비우량주택담보대출) 부실 사태로 파산한 글로벌 투자은행(IB)이다. 2008년 9월 15일 미국 연방법원에 파산을 신청했을 당시 부채규모는 6,130억 달러로 세계 17위 경제국가인 터키의 한 해 국내총생산(GDP)과 맞먹는 금액이었다. 리먼 브라더스의 파산은 미국 역사상 최대 규모의 기업 파산으로 미국발 글로벌 금융위기의 시발점이 됐다.

6 기축통화(key currency)는 국제외환시장에서 금융거래 또는 국제결제의 중심이 되는 통화다. 한 나라의 화폐가 기축통화 역할을 하기 위해서는 첫째, 발행국이 다양한 재화나 서비스를 생산하고, 통화 가치를 안정적으로 관리해야 한다. 둘째, 고도로 발달한 외환시장과 금융·자본시장을 갖고 있고, 대외거래에 대한 규제도 없어야 한다. 셋째, 정치, 군사적으로 지도적인 위치를 차지하고 있어 전쟁으로 국가의 존립이 위협받지 않아야 한다.

7 브레튼 우즈 체제(Bretton Woods System)는 1944년 7월 미국 뉴햄프셔 주의 브레튼 우즈에서 44개 연합국 대표들이 합의한 협정에 따라 출범한 국제 통화 질서를 말한다. 브레튼 우즈 협정의 핵심 내용은 미국 달러화를 축으로 한 '조정 가능한 고정환율제도'이다. 이 협정을 바탕으로 국제통화제도를 관장하는 기구인 IMF와 세계은행이 설립됐다.

8 금 본위제(gold standard system)는 통화 가치를 순금의 중량에 연계하는 화폐제도를 말한다. 미국은 1944년 브레턴 우즈 체제를 통해 '금 1온스=35달러'로 정하는 금 본위제를 시작했다. 달러와 금을 교환하는 것을 금 태환이라고 한다. 미국은 베트남 전쟁 자금 등을 마련하기 위해 달러를 대규모로 찍어냄으로써 통화 가치가 떨어지자 1971년 금 태환 포기를 선언했다.

9 마셜 플랜(Marshall Plan)은 제2차 세계대전 후 1947년부터 1951년까지 미국이 서유럽 16개 나라를 지원하기 위해 구상한 대외원조계획이다. 정식 명칭은 유럽부흥계획(European Recovery Program, ERP)이지만, 최초로 제안한 당시 미국 국무장관 마셜(G. C. Marshall)의 이름을 따서 '마셜 플랜'이라고 한다.

10 블랙 먼데이(Black Monday)는 미국 뉴욕 증시에서 주가의 대폭락이 있었던 1987년 10월 19

일 월요일을 가리키는 말이다. 이날 뉴욕의 다우존스지수는 전날에 비해 무려 22.6%인 508포인트가 떨어진 1,738.74 포인트로 마감됐다. 이날 주가 하락폭은 대공황이 초래됐던 1929년 10월 28일과 29일의 12.6%와 11.7%에 비해서도 2배 정도 큰 수치였다. 이 주식 파동은 일본, 영국, 싱가포르, 홍콩의 시장에서도 연쇄적으로 큰 폭의 주가 폭락을 가져와 전 세계적으로 1조7,000억 달러에 달하는 증권 투자 손실을 초래했다.

11 서브프라임 모기지론(subprime mortgage loan)은 신용등급이 낮은 저소득층에게 주택 자금을 빌려 주는 미국의 주택담보대출 상품이다. 우리말로는 '비우량주택담보대출'이라고 부른다. 미국의 주택담보대출은 '프라임, 알트-A, 서브프라임' 3등급으로 나뉘는데, 프라임은 신용이 높은 개인을, 알트-A는 신용이 중간 정도인 개인을 대상으로 한다. 서브프라임은 신용도가 일정 기준 이하인 저소득층을 대상으로 하는 상품이어서 부실 위험이 크다. 이 때문에 프라임 등급보다 대출 금리가 연 2~4% 포인트 정도 높다. 2000년대 초반 미국의 부동산 가격 급등으로 모기지론 업체들이 경쟁적으로 주택담보대출을 확대하면서 서브프라임 등급에 대한 대출 비중도 급격히 상승했다. 그러나 2000년대 중반 집값이 하락하면서 FRB(미국 연방준비제도이사회)는 17차례에 걸쳐 정책 금리를 연 1.0%에서 5.25%로 대폭 올렸고, 이자 부담이 커진 저소득층은 원리금을 제대로 갚을 수 없게 됐다. 이로 인해 서브프라임 연체율이 급상승하면서 2007년 '서브프라임 모기지론 사태'가 일어나 글로벌 금융위기로 번졌다.

12 세뇨리지 효과(seigniorage gain)는 금과 은 등으로 화폐를 주조할 때 정부가 얻는 이익, 즉 화폐 주조 차익을 말한다. 이는 원래 중세 봉건 영주(seignior)가 화폐 주조를 통해 주조 비용을 충당한 후 얻는 이익을 'seigniorage'라 부른 데서 연유한다. 오늘날 대부분의 정부는 이러한 화폐 주조 차익의 원리를 이용하고 있지는 않지만 한 나라의 정부가 불환 지폐의 발행에 의해 거의 무상으로 실물자산에 대한 권리를 취득한다는 의미에서, 그리고 국제적으로는 미국과 같은 기축통화국이 무이자부 통화 발행을 통해 해외로부터의 실물자산을 취득한다는 의미에서 이러한 이익을 일종의 세뇨리지로 파악할 수 있다.

CHAPTER 1 | 달러, 다시 태풍의 눈이 되다

1 연방준비제도(FRS; Federal Reserve System)는 1913년 연방준비법을 근거로 탄생한 미국의 중앙은행제도이다. FRS의 주요기관으로는 연방준비제도이사회(FRB; Federal Reserve Board of Governors or Board of Governors of the Federal Reserve System), 연방공개시장위원회(FOMC; Federal Open Market Committee), 12개 지역의 연방준비은행(FRB; Federal Reserve Bank) 및 가맹

은행 등이 있다. 연방준비제도이사회(FRB)는 FRS의 운영기관으로 의장 이하 7인의 이사로 구성된다. 임무는 공정할인율, 예금준비율의 변경 및 공개시장 조작, 금리 규제, 연방준비권의 발행과 회수를 감독하는 것이다. FOMC는 FRB 이사 전원과 뉴욕연방은행 총재 및 다른 지구 연방은행 총재 중에서 교대로 선출되는 4명을 합해 모두 12명으로 구성된다. 임무는 공개시장조작정책을 수립, 집행하는 것이다. 특히 금리체계의 기준이 되는 연방기금 금리 결정은 FOMC의 주요 임무 가운데 하나다.

2   연방공개시장위원회(FOMC)의 위원은 모두 12명이다. 이 가운데 8명은 당연직으로 포함되는 연준 이사 7명과 뉴욕연방준비은행 총재다. 나머지 4명은 그 밖의 지역 연방준비은행 총재 11명이 1년씩 돌아가면서 참여한다. 위원장은 연준 의장이 겸임하고, 부위원장은 뉴욕연방준비은행 총재가 맡는다.

3   잠재성장률은 한 나라의 노동과 자본 등 동원 가능한 생산요소를 모두 투입해 인플레이션 등의 부작용 없이 최대로 이뤄낼 수 있는 성장률을 말한다.

4   이처럼 양적완화를 점진적으로 축소하는 것을 '테이퍼링(tapering)'이라고 부른다.

5   Operation Twist는 중앙은행이 장기국채를 사고 단기국채를 팔아서 장기금리 인하를 유도하는 공개시장 조작의 일종이다. 장기채권 매입과 단기채권 판매를 동시에 시행하는데, 장기채권을 매입하면 시중의 장기금리가 떨어지고, 단기채권을 팔면 단기금리가 오르는 효과가 있다. 일반적으로 장기금리가 내려가면 기업은 투자를 늘리고, 가계는 새로 주택을 매입하는 등 투자가 활성화되는 효과가 있다. 1961년 미국의 존 F. 케네디 행정부 시절에 처음 실시된 정책으로 장·단기채권에 대해 엇갈리는 스텝을 밟는 모습이 1960년대 당시 유행한 트위스트와 닮았다고 해서 이 명칭이 붙었다.

6   SMP(Security Market Program)는 유럽중앙은행(ECB)이 유럽지역 국공채시장의 심리 안정과 유동성 보강을 위해 유로존 국가의 국공채를 매입하는 프로그램이다. ECB는 SMP를 통해 2010년 5월부터 2012년 2월까지 아일랜드와 포르투갈, 그리스, 이탈리아, 스페인 등 유로존의 부채 취약국들의 국채를 매입했다.

7   PIIGS는 유로존에 속한 유럽 5개국, 즉 포르투갈(Portugal)·이탈리아(Italy)·아일랜드(Ireland)·그리스(Greece)·스페인(Spain)을 가리키는 말로 이들 국가의 머리글자를 따서 만들었다. 이들 국가의 공통점은 2008년부터 2011년까지 과도한 국가 부채와 재정 적자, 높은 실업률 등으로 인해 심각한 경제적 위기 상황에 놓였다는 것이다. 이 때문에 한때 유로화가 급락하고 세계 금융시장이 출렁거렸다. 특히 그리스는 국가 부도 위기라는 최악의 상황을 맞기도 했다.

8   LTRO(Long Term Refinancing Operation)는 유럽중앙은행(ECB)이 자금난에 빠진 유럽국가들을 지원하기 위해 1%대의 저금리로 유럽은행들에게 3년간 돈을 빌려주는 제도이다.

9   OMT(Outright Monetary Transaction)는 유럽중앙은행(ECB)이 발표한 새로운 유로존 국채 매입 프로그램의 명칭이다. SMP를 대체해 2012년 9월부터 시행됐다. 장기물 위주로 제한적인

매입을 했던 SMP와는 달리 주로 단기물을 무제한적으로 매입하는 것이 특징이다.

10   질적완화(qualitative easing)는 통화의 양보다 어느 부문에 얼마만큼의 자금이 흘러 들어가는지 부문별 자금 흐름에 중점을 두는, 즉 부문별로 자금의 흐름과 방향을 제한하는 금융의 질적 통제를 완화하는 것을 의미한다.

11   본원 통화는 중앙은행이 지폐 및 동전 등 화폐 발행의 독점적 권한을 통해 공급한 통화를 말한다. 화폐 발행액과 예금은행이 중앙은행에 예치한 지급준비 예치금의 합계로 측정된다.

12   광의통화(M2)는 협의통화(M1)보다 넓은 의미의 통화지표로서 협의통화(M1)에 포함되는 현금과 결제성예금뿐만 아니라 예금취급기관의 정기예금, 정기적금 등 기간물 정기예·적금 및 부금, 거주자외화예금, 그리고 양도성예금증서(CD), 환매조건부채권(RP), 표지어음 등 시장형 금융상품, 금전신탁, 수익증권 등 실적배당형 금융상품, 금융채, 발행어음, 신탁형증권저축 등을 포함한다. 다만, 유동성이 낮은 만기 2년 이상의 장기 금융상품은 제외한다.

13   통화전쟁(currency war)은 각국이 수출 경쟁력을 높이기 위해 경쟁적으로 외환시장에 개입해 자국 통화 가치 하락(평가절하, devaluation)을 의도적으로 유도하는 '총성 없는 경제전쟁'이며 환율전쟁이라고도 한다. 수출 증가와 자국 내 일자리 확보를 겨냥한 통화전쟁의 사례는 1930년 대공황을 촉발한 1차 통화전쟁(1921~1936년), 브레튼 우즈 체제가 붕괴된 2차 통화전쟁(1967~1987년), 2008년 이후 현재의 3차 통화전쟁 등이 있다.

14   디스인플레이션(disinflation)은 원래 인플레이션(inflation)을 극복하기 위해 재정과 금융 긴축으로 통화가 증발하는 것을 막는 경제 조정 정책을 말한다. 이와 같은 정책을 쓰면 점차적으로 물가 상승률이 낮아지게 마련인데, 이런 현상 자체를 디스인플레이션이라고 부르기도 한다. 이에 비해 디플레이션(deflation)은 인플레이션의 반대 개념으로 일반 물가 수준이 지속적으로 하락하는 현상을 의미한다. 최근엔 물가 하락 속 경기 침체라는 의미로도 사용되고 있다. IMF는 2년 정도 물가 하락이 계속돼 경기가 침체되는 상태로 정의한다.

15   유동성 함정(liquidity trap)이란 아무리 금리를 내려도 소비와 투자가 살아나지 않는 상태를 일컫는다. 1929년 세계 경제 대공황 시절 돈을 풀었지만 경기가 살아나지 않음에 따라 케인스가 제기한 학설이다. 유동성 함정에 빠지면 금융 당국이 금리를 아무리 내려도 기업들의 투자로 연결되지 않아 경기 부양 효과가 나타나지 않는다.

CHAPTER 2 | 역사로부터 배우다

1   '드라크마(Drachma)'와 관련해 신약성서에 다음과 같은 기록이 나온다. 「누가복음」 15장 8절

"어떤 여자가 열 드라크마가 있는데, 하나를 잃으면 등불을 켜고 집을 쓸며 찾아내기까지 부지런히 찾지 아니하겠느냐."; 9절 "또 찾아낸즉 벗과 이웃을 불러 모으고 말하되 나와 함께 즐기자 잃은 드라크마를 찾아내었노라 하리라." 이 기록으로 미뤄 당시 드라크마가 주화로 널리 쓰였음을 알 수 있다. 드라크마는 현재의 그리스에서도 화폐단위로 쓰이다가 그리스가 2002년 유로존에 가입하면서 폐지됐다.

2   일시적 불균형의 경우 1% 내의 환율 조정이 허용됐고, IMF에 의한 공적 대부가 제공됐다. 특히 만성적이고 구조적인 국제수지 적자와 국제 준비자산이 대폭 감소하는 기초적 불균형 (fundamental disequilibrium)의 경우, IMF와의 협의를 통해 대폭적(±10%)으로 환율을 조정할 수도 있었다. 따라서 이 시기의 환율제도는 정확히 '조정 가능한 고정환율제(adjustable peg system)'라고 말할 수 있다.

3   트리핀 딜레마(Triffin's dilemma)는 국제 유동성 수요의 증가와 기축통화의 신인도 유지 간의 모순을 일컫는 말이다. 예일대 교수였던 로버트 트리핀(Robert Triffin, 1961)이 처음 언급했다고 그렇게 부른다. '유동성 딜레마(liquidity dilemma)'라고도 한다. 트리핀은 "국제 거래 규모가 증가함에 따라 국제결제통화인 달러에 대한 수요도 증가하게 되는데, 미국의 달러 공급으로 이 수요가 충족되면 달러의 신인도가 하락하는 문제가 IMF 체제에 내포돼 있다"고 지적했다. 이 문제를 해결하기 위해 IMF는 1969년에 특별인출권(Special Drawing Rights, SDR)이라는 국가 간 결제에만 사용되는 장부상의 세계 통화를 만들었지만, 그 실험은 성공적이지 못했다.

4   '위대한 사회(Great Society) 프로그램'은 미국의 존슨(Lyndon B. Johnson) 대통령이 1960년대 중반에 추구한 빈곤 추방정책 및 경제 번영정책을 말한다. 주된 목표는 가난과 인종 차별을 없애는 것이었다.

5   금풀제(gold pool system)는 1961년 선진 8개국 중앙은행들이 투기적 금 거래를 막고 금 시세를 1온스에 35달러로 유지하기 위한 목적으로 민간 금시장에 개입한 조치를 말한다. 이에 따라 런던 금시장의 금 도매가격이 1온스에 35.20달러를 웃돌 경우 금풀(gold pool)이 보유한 금을 시장에 매각해 금 가격을 안정시키고 민간보유 달러에 대해 공정 금 가격에 의한 금 태환을 보증했다. 이로써 금풀제는 도입 초기 미국 달러를 기축통화로 하는 금환본위제를 유지하는 데 어느 정도 기여했다. 그러나 1968년 파운드화 절하 직후 발생한 금 투기에 대처하지 못함으로써 1968년 3월 그 기능이 중지됐다.

6   GATT란 General Agreement on Tariff and Trade의 약자로 우리말로는 '관세 및 무역에 관한 일반 협정'이라고 한다. 관세장벽과 수출입 제한을 없애고 국제 무역을 증진시키기 위해 1947년 제네바에서 미국을 비롯한 23개국이 조인한 국제 무역 협정이다. 1995년 WTO(세계무역기구)로 대체되기 전까지 전 세계 120여 개국이 가입했으며, 한국은 1967년 4월 1일부터 정회원국이 됐다. GATT가 국제 무역의 확대를 도모하기 위해 가맹국 간에 체결한 협정의 주요 내용은 다음과 같다. 첫째, 회원국 상호 간의 다각적 교섭으로 관세율을 인하하고 회원국끼리는 최혜국대우를 베풀어 관세의 차별대우를 제거한다. 최혜국대우란 통상이

나 항해조약 등에서 한 나라가 상대국과 조약을 새로 체결하거나 경신할 경우 지금까지 다른 나라에 부여한 대우 중 최고의 대우를 그 나라에도 부여하는 것을 말한다. 둘째, 영연방 특혜와 같은 기존 특혜관세제도는 인정한다. 셋째, 수출입 제한은 원칙적으로 폐지하며 수출입 절차와 대금 지불에서 차별대우를 하지 않는다. 넷째, 수출을 늘리기 위한 어떠한 보조금의 지급도 금지한다. 1980년대에 들어, GATT는 세계 경제의 불균형 확대, 관세와 비관세 장벽 등에서 신보호주의 경향의 심화, 무역 분쟁의 증대로 한계점이 지적되기 시작했다. 이에 따라 GATT 체제는 1995년 1월 WTO가 출범하면서 막을 내렸다.

7 　'달러 페그(peg)제'란 자국의 화폐를 고정된 달러 가치에 연동해 정해진 환율로 교환을 약속한 환율제도다. 달러페그제는 환율 변동에 대한 불확실성이 제거됨으로써 대외교역 및 자본유출입이 원활해진다는 장점을 가지고 있으나 달러의 가치 변동에 영향을 많이 받아 통화 자체의 가치가 적절히 반영되지 못한다는 문제점도 있다.

8 　두바이 합의는 2003년 9월 두바이에서 열린 서방선진 7개국(G7, G5+캐나다·이탈리아) 재무장관·중앙은행 총재회의에서 환율문제에 공동 대응하기 위해 경제 기초를 반영한 유연한 환율제도를 도입해야 한다고 선언한 것을 지칭한다. 당시 환율갈등은 2001년 미국이 IT 버블 붕괴 후 달러 약세정책을 펴자, 일본이 외환시장에 개입하면서 고조됐다. 이 합의 결과 일본은 시장 개입을 중단했고, 중국은 관리변동환율제를 도입했다. 두바이 합의는 '미니 플라자 협정'으로 일컬어지기도 한다.

CHAPTER 3 | 위기를 부른 금융세계화

1 　시카고학파(Chicago School)는 미국 시카고대를 중심으로 하는 일단의 경제학자들을 일컫는 말이다. 신자유주의학파라고도 한다. 헨리 사이몬스(Henry Simons), 프리드리히 하이에크(Friedrich Hayek), 프랭크 나이트(Frank Knight), 밀튼 프리드먼(Milton Friedman), 조지 스티글러(George Stigler)등이 주축을 이루고 있다. 특히 프리드먼은 1956년 이래 정력적으로 신화폐수량설(new monetarism)을 제창함으로써 시카고학파의 이론이 세계적으로 주목을 끌게 한 주도적 인물이다. 시카고학파의 기본적인 주장은 시장경제기구에 의한 자원배분에 신념을 가지고 합리적인 경제 운영을 도모하며, 물가 상승을 억제하기 위해 자유로운 가격기능을 부활시켜야 한다는 것이다. 시카고학파는 케인스 경제학의 입장을 계승한 신경제학(new economics)과는 대조적으로 생산, 고용, 가격 등의 수준을 결정하는 요인으로서 통화공급량을 중시하며, 정부의 활동보다는 민간의 자유로운 행동을 중시한다.

2   스태그플레이션(stagflation)은 경기 침체에도 불구하고 물가가 오히려 오르는 현상을 말한다. 침체를 의미하는 '스태그네이션(stagnation)'과 물가 상승을 의미하는 '인플레이션(inflation)'을 합성한 용어로 경제활동이 침체되고 있음에도 불구하고 지속적으로 물가가 오르는 상태가 유지되는 저성장·고물가 상태를 의미한다. 특히 1973년 제1차 석유파동 이후 이런 경향이 두드러지게 나타났다. 당시 유가 인상으로 세계 경제는 침체의 늪에 빠져들고 생산과 고용이 급격히 떨어졌다. 그런데도 물가는 급격히 상승하는 새로운 현상이 나타나게 되었다.

3   정보의 비대칭성(information asymmetry)이란 경제적 이해관계를 가진 당사자 간에 정보가 한 쪽에만 존재하고 다른 한 쪽에는 존재하지 않는 상황을 말한다. 예를 들면, 내부자인 경영자가 자신의 기업에 대해 외부 투자자들이 보유하고 있지 않은 정보를 가지고 있는 경우가 그에 해당한다.

4   효율적 시장 가설(efficient market hypothesis)은 2013년 노벨경제학상을 공동 수상한 유진 프랜시스 파마(Eugene Francis Fama) 미국 시카고대 교수가 주창한 것으로 자본시장의 가격이 이용 가능한 정보를 충분히 즉각적으로 반영하고 있다는 가설이다. 즉 어떤 투자자라도 이용 가능한 정보를 기초로 한 거래에 의해 초과 수익을 얻을 수 없다는 것이다. 이는 시장이 효율적이므로 자신이 가진 정보는 이미 주가에 반영되었고, 따라서 투자자의 예측에 영향을 준 정보로 인한 가격 변화는 또 다시 발생하지 않는다는 것을 전제로 한다.

5   자본수지(balance of capital account)는 외국인의 국내 주식이나 채권 매입, 우리나라 기업의 해외 직접투자, 외상 수출입에 따라 발생하는 채권 및 채무 등에 따른 자본의 유출입차를 나타내는 항목이다. 자본수지는 크게 투자수지와 기타 자본수지로 구성된다. 이 가운데 투자수지는 외국인의 국내 직접투자 및 내국인의 해외 직접투자, 주식·채권에 대한 투자와 관련된 증권투자, 직접투자와 증권투자에 속하지 않는 대출 및 차입, 무역 관련 신용 등이 계상되는 기타 투자로 구분된다. 자본수지는 해외이주비 등과 같은 자본이전과 특허권, 저작권 등 무형자산의 취득 및 처분 등으로 계상된다.

6   CDS는 Credit Default Swap의 약자로 부도, 파산, 지급불이행 등으로 채권이나 대출 원리금을 돌려받지 못할 경우 그로 인한 손실의 일부 또는 전부를 보상해주는 파생상품을 말한다. 손실을 보상해주는 대신, 보험금 성격의 수수료를 받는다. 이를 CDS 프리미엄 또는 CDS 스프레드라 부른다. 손해보험에 가입할 때 사고가 일어날 확률이 높을수록 보험료가 비싸지는 것처럼 채권을 발행한 기관이나 국가의 신용위험도가 높아질수록 CDS 프리미엄은 상승한다.

7   구조화 투자 회사(SIV: Structured Investment Vehicle)는 투자은행들이 장기 고수익 자산에 투자할 목적으로 설립한 투자 전문 자회사다. SIV는 모회사인 은행들로부터 우량자산을 양도받아 이를 근거로 자산담보부 기업어음(ABCP)을 발행해 단기자금을 조달한다. 이 자금으로 모기지증권 등의 고수익 장기채권에 투자해 고수익을 올리기도 한다. 그러나 자금은 단기로 조달하는 반면, 투자는 장기로 하기 때문에 ABCP 발행이 안 될 경우 유동성에 문제가 생기는

구조적인 문제점을 안고 있다.

8 　자산담보부증권(ABS: Asset Backed Securities)은 금융회사나 기업이 보유하고 있는 부동산, 회사채, 대출채권, 외상매출채권 등 각종 자산을 기초자산(underlying assets)으로 발행하는 증권이다. 자산에 묶여 있는 현금 흐름을 창출하는 것이 목적이다. 이는 원보유자의 파산위험에 대비해 담보를 안전장치로 갖추고 있기 때문에 자산 원보유자가 직접 발행한 채권보다 높은 신용등급으로 평가된다. 기초자산의 종류에 따라 CBO(채권담보부증권), CLO(대출담보부증권), MBS(주택담보부증권) 등으로 구분된다. 우리나라는 1998년 9월 '자산유동화에 관한 법률'의 제정으로 이를 도입했다. 이후 자산유동화증권으로 부르기도 한다.

9 　금융안정위원회(FSB: Financial Stability Board)는 선진 7개국(G7)이 1999년 아시아 외환위기의 재발 방지 및 국제협력을 목표로 설립한 금융안정화포럼(FSF: Financial Stability Forum)을 확대 개편한 조직이다. 2009년 4월 G20 런던 정상회의 합의에 따라 한국, 브릭스(BRICs) 등이 추가로 가입해 G20에 속한 모든 나라가 참여하고 있다. 국제통화기금(IMF)과 함께 각국의 거시경제와 금융위험성을 점검하고 조정하는 역할을 담당하고 있다.

CHAPTER 4 | 적자의 늪에 빠진 달러 제국

1 　경상수지는 한 나라의 소득에서 지출을 뺀 것과 같다. 즉, '경상수지=소득−지출'라는 항등식이 성립된다. 이 때 소득과 지출은 다시 각각 다음의 식으로 표시할 수 있다. 즉, '소득＝민간 소비＋민간 저축＋정부 수입' 및 '지출＝민간 소비＋민간 국내투자＋정부 지출'이 된다. 이 소득과 지출의 정의를 맨 처음 식에 대입해 정리하면, '(민간 저축−민간 국내투자)＋(정부 수입−정부 지출)＝경상수지'라는 항등식을 이끌어낼 수 있다(若田部昌澄, 2003, 39−40쪽).

2 　각 기간 중 재정수지는 회계연도 기준으로 산출된 것이다. 예컨대, 1993 회계연도는 1992년 10월 1일부터 1993년 9월 30일까지이다.

3 　부시 행정부는 경기둔화에 대응하고 경제의 장기성장력을 회복시키기 위해 2002년부터 소득세 한계세율을 낮추고 부양가족 세액공제를 자녀 1명에 600달러에서 1,000달러로 확대하는 등 향후 10년간에 걸쳐 총 16억 달러에 상당하는 조세감면 조치를 단행했다.

4 　미국 연방법 제31장 5112조는 "재무부 장관이 백금 혹은 백금 프루프 주화를 주조, 발행할 수 있다. 재무부 장관은 이 주화의 규격과 디자인, 종류, 양, 표시 금액, 글귀를 재량에 따라 정할 수 있다"고 규정하고 있다.

5 　미국의 일반은행들은 전국 규모 은행의 경우 의무적으로 연방준비제도 회원으로 가입해야

하며, 주 단위 은행이라도 요건이 구비되면 회원이 될 수 있다. 이들 회원 은행을 일반적으로 가맹 은행이라고 부른다. 가맹 은행이 되면 연방준비은행의 자본금에 출자를 하도록 돼 있다.

CHAPTER 5 | 그래도 달러는 강하다

1   달러 인덱스(Dollar Index)는 유로, 일본 엔, 영국 파운드, 캐나다 달러, 스웨덴 크로네, 스위스 프랑 등 6개국 통화에 대한 달러의 평균 가치를 지수화한 것이다. 미국 연방준비제도이사회가 1973년 3월을 기준점(100)으로 하여 매일 발표한다. 그 비중은 각 국가의 경제규모에 비례해 결정된다.

2   대외 지급 준비자산(reserve assets)이란 한 나라의 통화 당국이 국민경제 또는 통화신용에 커다란 영향을 미치지 않고 언제든지 대외 지급에 충당할 수 있도록 보유하고 있는 자금이다. 즉 금, SDR, IMF 포지션 및 보유외화를 말한다. 이러한 대외 지급 준비자산은 외국의 경제 단위가 채무의 상쇄 수단으로 받아들일 수 있는 수용성, 외국 화폐 단위로서 표현될 수 있는 가치의 확실성, 그리고 당해국 통화 당국이 즉각 활용할 수 있는 유동성을 갖추어야 한다.

3   타이트 오일(tight oil)은 셰일 가스가 매장된 점토층에서 시추하는 비전통적 원유로 탄소 함유량이 많고 황 함량이 적은 경질유를 말한다. 주로 수평 채굴이나 수압 파쇄 방식으로 뽑아낸다. 이에 비해 기존의 유정에서 채굴하는 전통적 원유는 크루드 오일(crude oil)로 불린다. 타이트 오일은 셰일에서 추출했기 때문에 셰일 오일이라고도 한다. 이 책에서는 셰일에서 뽑아낸 오일과 가스를 모두 합쳐 셰일 오일이라고 부르기로 한다.

4   석유수출국기구(OPEC, Organization of the Petroleum Exporting Countries)는 1960년 9월 이라크, 이란, 쿠웨이트, 사우디아라비아, 베네수엘라가 바그다드에서 창설한 국제기구로 석유 수출국 정부들 간의 국제 생산자 카르텔이다. OPEC 회원국은 현재 모두 12개국으로 이라크, 이란, 쿠웨이트, 사우디아라비아, 베네수엘라, 카타르, 리비아, 아랍에미리트(UAE, United Arab Emirates), 알제리, 나이지리아, 에콰도르, 앙골라 등이다. OPEC의 설립 목표는 회원국들의 석유정책 조정을 통해 상호 이익을 확보하고, 국제석유시장의 안정을 유지하는 데 있다. OPEC의 조직은 최고 의사결정기구인 총회(각료회의)를 비롯해 이사회, 사무국, 경제위원회, 각료급 감시위원회로 구성된다. OPEC의 사무국은 출범 시 스위스의 제네바에 있었으나, 1965년 오스트리아의 수도 비엔나로 이전했다.

5   상장지수펀드(ETF; Exchange Traded Fund)는 특정 주가지수와 연동되는 수익률을 얻을 수 있도록 설계된 '지수연동형 펀드(index fund)'를 거래소에 상장시켜 주식처럼 매매할 수 있게 한

증권상품이다.

6   모라토리엄(moratorium)은 국가가 경제 · 정치적인 이유로 외국에서 빌려온 차관에 대해 일시적으로 채무상환을 연기하는 지불유예상태를 말한다. 전쟁, 지진, 경제공황, 화폐개혁, 외환보유액 부족 등 한 국가 전체 또는 어느 특정 지역에서 긴급사태가 생겼을 때 발생한다. 디폴트(default)는 채무에 대한 이자를 지불할 수 없거나 원리금을 상환할 수 없는 '채무불이행' 상태를 지칭한다. 예컨대, 국가가 외환보유액 부족 등으로 인해 외국에서 빌려온 돈을 계약된 상환기간 안에 갚지 못해 부도에 이르는 상황을 의미한다.

CHAPTER 6 | 달러에 발목 잡힌 중국

1   레버리지(leverage)는 '지렛대'라는 의미로 금융계에선 차입을 뜻한다. 빚을 지렛대로 투자 수익률을 극대화하는 레버리지는 경기가 호황일 때 효과적인 투자법이다. 상대적으로 낮은 비용(금리)으로 자금을 끌어와 수익성 높은 곳에 투자하면 조달비용을 갚고도 수익을 남길 수 있기 때문이다.

2   복수통화바스켓제도는 자국과 교역 비중이 큰 나라의 통화, 예를 들면 달러, 유로, 엔화 등을 바스켓(basket, 꾸러미)으로 한데 묶고, 이들 통화의 가치가 변할 경우 각각 교역 가중치에 따라 자국 통화의 환율에 반영하는 환율제도를 말한다. 특정 통화 가치의 급격한 상승이나 하락에 따른 충격을 완화할 수 있고, 물가상승률 등 국내 경제변수를 반영할 수 있어 고정환율제를 변동환율제로 바꾸려는 나라들이 중간단계에 채택하는 제한적인 변동환율제도이다. 우리나라는 1980년 2월 27일부터 1990년 3월 19일까지 이 제도를 채택했다가 1990년 3월 20일부터 시장평균환율제로 변경한 뒤 1997년 12월 16일부터 자유변동환율제를 도입했다.

3   헤지(hedge)란 가격변동이나 환위험을 피하기 위해 행하는 거래로 위험회피 또는 위험분산이라고도 한다. 환 헤지는 환율 변동에 따른 위험을 없애기 위해 현재 수준의 환율로 수출이나 수입, 투자에 따른 거래액을 고정시키는 것을 말한다.

4   통화스왑(currency swaps)이란 둘 이상의 거래기관이 사전에 정해진 만기와 환율에 의해 다른 통화로 서로 교환하는 외환거래를 말한다. 환시세의 안정을 도모하는 것이 목적이다. 국가 간 통화스왑 협정은 두 나라가 자국 통화를 상대국 통화와 맞교환하는 방식으로 외환위기가 발생하면 자국 통화를 상대국에 맡기고 외국 통화를 단기 차입하는 중앙은행 간 신용계약이다.

5   위안화 국제화지수는 위안화 국제화 수준을 나타내기 위해 중국인민대학 국제화폐연구소와

중국교통은행이 2012년부터 측정해 발표하는 지수다. 무역결제, 금융거래, 외환보유고 3개 부문에서 위안화가 차지하는 비중을 기준으로 평가한다.

CHAPTER 7 | 흔들리는 유로존

1   그리스는 유로존이 출범한 지 1년이 지난 2000년에 국민투표를 거쳐 2001년 1월 1일에 유로존에 가입했다. 하지만 그 후에도 1년 동안 고정환율제 하에서 자국 통화를 쓰다가 그보다 1년 늦은 2002년 1월 1일에야 유로화를 사용하기 시작했다.

2   유럽연합(EU)은 1996년 '안정과 성장에 관한 협약(Stability and Growth Pact)'를 통해 모든 회원국들이 재정 적자를 GDP의 3% 미만으로 줄이도록 했다. 이른바 '3%룰(rule)'이라고 부르는 이 규정을 어길 경우 GDP의 0.2~0.5%에 해당하는 벌금을 물리도록 하고 있다. 그러나 규정을 어기고도 아직까지 벌금을 예치한 나라가 없자 최근 이 규정을 완화하자는 주장이 나오고 있다. 이 협약에는 국가 채무를 GDP의 60% 이하로 제한하는 내용도 들어 있다.

3   유럽중앙은행(ECB)에 유로존 내 은행들의 금융 안정성을 감독할 수 있는 권한을 부여한 단일은행감독기구(Single Supervisory Mechanism)가 2014년 11월 4일 출범했다. 이로써 유로존 내 은행들은 앞으로 거시건전성과 자기자본, 유동성 조달 등의 금융 안정과 관련된 사안들에 대해 개별 국가 감독기관이 아닌 이 기구의 감독을 받게 됐다.

CHAPTER 8 | 미국 앞에만 서면 작아지는 일본

1   아베노믹스(Abenomics)란 일본 총리 아베의 영문 표기 Abe와 Economics의 합성어다. 2~3%의 인플레이션 목표, 무제한 금융완화, 마이너스 금리정책을 통해 일본 경제를 장기침체에서 탈피시키겠다는 아베 신조(安倍晋三) 일본 총리(2012년 12월 취임)의 경제정책을 말한다. 디플레이션(물가의 지속적인 하락)과 엔고(円高) 탈출을 위해 "윤전기를 돌려 화폐를 무제한 찍어내는 등 모든 정책 수단을 동원하겠다"는 것이 주 내용이다. 아베노믹스의 정책수단은 금융 완화, 재정 확대, 구조 개혁 등으로 이른바 '세 개의 화살'이라고 부른다.

2   경기 침체(recession)란 경기순환 중 경기 후퇴 국면으로 경제활동이 활기를 잃어 그 규모가

전반적으로 축소되는 현상을 말한다. 즉 생산, 소비, 투자, 소득, 고용 등이 감소하고 재고와 실업이 증가하기 시작해 기업 이윤이 감소한다. 전미경제연구소(NBER)는 실질 GDP가 전기에 비해 2분기 이상 연속 감소한 경우를 경기 침체로 정의하고 있다. 또한 경기 침체가 심화되는 국면을 불황(depression)이라고 한다.

3   일본 정부가 발행한 국채의 90% 이상은 일본 내 기관이나 개인들이 보유하고 있다. 외국인의 보유 비중은 7%에도 못 미친다. 반면, 일본의 해외 투자 등 채권 규모도 크다. 일본이 막대한 국가 부채에도 불구하고 별다른 문제없이 버틸 수 있었던 것도 두 가지 이유 때문이다.

CHAPTER 9 | 안전한 국제 금융 질서의 모색

1   아시아 채권기금(ABF: Asian Bond Fund)은 2003년 6월 한국, 중국, 일본, 홍콩, 싱가포르, 태국, 말레이시아, 필리핀, 인도네시아, 호주, 뉴질랜드 등 11개국으로 이루어진 동아시아 · 태평양 중앙은행 및 통화당국자 회의(EMEAP: Executives Meeting of East Asia and Pacific Central Banks and Monetary Authorities)에서 회원국 중앙은행이 공동으로 출자해 만든 채권투자 국제펀드다. ABF는 회원국들이 안정적으로 장기자금을 조달하고 자금이 역외로 유출되는 것을 방지하는 데 목적을 두고 있다.

2   토빈세(Tobin Tax)는 노벨경제학상 수상자인 제임스 토빈(Tobin, 1974)이 자신의 저서 『The New Economics, One Decade Older』에서 처음으로 제안했다.

3   시퀘스터(sequester)는 '격리하다'라는 뜻을 가진 말로 미국 정부가 재정 적자 누적을 막기 위해 시행하는 예산자동삭감제도를 말한다. 허용된 최대 적자 규모를 초과할 경우 다음 회계연도에 정부의 재정 지출을 자동적으로 삭감하게 된다. 시퀘스터는 1985년 필 그램(Phil Gramm) 등 3명의 상원의원이 발의해 의회를 통과한 '균형예산 및 긴급 적자 통제법(Gramm–Rudman–Hollings Balanced Budget Act)'에 뿌리를 두고 있다.

4   재정절벽(fiscal cliff)은 정부의 급작스러운 재정 지출 축소나 중단으로 인해 유동성이 위축되면서 경제에 충격을 주는 현상을 일컫는 말이다. 정부 지출이 갑자기 줄거나 중단돼 절벽에서 추락하듯 경제 전반이 큰 충격을 받는다는 의미로 사용된다. 골드만 삭스의 이코노미스트 알렉 필립스(Alec Phillips)가 2011년 10월에 쓴 '슈퍼위원회와 재정절벽'이라는 보고서에서 처음 사용했다.

5   SDR(Special Drawing Rights: 특별인출권)은 1968년 4월 IMF 이사회결정에 따라 부족한 국제유동성을 보충하기 위해 1970년부터 도입한 일종의 국제준비통화다. 금이나 달러의 뒤를 잇는

제3의 통화로 간주되고 있다. IMF 가맹국은 금이나 달러로 환산해 일정액의 SDR에 출자하고, 국제수지가 악화됐을 때 인출할 수 있는 권리를 갖는다.

에필로그 | '브레튼 우즈 정신'으로 돌아가자

1 목표환율권제도(target zone exchange rate system)는 1983년 미국 국제경제연구원(IIE)의 존 윌리엄슨(John Williamson) 박사가 주요국 통화 간의 환율 안정을 도모하기 위해 도입할 것을 주장한 제도다.

2 브레튼 우즈 위원회(The Bretton Woods Committee)는 IMF와 세계은행에 대한 이해를 높이기 위해 1983년 설립된 미국의 비영리 순수민간단체다. 그 산하에 국제통화제도와 개발원조 등 IMF 및 세계은행의 핵심 역할에 대한 개혁 방안을 마련하기 위해 1992년 9월에 설립된 '브레튼 우즈 기구 장래를 위한 소위원회'가 있다.

참고 문헌

- 구본관 (2013). 아베노믹스, 일본경제 부활의 신호탄인가?, 「SERI 경제 포커스」, 412호, 삼성경제연구소.

- 권순우 (2007). 팍스 달러리움(Pax Dollarium)의 미래: 진단과 전망, 「SERI 경제 포커스」, 163호, 삼성경제연구소.

- 기획재정부 (2005). 치앙마이 이니셔티브 다자화(CMIM) 협정문 개정안 발효, 기획재정부 보도자료, 2005. 7. 17.

- 기획재정부 (2011). 통화동맹의 역사 및 시사점, 기획재정부 보도참고자료, 2011. 12. 15.

- 김인철 (2009). 경제 강국과 통화 국제화 경쟁, 「월간 KRX」, 2009년 2월호, 한국거래소.

- 김진 (2013). 선진국의 양적완화에 따른 글로벌 자산버블 우려 고조, 「주간 금융경제동향」, 3-21호, 우리금융경영연구소, 5-8.

- 대외경제정책연구원 (2014). 최근 위안화 국제화 현황, 「북경사무소 브리핑」, 17-10, 대외경제정책연구원.

- 매일경제신문 경제부 (2010). 「경제학 애프터스쿨」, 서울: 매일경제신문사.

- 박재윤 · 이충열 (2011). 정보기술의 발전과 금융 안정성, 「KIF 금융리포트」, 2011-08, 한국금융연구원.

- 서정민 (2005). 환율제도의 종류와 국가별 차이점, 「한국은행 금요강좌」, 한국은행.

- 신민영 · 이창선 · 이근태 (2010). G20 정상회의: 환율갈등 둘러싼 각국 입장과 의장국의 역할, 「LG Business Insight」, 엘지경제연구원, 2010. 11. 10.

- 신윤성 (2013). 셰일가스가 에너지시장과 산업에 미치는 영향, 「산업경제」, 2013-01, 산업연구원, 58-66.

- 안남기 · 최성락 (2014). 오일머니(Petrodollar) 위축 가능성 및 영향, 「Issue Analysis」, 국제금융센터, 2014. 12. 11.

- 오용협 · 오승환 (2009). CMI(치앙마이 이니셔티브) 다자화 의의와 시사점, 「오늘의 세계경제」, 9권 15호, 대외경제정책연구원.

- 오정근 (2011). 위안화 국제화와 기축통화 논쟁의 전망과 한국의 대응전략, 「국제금융연구」, 1권 1호, 한국국제금융학회.

- 오정근 (2014). 세계경제 장기정체론의 배경과 한국의 정책대응 방향: 패러다임의 전환 필요하다, 한국경제연구원–아시아금융학회 공동 심포지엄 발표문, 2014. 11. 17.

- 오정석 · 김권식 (2014). 국제 유가 vs. 미국 달러 상관관계 분석 및 시사점, 「Issue Briefing」, 국제금융센터, 2014. 12. 23.

- 유승경 (2009). 달러 위기론과 국제 통화 질서의 현주소, 「LG Business Insight」, 엘지경제연구원, 23–36.

- 윤덕용 · 이영섭 (2005). 한국의 외환보유액 결정요인 분석과 적정 외환보유액 정책에 관한연구, 「연구보고서」, 05–14호, 대외경제정책연구원.

- 이명활 (2012). 근린궁핍화정책 다시 되풀이 되나?, 「금융 포커스」, 22권 14호, 한국금융연구원, 14–15.

- 이범호 · 정원경 (2012). 우리나라 shadow banking 현황과 잠재리스크 분석, 「BOK 경제리뷰」, 2012–11, 한국은행.

- 이원형 (2007). 국제 금융 체제의 격변에 대비할 때: 브레튼 우즈 체제의 붕괴 가능성 진단, 「한국경제 주평」, 07–03, 현대경제연구원, 1–12.

- 이윤석 (2009). 기축통화 논쟁과 달러화의 진로, 「주간 금융브리프」, 18권 28호, 한국금융연구원.

- 이윤숙 (2012). 미국의 쌍둥이 적자 확대 배경 및 대응 방향, 「국제경제정보」, 제2012–18호, 한국은행.

- 이정환 (2012). EU의 은행동맹과 재정동맹, 「금융보험 해설」, 보험연구원, 2012. 7. 16.

- 이종규 (2008). 신흥국 금융위기 진단, 「글로벌 경제동향 속보」, 삼성경제연구소.

- 정민 (2014). 미국 에너지 정책 변화와 시사점, 「VIP 리포트」, 통권 580호, 현대경제연구원.

- 정의길 (2012). 프랑스 대선 이후의 유럽연합 ③ 유로존의 미래는?: 재정통합 없으면 유로존 미래 없다, 「이코노미 인사이트」, 26호, 한겨레신문사.

- 정진영 · 정대선 (2010). 외환보유액의 적정성 평가 및 시사점, 「SERI 경제 포커스」, 318호, 삼성경제연구소.

- 최원 (2014). 국내외 그림자 금융 확대 추세와 시사점, 「KiRi Weekly」, 보험연구원, 2014. 4. 28.

- 최필수 (2012). 최근 위안화 무역결제 감소의 배경과 전망, 「오늘의 세계경제」, 12-5호, 대 외경제정책연구원.

- 한국금융연구원 (2014). 아시아 국가들의 외환보유액 급증, 「국제금융 이슈」, 23권 27호, 16-17.

- 한국금융연구원 (2014). 양적완화정책으로 인한 소득불균형 심화, 「국제금융 이슈」, 23권 40호, 20-21.

- 한국은행 도쿄사무소 (2014). 일본은행 QQE2 이후 금융시장 동향 및 일본경제 전망, 「동향 분석자료」, 한국은행, 2014년 11월.

- 황나영 (2013). 미국의 양적완화와 비교한 아베노믹스의 성공 가능성, 「주간 금융경제동향」, 3-23호, 우리금융경영연구소, 17-21.

- KB금융지주 경영연구소 (2012). 외환보유액의 적정성 논쟁, 「KB daily 지식 비타민」, 12-48호.

- KBS 방송문화연구소 (2014). France 4의 '애너키' 시나리오 구성에 시청자 참여, 「해외방 송정보」, 2014년 11월호.

- 若田部昌澄 (2003). 經濟學者たちの鬪い: エコノミックスの考古學, 東洋經濟新報社. 홍성민 역 (2014). 「불황에서 나라를 건진 경제학자들의 투쟁」, 서울: 국일경제연구소.

- Abbas, A. et al. (2010). Fiscal policy and the current account, *IMF Working Paper*, IMF.

- Arnold, W. & Brown, K. (2014). Currency reserves swell in Asia: Central-bank policy makers fight tide of cheap global capital, *The Wall Street Journal*, July 8, 2014.

- Banks, R. ed. (1989). *Costing the Earth*, London: Shepheard-Walwyn.

- Bergsten, C. F. & Williamson, J. (Eds.) (2004). Dollar adjustment: How far? Against what?, *Special Report*, 17, Institute for International Economics.

- Bloomberg (2005). Asian leaders to seek more clout in IMF, May 5, 2005.

- Caprio, G. Jr. & Klingebiel, D. (1996). Bank insolvency: Cross-country experience, *Policy Research Working Paper, 1620*, World Bank.

- Cohen, B. (1993). The triad and the unholy trinity: Lessons for the Pacific region, In Higgot, R., Leaver, R. & Ravenhill, J. (Eds.), *Pacific Economic Relations in the 1990's: Cooperation or Conflict?* Boulder: Lynne Reinner.

- Coy, P. (2014). The U.S. trade deficit shrinks: Except with China. *Businessweek*, September 04, 2014.

- Demirguc-Kunt, A. & Detragiache, E. (1998). The determinants of banking crises in developing and developed countries." *Staff Paper*, 45(1), IMF.

- Duncan, R. (2005). *The Dollar Crisis: Causes, Consequences*, Cures, Hoboken: John Wiley & Sons.

- ECB (2012). *Virtual Currency Schemes*, October 2012.

- ECB (2014). *Financial Stability Report*, November 17, 2014.

- Economist (2004). America's privilege, the world's worry, November 9, 2004.

- Economist (2008). The financial crisis: what next?, September 20, 2008.

- Economist (2008). The disappearing dollar, December 4, 2004.

- Economist (2014). The economics of shale oil: Saudi America, February 15, 2014.

- EIA (2004). *The Russia Country Analysis Brief*, March 12, 2014.

- Eichengreen, B. & Mussa, M. (1998). Capital account liberalization and the IMF, *Finance and Development*, 35(4), IMF.

- Eichengreen, B. (2002). *Financial Crises and What to Do about Them*, New York: Oxford University Press.

- Eichengreen, B. (2011). *Exorbitant Privilege: The Rise and Fall of the Dollar and the Future of the International Monetary System*, New York: Oxford University Press. 김태훈 역 (2011). 『달러제국의 몰락』, 서울: 타임교육.

- Ferguson, N. (2002). *The Cash Nexus: Money and Power in the Modern World, 1700–2000*, New York: Basic Books.

- Fisher, K. P. & Chenard, M. (1997). Financial liberalization causes banking system fragility, *Centre de Recherche en Eonomie et Finance Appliquees Working Paper, 97(12)*, Québec: Université Laval.

- Frieden, J. & Rogowski, R. (1996). The Impact of the international economy on national policies: An analytical overview, In Keohane, R. O. & Milner, H. V. (Eds.), *Internationalization and Domestic Politics*, New York: Cambridge University Press.

- Garten, J. E. (2005). The almighty dollar is back, *Newsweek*, June 27, 2005.

- Gilpin, R. (2001). *Global Political Economy: Understanding the International Economic Order*, Princeton: Princeton University Press.

- Griswold, D. T. (1999). The causes and consequences of the U.S. trade deficit, Testimony before the Senate Finance Committee, The Cato Institute.

- Helleiner, E. (1994). *States and the Reemergence of Global Finance: From Bretton Woods to the 1990s*, Ithaca: Cornell University Press.

- Hooper, P., Johnson, K. & Marquez, J. (1998). Trade elasticities for G–7 countries, *International Financial Discussion Papers, 609*, FRB.

- IMF (1998). Financial crisis: Characteristics and indicators of vulnerability, *World Economic Outlook*, May 1, 1998.

- IMF (2014). IMF quotas, *Factsheet*, October 3, 2014.

- IMF (2014). *World Economic Outlook Database*, October 7, 2014.

- Kaminsky, G. L. & Reinhart, C. M. (1999). The twin crises: The causes of banking and balance–of–payments problems, *American Economic Review, 89(3)*, AEA.

- Kindleberger, C. P. & Aliber, R. Z. (2006). *Manias, Panics and Crashes: A History of Financial Crises*, (6th ed.). 김홍식 역 (2006). 『광기, 패닉, 붕괴: 금융위기의 역사』, 서울: 굿모닝북스.

- Krugman, P. (1989). *Exchange Rate Instability*, Cambridge: The MIT Press.

- Lee, J. L. (2005). Yuan revaluation could temper China's strong economic growth, *Wall Street Journal*, June 2, 2005.

- Lucas, L., Song J. & Minder R. (2008). Sinking feeling, *Financial Times*, October 14, 2008.

- Mallet, V. (2005). Support accord could develop into Asian IMF, *Financial Times*, May 6, 2005.

- McCulley, P. (2007). Teton reflections, URL: http://www.pimco.com/EN/Insights/Pages/GCBF%20August–%20September%202007.aspx, September 2007.

- Mishkin, F. S. (1996). Understanding financial crises: A developing country perspective, *Working Paper, 5600*, NBER.

- Morrison, W. M. & Labonte, M. (2013). China's holdings of U.S. securities:

Implications for the U.S. economy. CRS Report, Congressional Research Service, August 19, 2013.

- Mukherjee, A. (2004). Can Asia dump Bretton Woods II as the dollar falls?", *International Herald Tribune*, November 10, 2004.

- Obstfeld, M., Shambaugh, J. C. & Taylor, A. M. (2008). Financial stability, the trilemma, and international Reserves. *Working Paper, 14217*, NBER.

- Piketty, T. (2014). Capital in the Twenty–First Century. Belknap Press. 장경덕 외 역 (2014). 『21세기 자본』. 서울: 글항아리.

- Pollin, R. N. (1995). Financial structures and egalitarian economic policy. *New Left Review, 214*, PERI.

- Reich, R. B. (2011). *Aftershock: The Next Economy and America's Future*. New York: Vintage Books.

- Roach, S. (2004). Why the world needs a weaker dollar. *Morgan Stanley*, November 19, 2004.

- Roach, S. (2005). Blaming China. *Time*, May 16, 2005.

- Rodrik, D. (2011). *The Globalization Paradox: Democracy and the Future of the World Economy*. New York: W. W. Norton & Company.

- Roubini, N. & Mihm, S. (2010). Crisis Economics: A Crash Course in the Future of Finance. New York: Penguin Books. 허익준 역 (2010). 『위기의 경제학』. 서울: 청림출판.

- Sesit, M. R. (2005). Asia gets more dollar pressure. *Wall Street Journal*, January 20, 2005.

- Shameen, A. & Moon, I. (2005) Asia cannot live by T–notes alone. *BusinessWeek*, June 6, 2005.

- Song, H. (2008). Currency Wars, China Citic Press. 차혜정 역 (2008). 『화폐전쟁』. 서울: 랜덤하우스 코리아.

- Soros, G. (1998). *The crisis of global capitalism: Open society endangered*. New York: Public Affairs.

- Stiglitz, J. E. (1998). The role of international financial institutions in the current global economy, Address to Chicago Council on Foreign Relations, Chicago,

February 27, 1998.

- Stockman, A. C. (2000). Learning the right lessons from the current account deficit and dollar appreciation, Prepared for the Shadow Open Market Committee Meeting, November 13, 2000.

- Taleb, N. N. (2007). *The Black Swan: The Impact of the Highly Improbable*, New York: Random House Inc. 차익종 역 (2008). 『블랙 스완』, 서울: 동녘사이언스.

- Tett, G. & Buck, T. (2005). Regulators increase hedge fund scrutiny, *Financial Times*, May 22, 2005.

- Tobin, J. (1974). *The New Economics, One Decade Older*, Princeton: Princeton University Press.

- Triffin, R. (1961). *Gold and the Dollar: The Future of Convertibility*, New Haven: Yale University Press.

- Vergopoulos, K. (2014). L'affreux doute des libéraux, *Le Monde diplomatique*, Mars 2014. 고광식 역 (2014). 미국 자유주의자들의 위험한 질주, 「르몽드 디플로마티크」, 2014년 3월호.

- Wall Street Journal (2013), 'Joke' solution to debt clash gets serious study, January 7, 2013.

- Williamson, J. (1990). What Washington means by policy reform, In Williamson, J. (Ed.), L*atin American Adjustment: How Much Has Happened?*, Institute for International Economics.

- Wolf, M. (2005). US deficits aren't just China's problem, *Financial Times*, April 20, 2005.

- Wolf, M. (2010). Why America is going to win the global currency battle, *Financial Times*, October 12, 2010.

- Xie, A. (2005). Free money reigns supreme, URL: http://www.morganstanley.com/views/gef/archive/2005/20050215-Tue.html, February 15, 2005.

KI신서 10070

슈퍼 달러를 유지하는 세계 최대 적자국의 비밀

달러의 역설

1판 1쇄 발행 2015년 3월 23일
2판 1쇄 발행 2022년 2월 4일
2판 2쇄 발행 2022년 9월 13일

지은이 정필모
펴낸이 김영곤
펴낸곳 (주)북이십일 21세기북스

TF팀 이사 신승철
TF팀 이종배
출판마케팅영업본부장 민안기
마케팅1팀 배상현 한경화 김신우 이보라
출판영업팀 최명열
제작팀 이영민 권경민

출판등록 2000년 5월 6일 제406-2003-061호
주소 (10881) 경기도 파주시 회동길 201(문발동)
대표전화 031-955-2100 **팩스** 031-955-2151 **이메일** book21@book21.co.kr

© 정필모, 2022
ISBN 978-89-509-9902-5 03320

(주)북이십일 경계를 허무는 콘텐츠 리더
21세기북스 채널에서 도서 정보와 다양한 영상자료, 이벤트를 만나세요!
페이스북 facebook.com/jiinpill21   포스트 post.naver.com/21c_editors
인스타그램 instagram.com/jiinpill21   홈페이지 www.book21.com
유튜브 youtube.com/book21pub

* 이 책은 관훈클럽 신영연구기금의 도움을 받아 저술 출판되었습니다.